作者简介

- 湘潭大学、佛林德斯大学双硕士学位
- 国父大学博士生在读

秦军

AUTHOR INTRODUCTION

  曾任远成集团上海总部行政部长；荣庆集团上海总部人力资源总监；韵达集团上海总部人力行政总经理。

  国家一级人力资源管理师、国家一级就业指导师、国家二级心理咨询师；上海市就业指导专家、湖南中小型企业服务平台优秀专家、阿里首届全球智慧物流论坛分享嘉宾、北邮首届强邮论坛分享嘉宾、全国邮政职业教育教学指导委员会两届委员、快递行业从业资格培训教材编委。

  研究方向包括：企业战略解码、激励绩效、人才发展等。拥有"十井模型——人事匹配""人事文化——相转而化""人事管控-1248""人事价值""人事产品""人事经营""人事规划""人事工作""人事能力""人事解码之战略解码""人事平台""人事效能"多个国家知识产权。

跨越
SPAN

上市公司人力资源副总裁的工作手记

綦军 著

企业管理出版社
ENTERPRISE MANAGEMENT PUBLISHING HOUSE

图书在版编目（CIP）数据

跨越：上市公司人力资源副总裁的工作手记 / 綦军著. -- 北京：企业管理出版社，2024.3
ISBN 978-7-5164-3025-5

Ⅰ.①跨… Ⅱ.①綦… Ⅲ.①上市公司—人力资源管理—研究—中国 Ⅳ.① F279.246

中国国家版本馆 CIP 数据核字（2024）第 023538 号

书　　名：	跨越——上市公司人力资源副总裁的工作手记
书　　号：	ISBN 978-7-5164-3025-5
作　　者：	綦　军
策　　划：	朱新月
责任编辑：	解智龙　曹伟涛
出版发行：	企业管理出版社
经　　销：	新华书店
地　　址：	北京市海淀区紫竹院南路 17 号　　邮　　编：100048
网　　址：	http://www.emph.cn　　电子信箱：zbz159@vip.sina.com
电　　话：	编辑部（010）68487630　　发行部（010）68701816
印　　刷：	北京科普瑞印刷有限责任公司
版　　次：	2024 年 3 月第 1 版
印　　次：	2024 年 3 月第 1 次印刷
开　　本：	710mm×1000mm　1/16
印　　张：	23.5 印张
字　　数：	283 千字
定　　价：	88.00 元

版权所有　翻印必究　·　印装有误　负责调换

前言
PREFACE

一、为什么写这本书

2017年1月18日，我服务十年的企业成功上市。

我作为陪伴和见证这一切发生的人，是时候做出一个决断，去实现我自己的梦想了——写一本书，纪念我、我的伙伴、我的事业平台筚路蓝缕、砥砺成长的十年。

静水流深，玉汝于成。

梦想的种子一旦种下，便无法割舍。我开始在日常工作与生活中，用日志的形式记录自己行为与思想的点点滴滴，不知不觉已有120万字。

① 有每天早晨上班先到单位清空大脑的独立思考。

② 有每次重要通知文书发布前的推敲与斟酌。

③ 有各种会议、谈判、交流的场景纪要。

④ 也有梦醒时分的灯下奋笔疾书。

⑤ 更有出差旅途中的思绪飞扬。

能力、心智、信念汇成一股股心流，向着目标的方向奔涌，融合、碰撞、颠覆、解构，最终重塑。

我本以为完全做好了准备，提笔时，却重若千钧，总觉得结构越来越庞大，想表达的东西越来越多，却不知道从何入手。

从人力资源的专业，从日常管理的心得，抑或初心梦想？

写书这件事，不能纠结，不能将就，于是我果断搁笔，以待"东风"。

近些年，在给企业做咨询时，一些客户知道我正在写书，都表示很期待，在向他们征询成书意见时，我惊喜地发现，他们都提到了一个相同的点：把自己的经历写下来就好。写下经历中的说法、做法、想法，这其中蕴含的思想火花和实践真知才是最鲜活、最具吸引力的。

这个建议让我很受启发，大道至简。我原先执着于自我表达，而只要跳出樊篱，尝试聆听一下客户的需求，就会发现事情反而好办了，毕竟10年经历，7年积累，120万字的日志是最丰富的素材库。

恰逢我在国外进行DBA答辩，难得一个半月的闲暇期，抽离纷繁俗务，厘清思绪，归整素材，成书这件事倒有了颇大的进展。

二、基本架构思路

从我的亲身实践出发，本书概括为三部分，一句话。

我，带领我的团队，去开展我们的工作。

本书以我个人十年历程为"点"，以团队伴随企业发展的成长为"线"，以从聚焦专业到辐射业务场景的转化提升为"面"，形成点、线、面逐层推进的实战全景图。这其中既有对专业的理解，又有对管理的认知，更有彼时彼景不为人知的辛劳体悟。本书叙述力求直来直去、深入浅出，不掉书袋。

【我】

每个人心里都有一个自己；

每个人都有自己的路要走；

每个人都有自己的职业生涯规划；

每个人都有一条身体力行的穿越之路；

每个人都有看得见和看不见的人力资源。

平凡也好，不凡也罢，

我自有一条不一样的人生轨迹，

这本书是对这条轨迹的总结、提炼及归纳。

有些东西对于有些人哪怕有一点用，我想这就够了。我一直秉承这样的态度。

【我的团队】

我的团队从无到有、从小到大、从大到强、从强到革新。其间每一个成员一起成长、一起蜕变，最终成长为"人专业、事规范"的职业化团队。

这早已不是一个单枪匹马闯天下的时代，无论是管理还是生活，都需要一个好的团队。无论是助手、左膀右臂，还是班底、合伙人，要想事业发展壮大都需要过硬的团队。打造一个好的职业化团队，是管理者成长的必经之路。

【我们的工作】

我们的工作包括专业与业务。

专业工作包括每个人的岗位职责和大家所在部门的职能。

业务工作包括企业全体员工和企业的所有客户。

不管是为全体员工服务，还是代表组织协调监督，其核心思想都是"事情有人做，人有事情做"！

到底如何开展我们的工作？

站在自己的立场，或是站在团队的角度，工作的效果则完全不一样。

为了更好地工作，为了更大的目标，为了上下同欲、江河入海，可以从不同的角度理解"我们的工作"。

三、这本书的内容与价值

这本书是一气呵成的，汇聚点滴，水到渠成。本书共分为以下四部分。

第一部分讲述我自己的经历，包括职业选择、专业对口、职业生涯规划、"十分成长"模型、简历总结。

第二部分讲述我们的团队，包括对行政、文化、管理、人力、团队等领域的理解。特别是人力资源管理解读部分，对于人力资源管理的定义、人力资源的演变价值、人力资源公司的产品、人力资源从业者六大模块的理论与实践，都偏向实效、实用、实战。

第三部分讲述我们的工作，包括做成、说透、攻心为上的总体设计，一年、三年、五年、七年、九年人力规划。

第四部分收集了企业日常经营管理的重点、焦点、难点工作。

这本书的每个章节、每篇文章、每个知识点都可以单独阅读和使用，无须担心前后连贯性。

人们可根据自己所处的不同阶段、不同场景、不同偏好，从中发现可供参考的内容。

我对于人力资源管理的理解，是站在实战角度出发的，与理论专家不一样，我希望架起理论与实践间的桥梁，让两者实现价值转化。

人是第一要素、第一生产力，这本书从一个上市公司人力资源VP的角度，剖析了从无到有、从小到大的"跨越"过程，无论是基层员工还是企业老总都可以从中受益。

目录 CONTENTS

第一章 我：以身作则

一、为什么选择人力资源管理这个职业 /003

1. 以此为生 /003
2. 精于此道 /009
3. 乐此不疲 /012
4. 革新此业 /014

二、专业对口到底重不重要 /017

1. 什么是专业对口 /017
2. 如何实现专业对口 /018
3. 为什么会专业不对口 /019
4. 专业不对口也可以加分 /020

三、职业生涯规划三个阶段 /021

1. 何谓职业生涯规划 /021
2. 人事异动九大状态 /024
3. 从普通员工到合伙人 /029
4. 职业生涯规划设计的三个阶段 /037

四、走向成功的"十分成长"模型 /039

1. 做好一件事：1 分 /040
2. 完成本职工作：2 分 /041
3. 培养边际能力：3 分 /043
4. 融会贯通：4 分 /044
5. 影响力：5 分 /045
6. 团队建设：6 分 /046
7. 排班：7 分 /047
8. 创新：8 分 /048
9. 心态：9 分 /049
10. 激情：10 分 /050

五、简历中的工作总结 /052

1. 第一段工作简历总结 /052
2. 第二段工作简历总结 /059

第二章 我的团队：人专业，事规范

一、对行政管理的理解 /067

1. 行政很杂 /067
2. 行政的职责可大可小 /069
3. 日常行政的工作分类 /072

二、对企业文化的理解 /076

1. 对科班的理解 /076
2. 对老板文化的理解 /077
3. 文化就是一种习惯 /078

4. 一把手文化 /080
5. 文化建设方案《2012年企业文化建设实施纲要（草稿）》 /083

三、对经营管理的理解 /095

1. 管理的N种解释 /095
2. 管理就是目标与实际差 /102
3. 经营就是投入与产出比 /109
4. 经典管理解读 /111

四、对人力资源管理的理解 /124

1. 什么是人力资源管理 /124
2. 人力资源有多少种叫法 /125
3. 人力资源公司有哪些产品 /132
4. 人力资源管理的六大模块 /135

五、团队建设架构思路 /140

1. 做成 /140
2. 说透 /142
3. 攻心为上 /144
4. 如何打造职业化团队 /150

第三章　我们的工作：人有事情做，事情有人做

一、第一年人力资源规划：2010—2011 /159

1. 总体目标 /161
2. 两件事情 /161
3. 三年规划 /162

4. 关键事项：第一年 /162

5. 关键事项：第二年 /163

二、第三年人力资源规划：2012—2013 /164

1. 纲要概述 /165

2. 组织管理 /173

3. 供需平衡 /188

4. 成本预算 /194

三、第五年人力资源规划：2014—2015 /196

1. 2015年的人力资源规划概述 /198

2. 2015年的重点工作 /198

3. 2015年的基调 /199

4. 系统内部的组织架构设计思路 /199

5. 团队素质模型构建 /200

6. 解读人力资源规划 /200

四、第七年人力资源规划 2016—2017 /217

1. 基于历史与现状的人力资源基础工作 /218

2. 基于现状与创始人个性的人力资源技术工作 /218

3. 基于创始人个性与未来的人力资源战略工作 /219

五、第九年人力资源规划 2018—2019 /221

1. 2018年人力资源规划：摘要 /222

2. 2019人力规划：年会 /236

第四章　重点、焦点、难点

一、入职工作计划　/251

1. 人力资源系统执行平台建设（12个月）　/251
2. 人力资源管理制度建设（24个月）　/253
3. 企业文化建设（36个月）　/254
4. 人力成本费用控制（36个月）　/255
5. 集团管控模式（36个月）　/256

二、早会　/258

1. 早会流程与内容总结　/258
2. 军训的管理道义　/258
3. 第一次开早会　/259
4. 某年的早会　/260

三、周例会　/264

1. 模型　/264
2. 周例会示例　/264

四、月度视频会　/269

1. ×年2月视频会议：《如何提高人均效率会议》　/269
2. ×年5月电话会：《月度工作计划》　/270
3. ×年9月视频会：《10月份招聘视频会议》　/271
4. ×年12月份视频会：《部门系统高峰值复盘及年底安排会议》　/272

五、人事系统年会　/275

1. 人力资源规划　/275

2. 招聘选拔模块 /280

   3. 薪酬管理 /282

   4. 绩效考核 /286

   5. 培训发展模块 /289

六、《计件项目计划书》 /292

七、《20××年度培训计划》 /304

   1. 自有员工 /304

   2. 加盟商 /305

   3. 培训的基础工作 /307

八、改善恳谈会 /308

   1.《全国班组长集训：第一批恳谈会》 /308

   2.《全国班组长集训：第二批座谈／恳谈会》 /313

九、《公司管理人员轮岗管理办法（草案）》 /316

   1. 目的 /316

   2. 原则 /316

   3. 适应范围 /316

   4. 职责 /317

   5. 内容 /317

   6. 轮岗周期 /318

   7. 管理回避 /318

   8. 工作移交 /318

   9. 离任审计 /319

   10. 自愿申请 /319

11. 注意事项 /319

十、《关于落实分拨中心淘汰管理的通知（草案）》 /320

1. 三重境界 /320
2. 淘汰规则 /321
3. 应急小组 /321
4. 淘汰管理导图 /322
5. 其他 /322

十一、《带2接班人专项考核管理办法》 /323

1. 定义 /323
2. 考核对象 /323
3. 考核目标 /323
4. 考核维度 /324
5. 考核原则 /324
6. 激励措施 /324
7. 执行环节 /324
8. 附则 /327

十二、《中高层股权激励方案（周二汇报）》 /328

1. 激励目的 /328
2. 激励范围 /328
3. 激励原则 /328
4. 激励对象 /329
5. 激励来源和数量 /330
6. 股权激励的授权价格 /330
7. 股份配置规则 /330

8. 激励考核机制（两个挂钩） /331

9. 锁定及解锁安排（共5年） /331

10. 退出机制 /331

11. 回购注销（变的价格） /332

十三、《企业上市用工形式变化说明》 /333

1. 3年自有人员数量说明 /333

2. 业务外包比重较大分析 /333

十四、对外交流会 /336

1. 行业现状 /336

2. 管理悖论 /338

3. 解决之道 /340

4. 破刀式 /341

5. 破剑式 /343

6. 破掌式 /346

7. 破枪式 /348

代后记 /353

感谢 /355

第一章

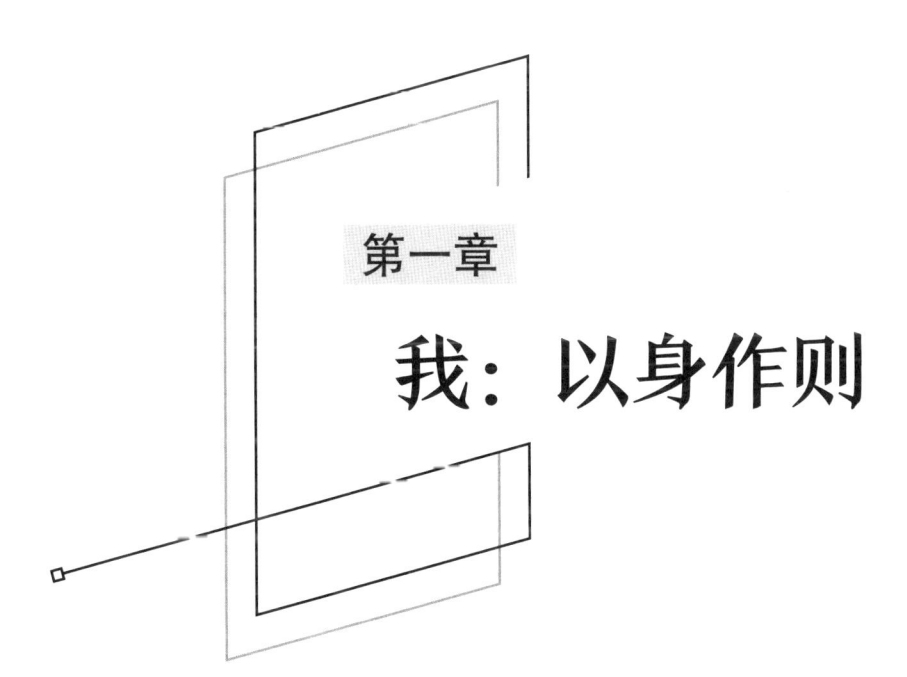

我：以身作则

第一章 我：以身作则

一、为什么选择人力资源管理这个职业

我在打造个人"IP"的时候，有人问：为什么选择这个职业？

对于我来讲，历经风雨之后，大致有四句话能够概括我的答案：以此为生、精于此道、乐此不疲、革新此业。

回答这个问题并不困难：我选择这个职业，是因为它不仅能养家糊口，更能修身养性，让我在大千世界里找到一条跨越之路。而在这个过程中，我也逐渐雕琢出自己的专属"IP"，即个人标签和核心竞争力。

1. 以此为生

对大多数人而言，走上职场首先是出于生计的需要——这一点在我身上也不例外。即便是生计，也不容易。

我生在农村，从家去小学需要走半个小时；从家到中学需要一个小时左右；中学所在的镇上到县城，坐汽车大概需要3个小时。到县城的路上颠簸崎岖，如果早上从家出发，一路走走停停，最后到达目的地县城，基本需要耗费一天的时间。这是乡镇到县城的距离，亦是农村与城市的差别，更是一条人生跨越之路。

我小时候比较调皮，而且很笨。调皮是因为在农村"放养"，父母在外地打工，我随老人生活，跟同伴玩耍。那时候的乡下，出门打工者少，人多热闹，晴天劳作，下雨天娱乐。农耕生活规律且简单，日子过得单纯而快乐，孩子们容易逃学，也经常打架。我喜欢看金庸、梁羽生、古龙、卧龙生的武侠小说，也喜欢打牌。因为在农村，除了打牌鲜有其他的娱乐项目。

很笨是因为我 8 岁才读小学。我们小学每隔一年才有一个班，如果 6 岁不上学，就只能等到 8 岁才能上。8 岁属于年龄偏大，我自荐当了个班长，学习成绩却一塌糊涂。所以初中都没有考上，别人能够背诵的课文我就是背不出来，除了笨没有什么好说的。非要找个理由的话，那就是父亲告诉我他一年级只读了 3 个月，所以我的成绩自然不会很好，这是"遗传"。

读书是农村孩子唯一的出路，自古至今一直都是，这是父亲经常给我说的一句话。他书虽读得不多，但却是最早外出打工的人，应该在当地属于有点见识。所以，我初中没考上，他让我复读，这样算下来，我比同龄人大了三岁。复读一开始，我突然变得聪明了，原来不会背的、不会做的，一下子都会了，参加区里比赛，竟还得了前三名。复读不仅可以上初中，还增加了我的自信，至今仍在影响着我，原来我并不比别人差，也可以拿第一。自此以后，我相信笨鸟先飞，我相信自己，我相信"相信的力量"。

我来自农村，自然是一个农民，这是跨越之路的起点。

我是一个地道的农民，其中有一个理由：读高中时的老师还在用地方方言教学。所以我的普通话很不标准，一张口乡音很重，一听就是湖南人，与别人交流时颇为费力，细细听别人说才能听懂。

还有一个能够证明我是地道的农民：我有机会参加上海市优秀农民工评选，两年一次，我两度入围，2000 多万人，入围 300 人左右，也算是万里挑一，评选的前提条件是必须为农业户口。

第一章　我：以身作则

优秀农民工可以落户上海，我没有落；社保3倍基数，加上居住积分7年以上可以落户上海，我没有落；3年个人交税100万元以上，我也没有落。没有落户上海，是我舍不得农村老家那一亩三分地，所以至今户籍还在农村。

跨越之路也是一条生存之路。找工作的日子，我一年换了5家单位。换单位，看起来工资多了，实际上依然入不敷出。因为从上一家单位离职的时候结算会扣一点，在找到下一家单位前一周或一个月的时间会暂时没有收入；找到下一家单位试用期工资会少一点，加上到新单位需要重新采买各种必备物品，开支也不少，这一路算下来，钱自然就少了。

我去远成集团找工作是通过《南方周末》，整版的招聘广告我从头看到尾，最后仅一个叫储备干部的岗位适合我。从东莞市到广州市，面试者从广海大厦的一楼排到了七楼，而且是双行排队。两个小时的等待换来了两句话的面试：会不会打字？愿不愿意去外地？无数次面试经验告诉我要回答会打字，因为没有现场测试，实际上我不会打字，连"386"机子我都没见过；愿意去外地，因为不愿意就没有机会，实际上当时我确实走投无路了。就这样，第一个押学历证、愿意三天之后出发的我留了下来。愿意去外地的我在广州火车站目送不愿意去的人上了车，我留在了广州，随后跟我的上级去了一个叫大朗货场的地方，第一感觉就是想离开，不想做了，我的上司劝说道，你可以边工作边找工作。谁料这一待，就是7年多。

待7年的根本原因是，我的父亲在我入职的第二年突然因意外事故去世了。身在他乡，内心的痛苦可想而知，作为家中长子，我不能哭，还有更重大的责任在我肩上。回到老家，我给爱热闹的父亲举办了隆重的葬礼。人还没有下葬，我家的大厅就坐满了要债的人，说父债子还。看着这些债主不是亲戚就是朋友，最后我郑重承诺：第一，给我五年时间；第二，有借条的我认。于是我在每一张父亲的欠条上签上我的名字。后来粗略统计欠款达40多万元，在我们省内第二大城市可以买6套140平方米的改善性住房。当时母亲眼睛几乎失明，弟弟刚刚上大一第一学期，与我谈了4年的女朋友提出分手，真是屋漏偏遭连夜雨。经过这么多打击，我开始思考，决定不再跳槽。

面对这样的境遇，我怎么敢跳槽？此后的日子就是好好工作，除了养家糊口，还有父债子还。那一年的春节距离父亲过世刚刚三个月。除夕夜的年夜饭只有母亲、弟弟、我和外甥女四人，饭菜也很简单。往年春节初一拜年能有六桌人，那一年却没有一个人来，这时我才体悟了什么叫世态炎凉。

第二年开春，我请了三个月假，希望在父亲的事业基础上东山再起，但努力之后仍然失败了。在"非典"期间，我自告奋勇去了北京，于是在北京的秋天写下了《我心忧愁》。也是这一年秋天，母亲在父亲的工地上，面对要债的人深夜强行拆走设备，在眼睛看不清的情况下，走了整整5公里山路给我打电话。次日我终于下定决心彻底不要这个工地了，让母亲回老家，不让她再在异地他乡担心害怕，自己安心在北京打工。

这七年之痒，是真的痒。

我开始写点东西，思考管理中的常规与异常。从第一次动手做工资表需要两天，到第二次做需要四个小时，这中间的效能提升与准备各种素材有莫大的关联。在企业报刊第一次发稿《没有奖金的时候》，我在文中接二连三地追问管理者在经营中的责任。此文得到了全集团员工的响应，还送了我一个外号——"企业的鲁迅"。从此每天写日志、发点牢骚就成了我的习惯。今天的这本《跨越》，大部分的工具方法都是当时记录的。

我参加了北京工商大学组织的人力资源资格考试。我是财务专业出身，一直从事人力资源工作，属于典型专业不对口，所以有必要补上专业短板这一块。这一段时间的努力天地可鉴：天还没有亮我就从双桥出发，到四惠转乘，8点30分到北京工商大学上课，光路上就整整2个小时；18点下课，回到公司也是晚上8点多，北京的冬天，好像早上6点与晚上8点都很黑，记忆深刻的还有双桥的公交车可以从车底板看出地面的泥泞。通过这个学习，我知道了什么叫作专业。春节后在上海总部开会，我发言不再说工资，直接说薪酬；不再说打分，直说绩效。大家议论说这小子挺专业的。后来我戏谑道：什么是专业？专业就是说别人听不懂的话！在此我也提倡大家专业不对口时，要补上专业这一块短板。在后来的职业生涯中，学习成了我"跨越"的保障。

因为专业，第二年我去了成都，负责人力行政。这是一个很大的分公司，承担了集团60%的招聘量，业务量一枝独秀，日周转货量上万吨，即便放到20年后的今天，也是不小的数字。在成都的日子，我是真正感受到了团队的力量，15个人的专业团队，光后勤保障诸如保安、厨师、水电、保洁就有60多人。人事行政没有绝对分开，什么事情都一起干，所以早期的公司没有必要把人力与行政分开。在此期间我们还做了很多有意思的事情：比如开展十全十美文化活动，其中厨艺比赛拿冠军的竟然不是厨师；比如整个宿舍一个下午先"搬出来"再"搬进去"，看似干净的宿舍竟然用12.5米长的车整整拉走两车垃圾；比如一个月成立一家分支公司，从找门店到装修，从办证到人员配置，都能如期开业；比如在四川省与60所高校合作，每年为整个集团输送人员比例达60%；比如研究学习"华为的冬天"、余世维的讲课、西南交通大学的EMBA等。学以致用，缺什么就学什么，这些行为我一直在践行。这个时期的工作亮点很多，在后面章节中以工作总结呈现，可以看到我的点点滴滴。一份好的总结源于工作经历和实战积累；一个好的业绩也需要一份完美的总结报告。

要想懂业务或培养人才，最好的办法是轮岗。我有机会在成都分公司成绩的基础上，去重庆做了单位负责人、业务一把手。这段经历不算成功，但是对于我的职业生涯发展绝对是浓墨重彩的一笔。所以我在以后的工作中，对于业务的理解和支持是刻在骨子里的，绝不是喊喊口号。经营意识具体体现在业务洽谈、客户价值、目标考核之中。前后8个月的单位负责人历练，让我脱胎换骨，之后回到总部上海，又历任总办副主任、董秘室副主任、人力资源部副部长等职务，没有正职，都是副手。我在总办工作收获了品牌，在董秘室的工作收获了单位负责人每天向总裁的汇报，在人力资源部的工作收获了悟性。所谓悟性就是吃一堑长一智，需要总结、提炼和归纳，需要分享、试验和演绎。如何收放自如和保持良性循环，是"跨越"的法宝。本书中的工具和方法是我的总结归纳，是否有价值还得看具体的场景如何演绎。

很多人劝我跳槽，但是我因为自身原因，不能轻易变换工作。很多人在离开的时候，都戏称道：有本事的人都走了，没有本事的人还留着。对于我而言，这七年多的稳定，沉淀了很多知识，并通过反复淬炼和验证，确立了我在人力专业上的自信和个性标签。七年下来，五年的债务承诺在十分节省的情况下，大部分有了缓解，我先还身边的，再还金额小的，最后还较远的和农村合作社的。七年时间刚好弟弟四年本科加三年研究生毕业，刚好自己重新找女朋友结婚生子。在给总裁呈交两次万言书之后，我选择了离职，想换一种状态，重新开始。

我总结跳槽常思考的两句话：机会来了吗？准备好了吗？两者都有，肯定没有问题，就可以行动，如果有一个迟疑，都要再慎重思考一下。这一路下来，我的心路历程大于职业生涯轨迹，其间的心酸和不容易，时至今日还颇有感慨。所以我在很多地方分享的时候，总会让人有身临其境的感觉。

人力资源管理是一个需求复杂、涉及众多领域、相互交叉的复合型工具。如同弗雷德里克·赫茨伯格所说，工作不仅有"保健因素"，如工资、福利等，更有"激励因素"，包括职业发展、工作内容和个人成长等。这样的认识不仅加强了我的专业素养，也使我意识到，即便是出于最原始的、最朴素的赚钱动机，也依然可以通过专业和热情来实现更高层次的自我价值。

因此，尽管我的初衷或许平凡，甚至可以说是随波逐流，但这并不意味着我不能在这一过程中找到更多意义。即使是出于生计考虑的工作，也可以留下深远的影响。这或许就是我选择这个职业作为我"跨越"利剑，一路披荆斩棘，并在其中找到价值和意义的最佳解释。

2. 精于此道

在谋生之路上，追求更高的收入不仅是玩数字游戏，也是专业技能和效率的战场。如同彼得·德鲁克所说："效率是做正确的事，效能是做事正确。"于是，在日常工作中，我不仅注重完成任务，更追求如何完成得更好。不管是做完还是做好，都有工具和方法，这些工具和方法必须是合适的。所以我会在以此为生之后，追求更高的目标，前提是精于此道。

我向往广东，不仅仅是因为离湖南近，还源于那里有很多认识的人。但是事与愿违，在广东三个月之后，我被猎头公司对接到上海。在荣庆算是一个过渡，通过自身的经历，我总结出招聘的时候，如果在第一家公司工作时间很长，换工作的时候，第二家一般不会太稳定，因为改变一个习惯真的不容易。我在荣庆做人力资源总监，算是我人力资源管理职业生涯中的第一次。我常自诩是从大公司来的，完全推行在大公司的规范和标准，第一时间制定制度。但是一年下来我发现，制度被改得面目全非，因为我对企业缺乏深入的了解，所以制定制度时就出了问题。11个月之后我终于选择了跳槽。

能够成功入职韵达，我总结了如下几个条件。

行业背景一致，都是物流行业：前身企业管理规范，曾经是铁路大王，第一批5A民营物流企业，号称物流行业的"黄埔军校"，辉煌时期影响力超过顺丰和德邦。

正当年：36岁，风华正茂，精力充沛，思路活跃，血气方刚，永不言败。

专业知识扎实：从初试对面除了总裁以外所有管理者每个人提问2个小时，到复试总裁20几个白板挑战，他们跳跃性提问和我的逐一回答，此番面试证明我是一个务实的、专业知识扎实的人，在一线底层干过的、有自己的总结和想法的人。

企业需求明显：虽然已经存在十年，但在《邮政法》许可的第一年，发展的势头和信心十足，这是市场的需求和呼声。

性价比高：我的待遇要求并不高，在2009年的上海，年薪20万元我是完全可以接受的。我具备实战、人年轻、有历史贡献、有梦想，这些钱值得。

真正胜任这份工作并不容易，需要具备更强大的能力。这个能力到底是什么？

第一，合适的才是最好的。我在人力资源规划中，选择了比较务实的指导思想：做成、说透、攻心为上。前三年的目标是做成，特别是第一年，只做事，做关键的事项。后面有五个不同阶段的人力资源规划，可以作为人力资源从业者的实战案例或工具直接参考使用。

第二，既然是从事人力资源管理，对于六大模块就要有不一样的解读。理论上是怎么说的，实战中是怎么做的？如何把理论与实践相结合并进行提炼总结？于是有了六大模块分别在理论与实践的"1234"培训教材架构，这是基础。作为人力资源从业者，在专业上不但要知其然，还要知其所以然。从现象到背后的规律，从背后的规律到各自的场景，其间的用心可见一斑。

第三，必须有一个很好的团队。在韵达的日子，就是一个团队从无到有、从小到大、从大到强、从强到新的过程。如何打造一个职业化的团队，就像我在"我的团队"中说的"人专业、事规范"。从无到有，团队刚刚组建怎么选人？从小到大，大到400人的团队怎么管？从大到强，强到行业单位成本第一怎么干？从强到新，管事者要有实施组织变革的勇气和资格！因此我总结了一个团队搭建的基本框架模型，在"我的团队"章节有详细介绍，它是每个团队都可以实战应用的工具方法。

成功一定有方法，你要做HRD，一定要有自己总结的一套行之有效的工具和方法。这些工具和方法，就是精于此道。"精于此道"则是对弗雷德里克·赫茨伯格的"两因素理论"在个人职业生涯中的应用。我不仅深入研究"保健因素"，如工资、福利等，更关心那些"激励因素"，比如成就感、工作内容和个人成长，这都使我在这个领域越发专业。

人力资源管理并非孤立存在，而是一门需要多元化技能的综合学科。我逐渐理解到工作流程的全局观——从单一任务的完成，扩展到涉及多个部门的项目管理，再到全公司范围内的战略规划。这一切都是在追求精益求精的过程中逐渐展现出来的，就像循环不息的短板效应，改进一项便会影响到所有。

但在这一切中，我最珍视的是"悟性"。它对我而言，代表着一种谦卑的坚持和反思。即使遭遇挫败，我也会回过头来反思，不断追问为什么，直至找到问题的根源。这是一种付出，也是一种投资——投资于自己的成长和专业精进。

最后，我想强调，悟性是在反复体验和实践中积累起来的，就如同那句经典的格言："经验是最好的老师。"而我在其中，从每一个失误到每一个成功，都在不断提升和磨炼自己的专业素养和人生智慧，以便在这不断变化和充满挑战的人力资源领域中继续精于此道。

3. 乐此不疲

一个成功的 VP，必定热爱这个职业，热爱到把它当作自己的兴趣爱好。自己喜欢的事情，自然不会枯燥，不会厌烦，一旦遇到困难和挑战，恰恰是最为兴奋的时刻。

人力资源管理者的段位大致分为三种：第一种是对于人力资源六大模块中的某一模块非常精通，一般精通可以做个专员，非常精通可以做个专家。第二种是针对如何打通人力资源六大模块，能够根据不同场景，进行排列组合，深与浅、深与深、浅与浅，关键是对场景和自己熟知专业的驾驭能力，一般表现在 HRD 或 HRM 等，人力资源经理或总监必须具备这个打通的能力。第三种是针对如何打通人力资源六大模块与业务的链接，无论是人力资源规划的战略

第一章　我：以身作则

承接，还是现在流行的业务支持；不管是人员招聘的前提岗位说明，还是业务所需要的胜任素质能力模型，都需要把"人与事"紧密地联系起来。包括底层的社会契约劳动合同，顶层的经济收益投入产出，中间的组织与个人、价值与能力、绩效与激励模型及机制设计，这个才算真正的 HRVP 段位必须具备的要求。

我经过三年规划，基本上打造好了整个团队，包括对六大模块的深度挖掘与横向的逻辑关联，以及对于业务的支持，具体表现如下：首先考勤系列管理动作满足现场排班和管理层次论；其次在省总负责制激励考核的基础上开发对口指导和各种赋能增值分享；然后在人效的基础上完美深化单位人力成本，持续递减，保持行业第一，践行公司的成本领先战略；再然后推行量本利模式，贯穿整个战略指标落地和各级一把手上下同欲工程，实现力出一孔、利出一孔；最后身体力行，亲自参与挂职大区业务副总和鼓励下属懂业务、做业务。第一批大区人事经理 7 人至今全部做了业务，这种局面源于我对业务的支持。什么是合格的 BP？我提出一个模型叫作"3+4"。什么是"3"？找到人、相对专业、懂业务！什么是"4"？懂业务有四个境界：第一是能不能发现业务部门的人不行；第二是发现不行，能不能培养他行；第三是通过培训还是不行，能不能找到行的人；第四是实在不行自己上。正因这样的理念，我在人力资源管理工作上做出了很大的特色。

对我来说，这个职业不仅是生活保障和事业平台，更是我的心灵花园和热情的输出通道。在这里，每一次会议的掌声，每一场培训的互动，乃至每一次对下属工作的指导，都成了我专业技能与人生智慧的试金石。这是一种"生涯锚定"理论中提到的"职业与个人价值观"的紧密结合。我得以把专业精进的教训与经验，在这个舞台上有序地铺展出来，不断地检验、完善与论证。

在这个过程中，我不仅得到了物质上的满足，更获得了精神上的愉悦和自我价值的认同，这种状态，可以说是职业人生中的"极乐世界"。正因为如此，我获得了在这个领域持续精进、乐此不疲的最大动力。

因为专业，所以分享。在阿里首届全球智慧论坛人才分论坛上，我分享了主题"天下武功唯快不破"。快字当头是物流行业的特征，亦是组织效能的核心，更是企业生死存亡的竞争力。这次分享，最后形成了人力资源管理与业务关系的"独孤九剑"，包括战略、工作量、组织、岗位、人才、薪酬、绩效、效能、文化，把传统经典和实战点滴相结合，享誉各地。我有机会在首届强邮论坛分享人才创新，新字开篇，是人才标签，也是解决问题的办法，更是组织变革的动力。这次分享，让我在企业生命周期第二曲线找到一个"六脉神剑"模型，包括战略目标、目标客户、商业模型、组织管控、工作计划、激励绩效。这后来成了企业新业务和社会创业的经典模型。跨越之路，是一条漫长的路，唯有热爱、坚持、乐此不疲，才能享受这一路繁华。

4. 革新此业

历经公司风云变幻之后，我发现这个时代唯一不变的就是变化。至于"革新此业"，则是我对克莱顿·克里斯滕森的"创新的两难"理论的回应。我力求在传统的人力资源管理领域中注入先进的科技和创新方法，比如人工智能在招聘中的应用，或是区块链在凭证验证中的潜力。

对于我这种专注于人力资源管理的职业者来说，变革不仅是一种必要，更是一种职业乐趣。我领导着一个庞大的专业团队，覆盖数万名直接员工和几十万名加盟员工。从1到N,我亲手参与了企业连续十年以上的高速复合增长,单位人力成本做到了行业第一。但是这么好的成绩,如何突破自我呢?

在人力资源单位成本推行过程中,一位业务部门的老总质问我:"单位成本每年都要下降,何时是尽头,难道最后是零吗?可能吗?"我一时无法回答,看起来他说得很有道理,大多数情况确实如此,所以抵制单位成本一系列举措改革自然大有人在。

带着这种思维,我在分析和总结效能与成本控制模型的一个公式中看到了希望,这个公式是:单位成本=人力成本/工作量。单位成本下降取决于分子"人力成本"减少或分母"工作量"的规模效应增加。所以有了减少人员数、降低工资、加班加点、标准效能、单价一定红利属于自己的一系列科学管理,这些举措好像没有解决无穷小会是零的不可能。

在一些单位考核中,他们为了减少人力成本,让员工在工作中帮助别人干活而得到一些回报,来抵扣一些人力成本,这样做工资不会减少而人力成本减少了。这让我豁然开朗,定价的目的不只是内部客户,还可以外部接单,这就是阿米巴,也是后来推行的部门职能公司化的创新改革。如果大家通过已有的时间接点兼职的业务,抵扣分子的人力成本;如果这个被抵扣的部分可以变大,大到超过原来的人力成本,把"不务正业"的兼职变成了主业,那是不是真正的创新?一个原来只解决瓶颈问题,到寻求收入抵扣规避考核,到兼职收入大于本身成本的变化,是不是已经实现组织变革了呢?利润最大化与持续发展不就成功了吗?这一发现和不断论证,成了我革新此业的动力和理由。

但革新并非止步于此。组织变革中充满了各种复杂的利益关系:从员工与员工之间,到个人与公司之间,再到公司与外部环境之间。每一场冲突都像一场生死之战，但是变革的工具方法总结之后能够长存，依旧是个人的宝贵财富。因此，在享受"乐此不疲"的工作热情之余，更应"居安思危"，革新此业。

面对激烈的市场竞争，力争上游不只是一种举措。我在进一步强化了人力资源管理体系时，尤其在绩效激励机制中，设计了AB模型。这个AB模型解决了"钱从哪里来"和"钱到哪里去"。逻辑背后是人的能力与组织价值的对应，更是做完数量与做好质量的兼顾，还是薪酬激励与绩效考核、组织目标与个人能力的完美解读。我一直倾向于不断地进行自我革新和行业创新。最近我又提出了一个全新的"人事匹配十井"模型，并提出"企业的底层逻辑关系其实就是人与事的关系"，即让事有人做、人有事做，这是"我们的工作"章节中的核心思想，是对企业人力资源管理革新的又一次深度挖掘。

总结一下，我的职业生涯就像一场持续的探险，不断追求"沉淀积累、厚积薄发"，在"革新此业"的征程上，除了分享经验和知识，更有一种探索和创新的使命。在这个充满变数和可能性的领域里，我的目标始终如一：不断前行，永不停歇。

二、专业对口到底重不重要

拥有财务专业背景的我,却长期投身于人力资源领域。在这个多面的职业旅程中,我无数次被员工、学生、家长,甚至行政主管领导问及一个问题:"专业对口究竟有多重要?"这个问题不仅触动了每一个正在求职市场上挣扎的年轻人,也是每一个管理者在用人之初必须考量的因素。站在这些不同的角度,我想对"专业与对口"的议题提出一些个人的见解。

1. 什么是专业对口

"专业对口"这一概念可以被细分为四个不同的层次,分别是绝对对口、基础对口、部分对口和绝对不对口。

(1)绝对对口。

在这种情况下,岗位和企业都与个人专业背景完全吻合。以计算机科学专业的学生为例,如果他们加入阿里巴巴或腾讯这样的互联网巨头,并担任IT相关岗位,那么就处在"绝对对口"的状态。这个仅在宏观和微观层面都有助于个人职业发展,而且能为专业技能的提升提供良好的环境。

（2）基础对口。

在这里，尽管企业的主营业务与个人专业不完全一致，但岗位是与专业背景相符的。举个例子，一个计算机科学专业的学生，在某新能源公司工作，担任的是IT岗位。这种状态也被认为是"专业对口"，主要体现在岗位与专业的匹配度上。

（3）部分对口。

这种情况是企业与专业背景相符，但岗位与专业不吻合。例如，一个计算机科学专业的学生加入了拼多多或京东等互联网企业，却担任客服岗位。尽管在短期内这不是理想的选择，但这种局限性可以通过企业内部的岗位转换来弥补。

（4）绝对不对口。

在这种最不理想的情况下，企业和岗位都与个人的专业背景没有任何关联。例如，计算机科学专业的学生在某制造业企业从事客服工作。尽管这样的例子在当前社会中比较普遍，但这并不意味着我们应该对此持消极态度。

2. 如何实现专业对口

（1）定位应用场景。

在学习阶段，关键不仅仅是掌握专业知识，更应深思熟虑该专业能在哪些具体工作场景中得以应用。当你准备找工作时，应优先考虑那些与所学专业有直接关联的企业或组织。有时候，当你的专业技能特别出色时，相应的对口工作机会会主动找到你。

（2）开阔眼界至上下游。

在某些特定情况下，你可能发现与专业直接相关的应用场景相对有限。这时，你可以将目标延伸至整个供应链的上下游。以学习热处理专业的人为例，如果他不能进入专门生产锅炉的公司，可以考虑从事与锅炉相关的原材料供应、专业设计或在下游的销售和维护方面的工作，这样依然能够在专业领域内发挥所长，即使不是在最直接的应用场景中。

（3）灵活运用就业策略。

对于那些专业技能尚待提升或所学专业的市场已经相对饱和的人来说，合适的就业策略可以作为实现专业对口的替代路径。这包括对产业链、供应链以及企业内部流程的各个环节进行全面的考量。

3. 为什么会专业不对口

（1）知识迅速过时。

我们生活在一个知识更新速度极快的时代。互联网不仅加速了知识的传播，也促进了各种信息的复杂组合。据统计，一个领域的知识在四年内的有效性仅剩15%。这意味着，对于大学生来说，他们在大一学到的知识，到大四时可能有高达85%已经过时或不再适用。

（2）教育与市场需求脱节。

"供需平衡"是经济学中的基础概念，然而，在人才培养方面，供应方（教育机构）往往没有充分考虑需求方（企业和行业）的实际需求，换句话说，很少"投企所好"，即针对企业和市场需求来精心设计课程和培训内容。我们不再生活在"有什么就幸什么"的年代，而是进入了"根据需求来生产"的新时代。

（3）招聘体制与思维固化。

专业不对口并非个人找不到或难以找到工作的直接原因。更多的时候，这是由于招聘体制的不完善，以及个人思维模式的局限性造成的。这些因素综合作用，导致了当前广泛存在的专业不对口问题。

4. 专业不对口也可以加分

（1）业余爱好。

专业不对口既然成了常态，就意味着很多人的专业都成了业余爱好。但是往往在很多时候，业余爱好总能够给你加分添彩。在我的职业经历中，曾经就碰到这样一个典型小故事：在四川成都公司时，我们销售岗位招聘了一个四川音乐学院美声专业的学生。这个小姑娘入职之后业绩一般，但是在入职第二年的"四川民营企业迎接民营经济的春天"大型活动中代表我们企业表演了两个节目，一个唱歌和一个舞蹈，均夺得一等奖。我当时就听到台下很多人在议论："这是哪个企业的员工？这个企业的文化一定做得很好"。于是，这个小姑娘回到公司后得到了奖励和肯定，工作业绩也直线上升。

（2）专业水准。

每个人工作如果专业不对口，那么您的专业就成了业余爱好。但是，您的业余爱好却是专业水准，毕竟在大学学了四年，基本功还是有的，解决问题时就会不一样。以我自己为例：我是财务专业，毕业后一天财务工作都没有干过，一直从事人力行政工作，这个属于典型专业不对口。但是，在我工作经历中有一家上市公司，老板总是表扬我，因为我对于人力资源的成本、人效、投入产出比等数据非常娴熟和敏感，以至老板提倡我们公司的人力资源工作者都要懂财务。虽然财务成了业余爱好，但是我毕竟是财务科班出身，所以对于利润、收入、成本、费用等逻辑公式和数据有着不一样的敏感优势。

三、职业生涯规划三个阶段

1. 何谓职业生涯规划

（1）生涯内涵。

生涯：生，即出生之时；涯，则是极致与终点。故"生涯"便是出生之始至死亡之终的漫长或短暂的轨迹。

生时，双手紧握，意味着人生本是一场持久而不屈的战役。死时，五指张开，彰显了人生须懂得何时放手，何时作罢。

生涯（Career）一词源自古罗马，原意是一辆双轮马车，由此引申出"道路"的意涵。人的生涯就是"道"，即人生。人生存在三个维度：时间、广度与深度。时间维度即是一个人生命的阶段性序列，包括生长、探索、建立、维持与衰退；广度则涉及在不同阶段中所需要扮演的多重角色，如儿童、学生、公民、员工、家长等；深度便是在这些角色中投入的情感与才华的程度，即各阶段标准或门槛的不同。由此，人生这一独特的"产品"便是由流程、节点及标准这三大元素构成。而在人生轨迹中，我们常常以"生涯规划"来细分，包括学习规划、职业规划、生活规划等。

总而言之，人生就是"生不带来，死不带去"的一场"大戏"。至于如何度过这一生，仁者见仁，智者见智，言人人殊。生涯规划并非只是应对当下，更是对整个人生路径的审视与设想。

（2）职业生涯内涵。

职业生涯：在"生涯"之前添加定语"职业"，便专指踏入职场之刻至退休的那段充满活力与意义的人生旅程。

此段历程人或许仅在一家机构中崭露头角，抑或跨足多个企业、组织而斩获诸多成就。然而，无论通过何种途径，这无疑是人生篇章中最为关键的时刻。它定义了人是否能生活得更为出彩，更有意义，正是这些选择与决断，最终构成了人与人之间的差异。

职业生涯包罗万象，涵盖了职业的横向流转与职位的纵向提升。在这一变迁之中，岗位便如同赛马场，而你的能力则是这场竞赛的核心动力。贡献价值不仅是职业生涯中的终极目标，也是每一次跃升或转职的基石和标准。正如屈原在《离骚》中所言："路漫漫其修远兮，吾将上下而求索。"在漫长的职业生涯中，每一次选择都像是在修行的路上添加一块石头，不断地丰富人生内涵与价值。

（3）职业生涯规划内涵。

职业生涯规划：当"职业生涯"后缀加上"规划"一词，即意味着这是一条从"无足轻重"到"引领风骚"的崭新生涯路径，从一名职场新手，经过精心规划和策略设计，终成为人们仰望的业界人才或合作伙伴。

诚然，每个人都具备先天的潜质，但如何在后天的人生舞台上搭配与组合，从而产生其最大的价值，确实是可以通过科学的设计和规划来达成的。在这一过程中，人们不仅遵循着既定的目标轨迹，而且朝着预定的终点不断发展，以期最终收获令人满意的成果。正如李白在《将进酒》中所言："人生得意须尽欢，莫使金樽空对月。"在这长河般的职业生涯中，精心的规划便如同掌舵的明灯，照亮前行的道路，使你在追求卓越的过程中，每一步都充满意义和价值。

职业生涯规划是三个简单而又复杂的问题：我究竟是何许人也（即"我是谁"）；我欲穿越何种迷雾，抵达哪个未知（也就是"我的目标"）；我应如何掌舵，穿越这片茫茫大海（或称为"我的行动计划"）。

首先，搞清"我是谁"不仅是一场内观的修行，更是一种自我觉醒的洗礼。这里涉及对内在潜质与外在呈现的双重审视，目标是达到一种和谐的统一，从而能够扬长避短。一般来说，这一阶段往往依赖于各种心理测试和考试的成果。心理测试旨在通过观察行为倾向，推断出性格特点和适合从事的职业；而考试则更侧重于评估后天积累的知识和技能，包括学历、专业证书、荣誉及理论和实践考核等各个方面。这些都是过去的沉淀，它们不仅可见，而且将成为未来道路上的得力助手。明白自我，便是走向成功的第一步。

其次，便是探究"我的目标"这一重大课题。确实，每个人心中都孕育着某种理想或梦想，但仅凭"喜欢"这一情感并不足以构建人生的"大厦"。因此，仔细审视大环境的发展潮流与小环境的运作机制，以及自身先天潜质与后天经验的交汇点，就成为至关重要的步骤。在这种情况下，调整自我与目标的匹配度，以寻找一个既符合自身能力和资源，又能实现个人意愿的目标，便显得尤为重要。换句话说，首要任务是确定你"想干什么"，其次是分析你"能干什么"，最后是考虑社会或法律"允许你干什么"。你可以根据个人喜好进行选择，或根据自身能力和资源进行规划，或依据社会需求进行定位。诚然，目标设定不应过于抽象或天马行空，而应脚踏实地。

最终，行动计划的细节布局呈现在眼前，其中学习力与领导力的培养便是核心要旨。谨记，职业生涯之前是教育之路，然而，学校教育与职场学习如同两张不同质地的纸，有各自的领域和价值。在这一点上，学习的准则应是"缺什么补什么，用以致学"。我们正身处于一个信息繁多、知识更新迅速的时代，因此，应依需求而学，目的明确，实用至上。

学习力的核心包含归纳与演绎两大阶段。归纳是从总结到提炼，再到抽象化的思维过程，而演绎则是从分享到试验，最后到应用实践。每一次职业的转变，都是归纳的智慧结晶；而在新的阶段中能否胜任，往往取决于演绎能力的运用。"缺什么就学什么，学以致用"的原则，实质上也是终身学习的不断循环与重构。

如孔子《论语》中所言："学如不及，犹恐失之。"在这个快速迭代的世界里，终身学习是一个由总结与分享构成的无尽循环。

2. 人事异动九大状态

某企业的职业生涯规划，着重讨论的是人事异动——这一从入职至离职之间的诸多变化。在这一规范的框架内，人事异动具有两个核心要点：其一，所有的流程与程序必须合法透明；其二，异动数据构成了人力资源管理数字化的基础。在这一范畴内，存在九种典型的人事异动状态。

（1）入职。

以入职为例，这一阶段涉及社会契约的缔结，通常以劳动合同的签署为标志，可能还包括附加的保密协议或竞业禁止条款。这一流程大致可分为两个部分：第一是对新员工的全面资料收集，包括但不限于身份证明、学历认证、照片、背景调查及业绩记录等；第二是与员工的工作状态进行有效对接，包括入职培训、工作赋能数据、薪资福利等方面的信息。

每一个环节、每一个异动，都需要细致入微地处理，以确保整个人事异动体系的合法性与完整性。

（2）实习。

这一阶段主要针对即将或刚刚踏入职场的学生或学徒，可视为一种特殊的试用期。其主要目的在于吸收庞大且素质优良的毕业生群体，为企业的各个部门提供人才储备。在这一管理体制中，实习生受到双重主导："所有权"属于学校，而使用权归属企业。该阶段受到学校和企业双重管理，一方面是学校对学生的教育职责，另一方面是企业对学生实践技能的培训和应用。实习作为一种缓冲状态，不仅帮助学生逐渐适应从教育体系到职业环境的转变，同时也为企业提供了对新人才进行评估和培养的机会。这是一种双赢的合作模式，旨在通过实践来增强学生的综合素质，满足社会和企业的人才需求。正如韩愈在《师说》中所说："师者，所以传道授业解惑也。"这一道理在实习这一环节得到了具体体现，它不仅是一座桥梁，连接学校与企业，也是一种砥砺，促使理论与实践得以完美融合。

（3）试用。

试用期犹如一座璀璨的舞台，预演着未来的合作交响曲，成为企业与新员工互相审视、验证承诺的关键阶段。这一时期可谓相识与相知的磨合之旅，既是情感的投资，也是能力的检验。

企业在这一阶段并非只是空洞地标注时间和薪资，而是要通过一系列精心设计的入职培训、岗前指导和评估机制，来给员工灌输企业文化，引领其走向预定的成功路径。这些都是为了确立双方的预期，以促使员工与企业文化高度融合，共同描绘出成功的蓝图。

企业多误将试用期视作一段低薪的短暂阶段，却不知这正是磨合与调适的至关重要时刻。按照劳动法的规定，试用期通常不超过六个月，这期间会因岗位的不同而有不同的定位和名称，诸如学生实习、基层员工试用或管理层的考察期，从而准确反映了企业对不同角色的特定要求。

试用期的管理贵在预见，为企业与员工双方未来的合作关系奠定稳固的基础。

（4）转正。

这一生涯里程碑，精细地分为两个层次：一是由人力资源部门主导的、深度合规、透明且理性的转正流程；二则是以业务部门为核心的、数据驱动的达标合格评价。在前者中，人力资源不仅是规范制定者，更是企业数字化转型的推手，尤其在敲定员工的薪资结构上显得至关重要。而在后者中，虽然业务部门握有最终决策权，但一切均须建立在毋庸置疑的数据基础上，以便客观评估业务能力与岗位胜任程度。

这两大核心环节融为一体，方可铸就一份无懈可击的转正手续。出现冲突时，须精准、高效地解决和弥补，以避免责任推诿导致的内外法律纠纷。对于转正的通知方式，企业或可选择从上至下的集体宣布，或采用更个性化的一对一沟通，全凭企业文化所倾。一些企业还将员工的转正升级为一场"人文盛典"，旨在彰显对人才的极致珍视和深度关怀。

（5）调动。

在企业的宏观视野中，调动是一种精妙的战略安排，涉足员工岗位的空间性重组。调动的动因有两大类：一是为新业务或突发状况而进行的大规模人员部署，这类调动通常不涉及岗位性质的改变；二是在管理层中，为了防范不端行为和增强管理者的多场景综合能力，会进行名为"异地用工"的调动，此种调动往往以一定周期为单位进行。在调动中，不可或缺的环节便是工作交接。这个环节所涵盖的不仅是物品的传递，更包括对工作资料与未完成任务的妥善处理。有趣的是，交接双方往往对交接的复杂程度有不同的期望：接收方希望过程简洁，甚至无交接为佳，而移交方则希望交接尽可能详尽，以免产生后续问题。因此，我们设计了固定的交接流程和专责的监交人员，同时也规定工作交接表需一式四份，确保无论是交接双方、监交人还是企业，都能妥善保存该份重要文件。

调动的精髓与管理哲学可以用"因材施教，各得其所"来概括。这既是对企业、对员工最佳雇用的期许，也是对员工能力得到充分发挥的愿景。这样的调动不仅符合企业的战略目标，更让员工感受到个人价值的提升和职业生涯的可持续发展。

（6）转岗。

转岗本质上是从员工自身的立场出发，寻求与个体能力、职业目标更为契合的工作平台。入职之初，岗位与个人的匹配程度或许难以精确，因为每一家企业都有其独特的文化和运营机制。而人如同多面的宝石，仅有在适当的光照和角度下才能展现出最璀璨的光芒。

转岗过程也是极度规范和严谨的，涉及多个部门的精心协作。人力资源部门作为这一过程的关键控制者，负责精确地掌握每一个流程节点，确保一切按照既定的规则和条例进行。转出部门不仅需要有放手的气度，更要确保工作的无缝交接；而转入部门则须展现包容和接纳，以及为新加入员工提供必要的岗位培训。

这一整个过程不仅是一场职责与才华的重新排序，更是一次对员工个人发展路径的重新规划。因此，转岗不仅仅是一种物理上的改变，更是一次心灵和能力的提升。

（7）晋级。

此类晋级专指薪资结构内的上升和下降，即涨薪（晋级）与降薪（降级）。它涉及多种操盘机制，其中包括绩效考核，按一年或半年周期判定薪资的涨降；奖惩机制和积分累计，一旦达到某一临界点，便触发间接性的薪资调整；以及那些须通过最高决策层——总裁审批的特例情况。这一切，都是对一个人长期稳定表现的定量与定性评价。这种稳定性不仅标志着某人的能力已经稳固到新的阶段，且具有持久性，一旦达到新的高度，便应维持其平稳，避免轻易地涨降。

通过这样的叙述，不仅洞悉了薪资晋级的复杂机制，也揭示了它作为职业发展里程碑的重要性。因此，晋级或降级不仅仅是数值的变化，更是对个人长期职业表现的一种综合评价与认可。

（8）升职。

所谓晋升，在企业世界中多为职位的提升。这一过程涵盖四大阶段：需求勾勒、人选选拔、任免宣示及验质转正。在需求阶段，由业务部门主导，详述所需岗位、招聘规模、职责定位以及期望上岗的时间节点。选拔阶段则由人力资源部门主持，业务部门协同，双管齐下、各司其职，此阶段精研从个人经历到未来发展，从过往行为揭示潜在性格，采用综合评估模型，旨在筛选最佳与次佳人选作为决策备选。该阶段是专业技术与科学的交汇，难度极高。任免阶段则包括公示、流程和考察转正。许多企业因繁文缛节而避免任前公示，但这一点却在特定环境下显得尤为重要。签批流程的同意或否决，公示之后一般都会引来欢呼，众望所归。考察转正阶段更多的是时间问题，短时间内难以见诸成效，但如果能平稳地完成工作交接，则成功的概率已经高达六成。如无法在新岗位适应正常工作节奏，那便是悬崖峭壁前的危机。至于能否胜任，可参考"胜任素质能力模型"。

晋升不仅是对个体能力的认可，也是对其适应不断变化环境的一种考验。因此，任何晋升或降职的决策都应慎之又慎，方能确保人尽其才、才尽其用。

（9）离职。

离职是企业生涯一章的闭幕，而如同多数戏剧性的结局，其过程往往并非轻松。离职阶段常见诸多劳动纠纷。企业主要关切两大焦点：一是离职流程的合规性，二则是离职理由的合法性。因此，离职流程的精细管理具有不容忽视的重要性。其中涉及的因素包括：离职的时间节点、提出离职的主体是谁、离职原因是否充分、签批环节与时效等。

离职面谈则更是一项至关重要的环节。离职的主要原因大致分为三大类：薪资待遇、晋升机会和管理风格。这三者恰与人才留任的三要素相匹配：薪酬对应待遇留人，晋升对应事业留人，而管理则对应情感留人。当代年轻人选择的优先次序通常为：首先追求感情的纽带，然后关注明确的待遇，最后期待共同的事业愿景。

综合而言，离职流程、补偿标准、离职理由与时机、签批流程及工作交接、离职证明以及离职面谈的反思，皆为离职管理中应细致关注的诸多要素。

在这一重要过程中，每一步离职操作都应谨慎进行，从而使得结束可以尽可能地平稳落地。

3. 从普通员工到合伙人

无论是从初涉职场至光荣退休，还是从加入某一企业的庇荫到与其握手告别，人们的职业生涯或许仅限于一家企业的舞台，抑或在多家企业之间游走。然而，在任何情境下，职业生涯始终是工资递增、职位上升和个人能力成长的持续过程。这一过程，即所谓的职业生涯规划。

该规划可粗略地划分为七个层次，每个层次平均以五年为周期，而在初级阶段的时间跨度较短，高级阶段则相对较长。这七个阶段，有人在单一企业内就可完成，有人则要辗转多个企业。一般来说，大多数人会在不同的企业完成不同的阶段。若在相同阶段内转换企业，则更多是对个人能力的精细打磨，打磨的时间长短因人而异，有的快速，有的缓慢，各有优劣，全凭个人的天资与机缘。

这条成长之路可被视为"从普通员工至合伙人"的旅程。影响这一旅程的要素有两个：外在的平台与内在的自我。两者皆不可或缺，然而若要论其重要性，我个人更倾向于"内因影响外因，故自我为先"。

这样的观点贯穿整个职业生涯规划，在追求外在成功的同时，也须关注内在的成长和修养，以达成真正的职业与生活的平衡。

（1）员工。

员工身份不仅是一种职业定位，更是社会角色的一种体现。踏入社会这一环境，最核心的转变即是角色认知的根本性改变。众多初涉职场的大学毕业生常向我提问："社会与学校有何不同？"我对他们说，回想学校时代，你是否需要支付学费？学校是否有义务对你进行教育与管教？他们回答，不仅须支付，而且学校的管教也极为严格。而如今，这种管教转化为权利与义务的结合。当你加入企业，除了薪资作为物质回报，自然也会受到企业的管制与规范。这一认知的巨大转变便是踏入社会的第一道门槛。一旦你理解并接受这一点，便能树立正确的心态，进而快速地吸收与学习。

不论平台优劣，每一家企业的存在本身就具有其社会价值。只要你能进行对角色认知的适应与转变，人生便能如鱼得水，游刃有余。进一步而言，在社会角色的转变之后，你将进入某个特定企业的员工状态。员工则须通过思考与认知来适应不同的企业文化、商业模式、管理风格、工作环境等多个因素。

员工同样有其等级与层次，有的表现出色，成为行业的标兵或楷模；有的则表现平庸，成为一名普通员工。三百六十行，行行出状元。不论何种工作，都有其出类拔萃的人。"优秀"并不是一个模糊的概念，而是具体表现在你是否做得比别人更好，是否能在多数人中脱颖而出，是否在好与坏、快与慢、多与少的维度上表现出色。

（2）班组长。

班组长这一身份不仅是一份职责，更像是工作经验与智慧的集大成者。历经时间的洗礼与工作的磨炼，自然逐渐崭露头角。然而，在职场这一宏大舞台上，如何从众多员工中脱颖而出，赢得提拔？

我的建言在于——学会总结。每日的工作中，人们皆埋头于各自的职责，然而你能在领导询问之时侃侃而谈，能在新人加入时担当教练，或是在团队表现出色时分享经验，无论是解答问题、提供指导还是分享经验，这一切都需要具备总结的能力。如孔子在《论语》中所云："工欲善其事，必先利其器。"这种能力可以看作归纳与演绎思维中的一个初级阶段，却足以让你在群体中独占鳌头。

要明了，班组长身处现场管理的第一线。现场管理有四个维度：是否在现场、是否懂得业务、是否敢于管理、是否具备有效方法。

如果你连现场都缺席，又如何能妥善管理现场呢？作为管理的基础单位，你必须深入每一个工作环节。在数据化与信息决策的现代工作环境中，原始数据的及时性、真实性和准确性是关键，一旦这些环节出问题，就意味着现场管理出现了漏洞。

业务知识同样不可或缺。所谓"业务"，实际上并不复杂，它仅仅是对在你负责的特定领域内，从工作接手到完成的所有过程中"先做什么、后做什么以及如何做"的全面理解。如果你在现场，却对业务一窍不通，那么问题便难以解决。

敢于管理，意味着你不仅要有决断力，还须具备对抗挑战和不文明行为的勇气。有时，一些员工可能会因你的"限制"而感到不适，甚至威胁你。在这样的情况下，你是否还敢于站出来管理呢？

最后，除了你的存在、你的知识和你的勇气，管理方法也是至关重要的。同样的管理任务，在运用了适当的策略和工具之后，效果自然更佳，这对于提高工作效率和效益有着不可忽视的价值。

现场虽是基层，看似简单，其实蕴藏着巨大的价值。每一个微观的管理单位，只要是良性运行的，都会在企业的战略扩张和持续发展中起到积极的推动作用。当战略扩张遇到问题时，良好的现场管理具有自我修复的功能，能有效地修正和弥补战略上的偏差。

（3）主管。

主管这一称号不仅是一种职位，更是综合实力的准确反映。当你身担这样一份重任，已经可以名正言顺地被视作一名管理者了。因此，理解"管理者角色定位"这一概念显得尤为关键。这个词汇蕴含着三重寓意：角色、管理者与定位。

所谓角色，不仅仅是一个名词，更是对管理岗位投入程度的具体体现。正如戏剧或电影中的演员对角色的理解不同，观众的反响也会有所不同。例如，在电视剧《狂飙》中，高启强这一角色便引发了观众的强烈共鸣，这正是因为演员张颂文对该角色的精心塑造与深度解读。人的一生中，从出生到成年，不同阶段需要扮演不同的角色——从婴儿到学生，可能自己尚未意识到；但从成为公民，到员工，再成为父母，这一过程中的角色转换变得越发明显。这种明显性不仅是因为有了更多的人生经验和社会阅历，也来自对角色转变的深刻理解和体验。

至于"管理者"，这一词更多是在描述一种职责和能力。学界通常将其定义为资源的计划、组织、领导与控制，以有效地实现既定目标，简言之便是"整合资源、实现目标"。这八个字虽简单，但包含了管理学的诸多智慧。管理者不仅要具备战略视野，还要有操作层面的细致入微，方能在有限的资源中实现目标的最大化。

在这两者之上，还有"定位"这一层面。定位不仅是对角色和管理职责的理解，更是如何在复杂多变的环境中为自己找到恰当的位置，实现个人与团队目标的最佳平衡。这便是管理者角色定位的终极目标。所谓的"定位"，即是在经度与维度的交汇点上找到最适合自己的位置。

在管理者的角度定位中，上下级结构与内外部环境构成了管理坐标系，位居其中，代表的是某一组织、某一环节、某一岗位的具体实施者。在这里，你是一个"化身"，你与你的职位应当是高度一致的。你拥有上级，也有下级；你既是同事，也是客户的合作伙伴。你的存在即是定位的核心：如何向上争取资源，向下分配资源，与同级协调资源，向客户转化资源。这一切构成了管理的基本定义与定位。

管理的真谛不仅在于你与职位的高度契合，还在于如何优雅地在多维度的资源与关系网中找到自己的最佳位置，以实现个人和团队的目标。这正是一名合格的管理者须掌握的基本定位与素养。

总体而言，作为一名主管，需要具备多重角色的复杂性和多维度的管理能力，同时也需要有清晰的个人和团队定位。这些因素共同构成了管理者成功与否的关键因素。所以，理解和掌握"管理者角色定位"的重要性不言而喻。

管理学的诠释形态多样，涵盖了"管理即是管人理事""管理即是关系处理""管理即是价值观导向""管理即是客户导向"，乃至"管理即是让平凡之人施展非凡之能"等多重内涵。然而，不论诠释如何多样，管理作为一种角色演绎，其核心始终聚焦于"人与事"的交融，即"事有人做，人有事做"。

（4）经理。

这一职位在我心中的定义是"经营与管理"的综合体现。何为"经营"？它是投入与产出之比的精妙平衡。从宏观的投资者视角，到单位层面的独立财务核算，直至微观的个体贡献价值，均是这一比率的具体体现。在产出端，我们不仅关注其量化表现，更着重于其最终的效益，因为唯有产生盈利，方可称之为真正的"成果"。

何谓"管理"？即是目标与实际之间的差距分析。每个企业无不秉持目标管理的原则，无论在公司、部门还是个人层面，工具和方法可能是 OKR 或 KPI，但其核心都是目标与实际成果之间的差异。这些差异可能出现在年度长期战略、月度短期战略，甚至日常绩效考核的实际执行中。若实际成果超越目标，则为"完成"；反之，则标为"未完成"。管理在某种意义上便是对这些"差值"进行深度挖掘的过程：在哪里出现了差距？差距有多大？导致差距的根本原因是什么？如何采取有力措施来缩小这一差距？日常所说的"经营分析"实质上便是对"找差距"过程的详细描述。

作为经理，须负责单位的经营与管理，既要注重结果，也不能忽视过程。在中小型企业中，部门负责人通常被称为"经理"，但在这一环境下，经理的角色常偏重于管理，而轻视经营，这主要是因为部门并非独立核算单位，而是需要与其他部门合作以实现共同目标。然而，在大型企业中，由于组织结构的复杂性，经理的角色往往被削弱为一个分支部门的主管，这在某种程度上已经偏离了"经理"的初衷。层级众多，致使职位名称无法准确反映工作性质和责任，这也是当前企业中一个值得反思的现象。

总体而言，经理这一职位包含了丰富而复杂的义务和责任，从战略到战术，从宏观到微观，其角色需要灵活多变，既要精于"经营"，又须娴于"管理"。经理应全身心投入，做到在各个层面都能够发挥其应有的价值和作用，从而实现企业的长远目标和战略。

（5）总监。

这一职称可谓现代企业结构的特产，其属于舶来品，主要应用于技术研发等专业领域。然而，在企业逐渐壮大、组织层级日益复杂的背景下，总监这一角色应运而生，而其中也包含了其不可或缺的优点，即专业性与技术性的双重强调。它并非仅限于技术部门，事实上，无论是哪个部门、哪个职系，都应存在专业技术发展通道，而非仅有管理通道。

总监作为一名技术与管理皆须关注的高级职位，其核心在于"业务能力"的培养与强化。何为"业务"？"业"即生产的产品，而"务"则是市场销量；"业务"即是对"生产什么、卖什么"的全面运营的概念。在这一角色下，总监不仅需要考虑自己在所涉及的产品或服务的某个环节中做出的专业贡献，更要具备全面运营的业务洞察力——这包括专业能力与边际能力，或者说专业的深度与格局的广度。

假若你在某一专业领域具备深厚的造诣，那么或许可以自我界定在"技术通道"内。然而，如果你不仅在专业方面有着出色的表现，同时还具备跨部门、跨领域的业务洞察力，那么你便具备了成为管理储备人才的潜力。总监这一职位实则承载着这双重含义：一方面是技术的精湛，另一方面是管理的娴熟。

综合而言，总监这一职位在现代企业中犹如一座高山，其顶端汇聚了专业技术与管理才能的双重元素。身为总监，不仅要有出色的专业技能，更须具备跨界的业务视野和管理智慧，方能准确地把握企业的脉搏，以达成长远的战略目标。

（6）副总裁。

这一职务在企业管理体系中可谓企业舵手的"左膀右臂"。此定位通常可以从两个方面解读：副职与分管。副职通常出现在管理幅度大或人才储备战略性需求大的场合，如管理责任繁重，设立副职则可分摊部分负担，该"部分负担"或为横向的日常基础事务，或为纵向穿越全范围的条块任务。在规模较小的企业中，副职往往充当全面性的辅助角色；而在大型企业中，副总裁则主要负责分管工作。

那么，副职与分管具体有何区别呢？在组织单位以下，通常表现为副职；而在单位以上，则更多地表现为分管。从职责角度看，副职主要是分担横向的基础工作，而分管则更偏向于纵向的分解和解构。在人才储备方面，副职更多地出现，也暗示了储备人才尚未深入核心业务，或者其离职不会对关键任务造成影响。相反，分管非储备性质，是实权重大的岗位，其责任和担当则截然不同。

分管的工作，远不仅仅是任务的简单分派。由于其地位处于组织层级之上，不仅须具备商业敏感性，更要懂得投入与产出的平衡，以及资源的有效配置、协调和整合。所谓"分管"，实际上是对资源要素的精准分配以及投入产出最大化的艺术操作，重在流程的顺畅与战略口径的明确设计，目的就是确保在特定领域内能实现资源的高效共享。

一个高效、和谐的组织，必须在分权与分责中找到平衡。副总裁这一职位，应当被赋予足够的权责，而非仅作为一种华而不实的名衔，否则便是对企业管理层的不负责任，也是对组织长远发展的伤害。

（7）总裁。

这一称号是现代企业管理体系中对经理角色的一种进阶提升和精致塑造，此职位在当代企业，特指市场经济下的自由竞争环境中，具有更为独特定位和内涵的所在。

总裁并非仅仅是产权所有者的代名词。在现代企业制度的精心架构中，所有者与经营者之间存在明确的分隔。前者通常对应董事长这一角色；后者即经营者，其最高代表则无疑是总裁。在某些地域或文化环境中，该职位亦被称为总经理，但两者之间尽管名称相似，实则侧重点不同。总经理更侧重于经营和管理的具体实施，而总裁则更注重于决策和权责的下放。

总裁的角色并非仅仅是高高在上的指挥者，而更是在与全体员工共同创造价值的过程中，持有最终决策权的合众参与者。因此，这一职位不仅是权力和责任的集合点，也是个体才华和集体智慧完美交融的象征。

4. 职业生涯规划设计的三个阶段

我的职业生涯规划原则独树一帜地分为三个阶段，每一阶段均拥有两种具体的表现形态。

（1）能力成长阶段。

在此阶段，学习与修炼成为至关重要的主题，目标是将个体能力从"未熟练"提升至"精湛"。这一过程或由单一企业的长期培养完成，或由多企业的跨界锻炼所达成，其具体表现形态可分为两类：管理通道和技术通道，这是当代企业普遍设立的双重职业发展路径。

（2）能力变现阶段。

该阶段的核心在于如何将个体能力货币化，使之转化为可触摸的财富。有的人可能采取厚积薄发的策略，而有的人则可能是边积累边释放。这一阶段具有两种表现形态：一是跳槽，二是跟创。在考虑跳槽之前，务必向自己提出两个问题："你准备好了吗？"以及"你的机会已经到来了吗？"这两个问题一方面考察能力成长，另一方面则关乎变现的平台选择。而跟创同样也有内外之分：一是在现有组织内部进行创新或合作，二是走出去与外部合作伙伴共同创业而成为联合创始人。

（3）能力自由阶段。

这一阶段，人们已获得了足够的年龄、经验和财务支持，可以自由地去做自己心之所向的事情。这一阶段无疑可以实现马斯洛需求层次理论中的自我实现层次——人生的最高境界。这一阶段表现形态同样具有两种：主创，即作为企业或项目的大股东；或成为自由职业者，拥抱灵活就业。由此看来，灵活就业不仅是社会发展的必然趋势，也是个体自我发展追求的最高境界。

墨子云："志不强者智不达。"这三个阶段便是一段从"菜鸟"到"大咖"，再到实现人生自我价值的职业之旅，每一阶段都有其自身的美妙与复杂，需要个体以恰当的方式和策略去应对和驾驭。

四、走向成功的"十分成长"模型

成功有没有办法？一定有。

这些办法是不是就是捷径？算是。

我通过无数次总结提炼出一个"十分成长"模型，如图1-1所示，周而复始，就会走向成功。

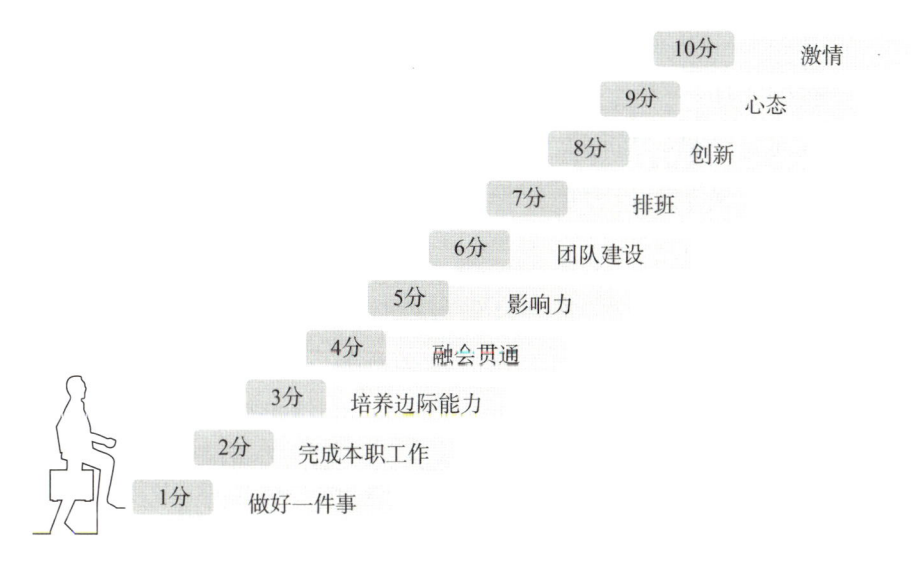

10分 激情
9分 心态
8分 创新
7分 排班
6分 团队建设
5分 影响力
4分 融会贯通
3分 培养边际能力
2分 完成本职工作
1分 做好一件事

图1-1 "十分成长"模型

1. 做好一件事：1 分（见图 1-2）

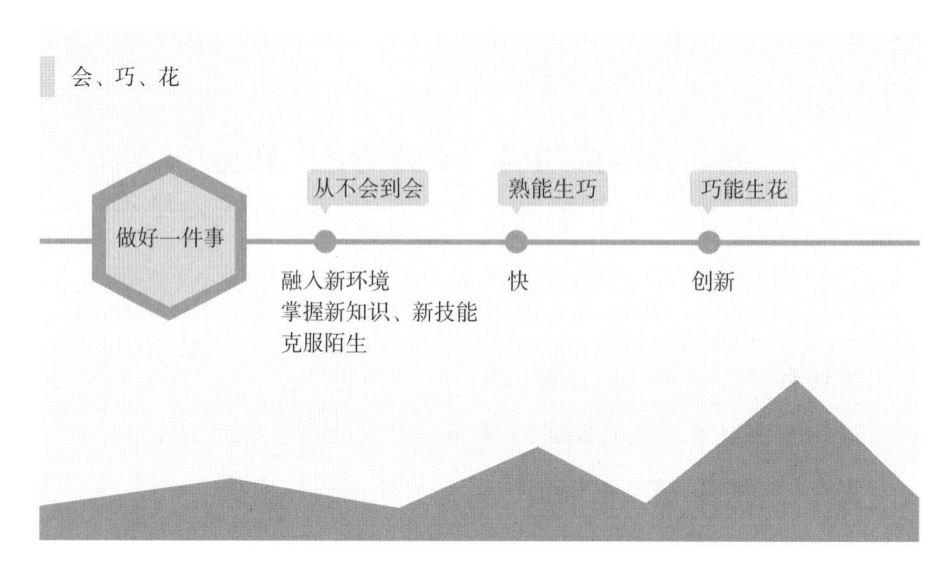

会、巧、花

做好一件事 —— 从不会到会 —— 熟能生巧 —— 巧能生花
　　　　　　融入新环境　　　　快　　　　　创新
　　　　　　掌握新知识、新技能
　　　　　　克服陌生

图 1-2　做好一件事：1 分

　　有些人的工作只是一件事情，有些人的工作则是很多事情的组合。

　　一般而言，只有当你做好一件事情时，别人才能相信你也能做好其他事情。人们常说，做一件好事容易，做一辈子好事很难。然而无论从时间上还是从数量上，"一件事情"恰恰是我们职业循环的起点。任何人的成长，都是从做好一件事情开始的。不仅如此，从另一个角度而言，人们认识和评价一个人，也往往是从一件事情开始的。

　　很多人认为做好一件事情很容易，甚至认为同一件事情只要做好一次，余下的就是重复，从而觉得枯燥。因此有人不能坚持而逐渐放弃，甚至离开，还未进入熟练的积累阶段就结束了。

　　我认为做好一件事情有三个阶段：首先是从不会到会，其次是熟能生巧，最后是巧能生花。

　　从不会到会是一个融入新环境，掌握新知识、新技能并克服陌生的过程。这个过程对毕业生而言就是从校园到社会，对职场人而言可能是换一份工作，也可能是同一个单位的新岗位。在该过程中的适应和成长，有些人会快些，有些人会慢些。但不管怎样，不要停滞不前就好，因为认同文化、了解流程、熟悉标准是对一个新人最基本的要求。

熟能生巧，突出一个"快"字。效能是所有组织的终极目的，而效能比的就是完成工作或事项并取得预期成果的速度以及过程管控的效率，规模效应与单位成本都在效能中体现。一分钟打200字和100字相差一倍效率，一张订单30秒钟录入和3分钟录入相差5倍效率。效率高，不但能够增加收益，还能够赢得尊重和荣誉，为后续发展打下时间的基础。

巧能生花主要是创新。事物的表现形式有很多，除了好用还要好看，多种结构和表现形式本身就是一种创新和进步。而当速度快到一定程度的时候，就可能跳过某个环节，省去某个流程的时间，改善和优化了流程，这就是典型的创新。

2. 完成本职工作：2 分（见图 1-3）

做好一件事容易，但做好很多事情的难度就会增加。

岗位或多或少都是由很多任务组成的。每个任务发生的频率不一样、难易程度也不一样，但它们都是由一个一个标准动作组成的。能够做好一件事情，就意味着有可能做好其他事情，一件事情都做不好，很难做好其他事情。

岗位是从产品分工的质量和赚钱的数量交叉得来的。所以岗位工作量常表现为工作数量和工作质量。

本职工作体现岗位价值，而这个价值在招聘市场中则反映为市场薪酬。当你把本职工作的每件事情都做好了，才可以拿到工资，因为你创造了应有的岗位价值，否则是需要扣除工资的。这是由于你的贡献价值低于岗位价值。

本职工作还有一个观点叫作对岗位负责，也是一个最基本的要求。坚持做好自己的事情，坚持自己的原则，坚持把自己的职责履行完，把执行力建立在对岗位负责的基础上，这是最大的亮点。

忠于职业，我的解释有三点：第一是能否付出时间、体力、精力；第二是能否大胆表达意见；第三是能否坚持下去，坚持就是胜利，因为很多事情需要时间来验证。

很多人问我企业有没有发展空间，答案就是取决于贡献价值，包括每个岗位的岗位价值、每个人的固有价值、每个人作用于岗位的贡献价值。贡献价值决定荣辱、工资高低、职务升降，甚至去留。

完成本职工作也只能得到 2 分。

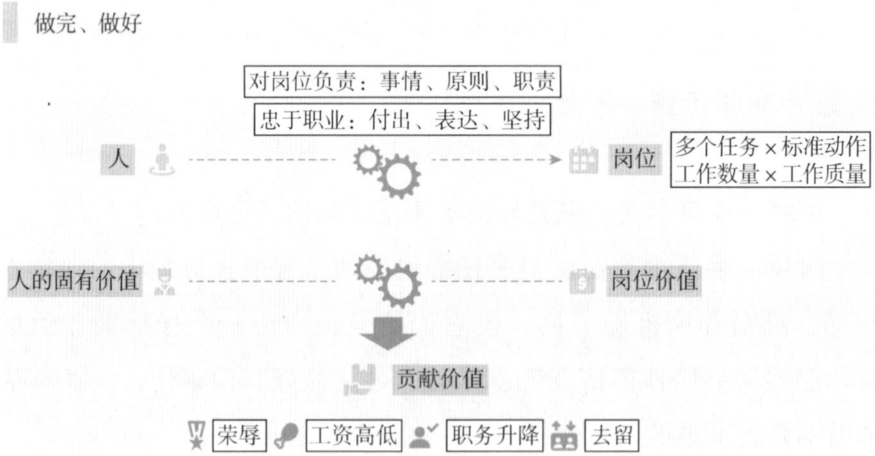

做完、做好

对岗位负责：事情、原则、职责
忠于职业：付出、表达、坚持

人 ⇢ 岗位　多个任务 × 标准动作　工作数量 × 工作质量

人的固有价值 ⇢ 岗位价值

贡献价值

荣辱　工资高低　职务升降　去留

图 1-3　完成本职工作：2 分

3. 培养边际能力：3分（见图1-4）

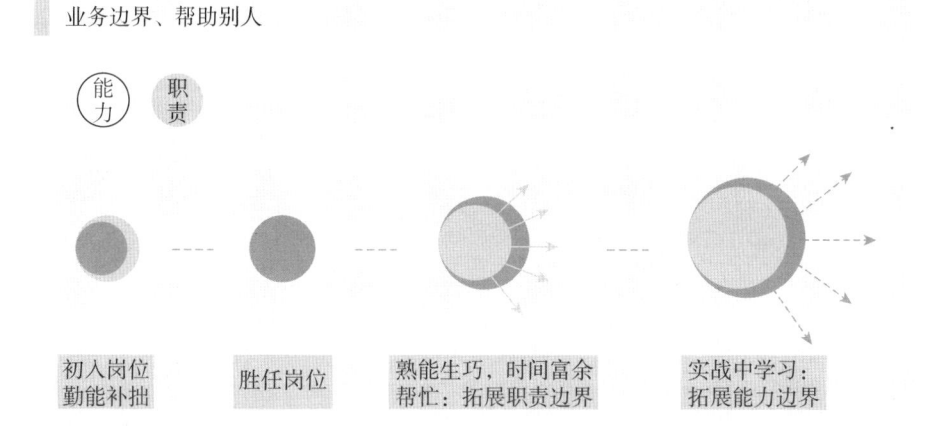

业务边界、帮助别人

图 1-4　培养边际能力：3分

帮助别人就是帮助自己，助人为快乐之本，这些话总有些道理。帮助他人是精神的享受，在良好的大环境之中，身心愉悦。

帮助别人，是因为在熟能生巧的情况下，有时间学点别的，或者被叫来做点别的。

帮助别人，不能帮倒忙，所以首先要学习别人是怎么做的，让自己又多掌握一些技术，因此人们常说帮助别人就是在帮助自己。

帮助形式下的学习，能学到真本事，比课堂上学得更加实用，是马上能应用的学习。

这种学习是一种对边际能力的培养，从边界开始、从接触的地方开始，让自己有一个更为广阔的拓展空间，为巧能生花积累更多的知识。

4．融会贯通：4分（见图1-5）

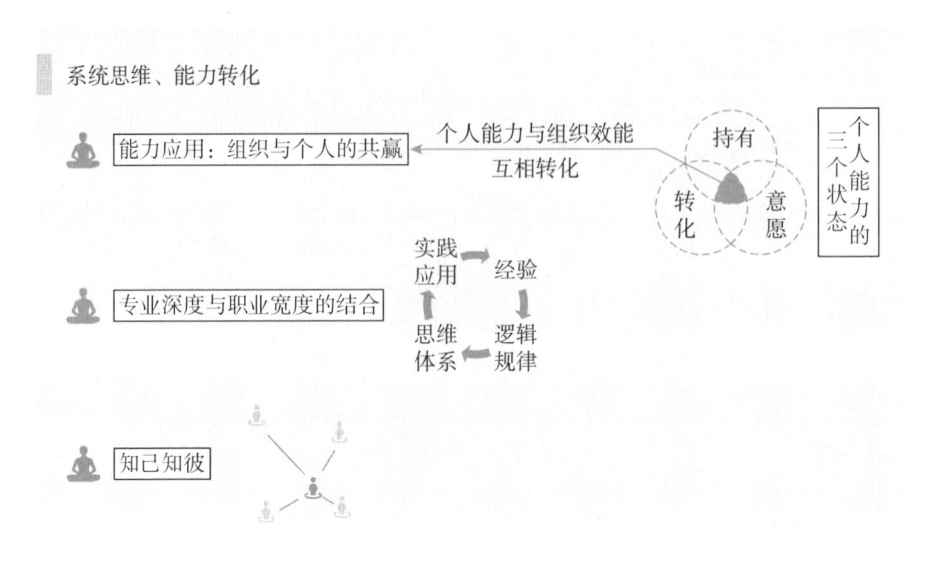

图 1-5　融会贯通：4分

有了多种能力，又有一个好的人脉环境，很容易打通"任督二脉"，个人就会得到提升，有更大的发挥空间。

个人能力有三种表现状态：持有状态、意愿状态、转化状态。

持有状态是指你有没有本事，比如你已经从无到有，具备很多技能。有了之后呢？是愿不愿意来到这个企业、愿不愿去这个岗位、去这个需要你的地方，愿意去尝试、去应用，这是意愿状态。能力转化状态是指能力变现：不能转化出成果的能力不是你的能力，只有转化出企业需要的成果，企业才会认可你的能力。当你实现能力变现，你的贡献价值就会高于岗位价值，企业请你就比较划算。

打通"任督二脉"，主要指能力的应用，即组织与个人的共赢，体现为人力成本投入和组织产出的比例。一个知识丰富且心态端正的人才能打通"任督二脉"，他掌握的是个人能力与组织效能相互转化的能力。

打通"任督二脉"还可以理解为专业的深度与职业宽度的结合,让你有更多的话语权和更为自信的个性。人拥有知识点并不少,缺少的是如何从经验中提炼逻辑规律、从而内化为自己的思维体系,并与实践场景链接应用的能力。

打通"任督二脉"还需要知己知彼。知道自己在哪里,还要知道别人在哪里。如此,当自己有困难的时候才知道谁可以帮你,或者当别人有困难的时候,你可以如何帮他,这叫作境界、大局意识、全盘思维。

5. 影响力:5 分(见图 1-6)

影响别人、暗示自己

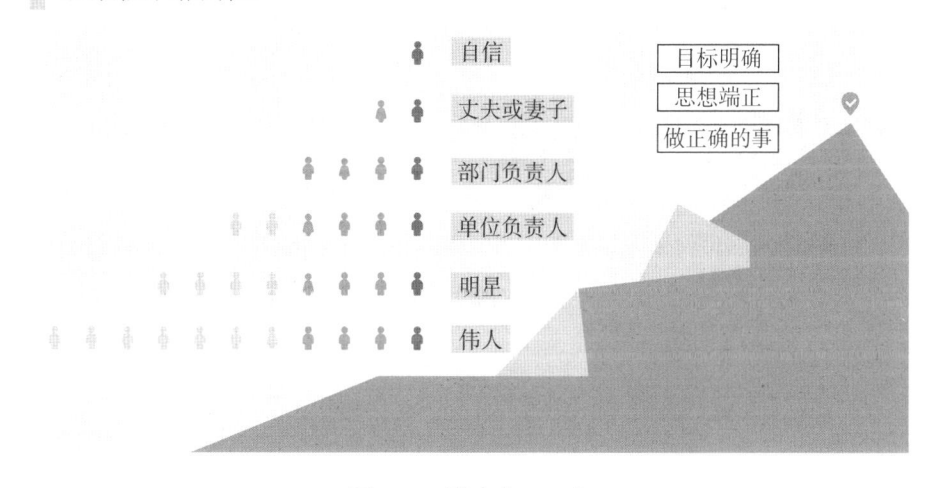

图 1-6　影响力:5 分

影响力也叫领导力。每个人都有,不只是领导或管理者才有。

我更倾向将其解释为个人的魅力。有一群志趣相投的人,你与他们称兄道弟,将他们聚在一起,这就是个人魅力。

影响自己，叫自信；影响一个人，成了丈夫或妻子；影响几个人，成了部门负责人；影响数百人，成了单位负责人；影响成千上万的人，成了明星；影响无数人，成了伟人。

这些被你影响的人都是你的"粉丝"，因此要求你目标明确、思想端正，做正确的事情显得特别重要，不然就把"粉丝"带偏了。

影响力有一个"场域理论"比较实用。过去的你被影响，形成现在的你，现在的你影响了环境，环境反作用影响未来的你，未来马上又成为过去，这种循环就是"场域理论"的核心，也是影响力的循环。

6. 团队建设：6 分（见图 1-7）

目标管理、喜不喜欢

目标与计划	多样性	分工协作	人与事的联系
明确的目标：战略目标经营目标、管理目标，分解一致 周详的计划：人和事、团队和团队，配合紧密	多种角色、多种能力互补，不以个人好恶为选择标准	组织架构清晰权责对等 数量与质量明确	管人理事 管理与被管理的转换

以身作则，带领"人专业、事规范"的团队，服务别人，开展工作

图 1-7　团队建设：6 分

到了这里，基本上算是管理"及格"了。影响力阶段还不能"及格"，因为容易局限于团伙，讲的都是同类技能或有共同兴趣的人在一起。

团队不是团伙，团队有目标、有计划。

团队里，有你喜欢的人，也有你不喜欢的人；有喜欢你的人，也有不喜欢你的人，相互之间都能容纳，都能相处，并且都能为了同一目标而努力，这才是真正的团队。

所以团队常表现为具备多种技能且互补的人在一起，每个人都有优势和劣势，可以扬长避短。

团队建设需要组织架构，有分工协作，有上下层级；泾渭分明，权责对等，数量与质量明确，战略目标与目标分解一致，所有者治理结构与经营管理架构分开。

团队建设，除了人，还有事。从管理者开始，把人和事紧密联系在一起。

我的基本模型是：以身作则，带领"人专业、事规范"的团队，服务别人，开展工作。

7. 排班：7分（见图1-8）

排班也叫工作安排。

工作安排，首先要厘清工作，其次是安排谁来干这些工作，理想境界就是事情有人做、人有事情做。

人力资源规划是每个管理者的事情。到了管理岗位，管理者第一件事就是安排工作，也是人力规划，具体模型是：有多少事情、要多少人员、花多少钱、有多少产出。

厘清有多少事情，包括流程、节点、节点上的程度标准。

要多少人员，包括人的数量、等级、学习能力、业务能力等。

至于花多少钱和有多少产出，就是如何让大家创造价值、用科学的方法评估价值、分享价值，或者如何将出工、出力、出效益，与 25 分位、50 分位、75 分位全部配套。

对于工作安排,有一个非人力资源的人力资源管理模型非常不错:战略目标,包括工作数量、质量;事情,包括流程、流量、工位图;人员,包括岗位、定编、定员;打造效能文化,包括人员优化和流程优化。

排班还有一个现场管理理念值得分享:你在不在现场,在现场你懂不懂业务,懂业务你敢不敢管理,敢管理你有没有方法。

排班,用词虽然通俗,但内容其实很丰富。

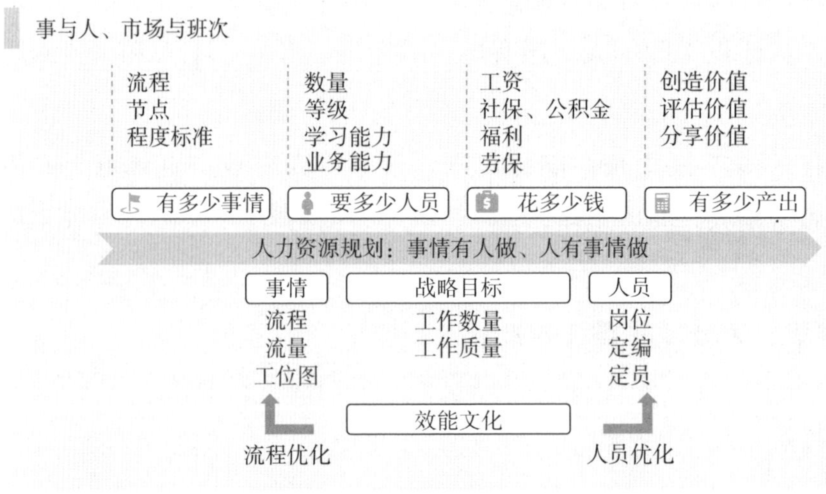

图 1-8　排班:7 分

8. 创新:8 分(见图 1-9)

创新就是解决问题的能力。

常规工作或日常事务是不需要创新的。创新在管理上有一个说法,就是让平凡的人干出不平凡的事情。

什么时候需要人才?异常的时候。什么时候异常?流程节点出现瓶颈的时候，或者大环境发生变化的时候。人才是解决异常的，所以人才常常与创新、与解决问题放在一起。

▎瓶颈、变化

出现异常　　　　　　　人才　　　　　　　平凡人
流程瓶颈
　　　　解决异常、创新 〉 建立流程、标准 〉 执行流程、遵照标准
环境变化

图1-9　创新：8分

9. 心态：9 分（见图1-10）

▎空杯、进步一点

胜任-不胜任循环
空杯心态
戒骄戒躁
虚心学习

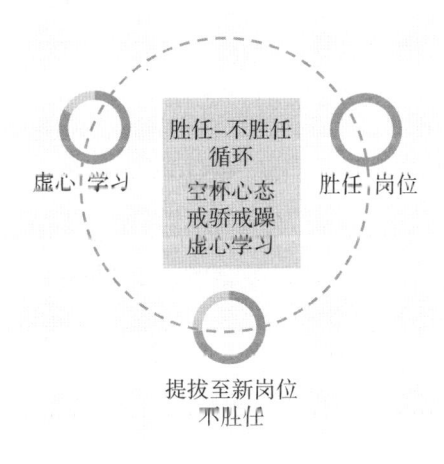

虚心学习　　胜任岗位　　提拔至新岗位　不胜任

图1-10　心态：9分

一个管理者，在胜任本职工作或任职时间长了之后就容易骄傲，所以管理者需要常问初心。

一个人被提拔，一定是从胜任到不胜任，新的岗位没有干过，肯定是不胜任。但是一段时间之后，经过常规的工作安排，到异常的创新历练，基本上就胜任了。胜任再到下一个不胜任岗位，一方面取决于自己的心态调整，以便进入下一个不胜任循环；另一方面表现为组织要继续大规模发展，即所谓的事业留人。

而在管理者经历胜任/不胜任循环的过程中，需要保持两个心态：一个是戒骄戒躁；另一个是虚心学习。

心态有很多种。谦虚是一种心态，利他也是一种心态，不满意现状是一种心态，永续也是一种心态。管理者时常要怀有空杯心态。

在实际工作中面对问题，有些人愿意改，有些人不愿意改。愿意改就继续进步，不愿意改就停滞不前。组织要发展，平台要壮大，继续进步的人才能跟上发展的步伐，停滞不前的人就只能被淘汰。

10. 激情：10 分（见图 1-11）

心不死，就有可能东山再起，就有希望。

激情，表现为有信心。很多人面对困难或打击时，有可能一蹶不振。很多工作和目标不是不可能完成，而是因为没有信心。

目标分解，更多是为了找到信心，你相信才有可能，你不相信则是绝无可能。比如一年招聘 4 万人的目标很大，完成很难，但是通过分解，从时间上分解到 12 个月，每个月只招 3000 多人；在空间上分解到 100 个分子公司，每个单位每月只招 30 多人；时间上再分解到周，每周只招不到 10 个人；继续分解到各种招聘渠道，每个单位每周在一个渠道上只须招 1 人。这就是一种信心。

信心很重要，自信表现出来的行为也很重要。

激情常表现为第二曲线，虽然难找，但不表示它不存在。有些企业三五年就没有了，就是因为缺少激情。没有激情的人必须退居二线，特别是一把手位置，必须留给有激情的人。

乐此不疲、革新此业

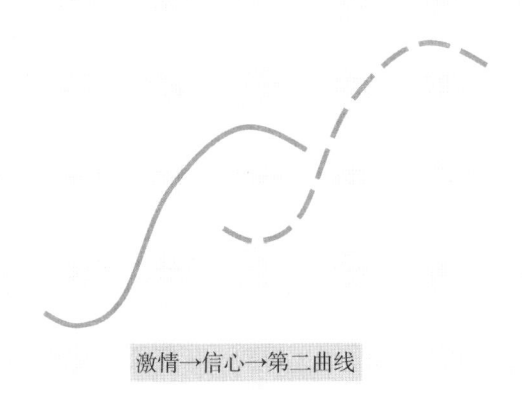

激情→信心→第二曲线

图 1-11　激情：10 分

五、简历中的工作总结

我有两份简历，这两份简历的工作时间都很长，一份 7 年半，一份 10 年多一点。时间长就能堆积很多事情，再花点找工作的时间提炼一下，简历自然会比较有特色。

我的第二份简历中的工作，源于第一份简历中工作总结得精彩，两者相差 5 年，这是后来猎头公司告诉我的：看到您五年前的简历，推算 5 年后您应该可以试试目前这个职位。

下面分别抄录第一份和第二份简历中部分工作总结的内容。

1. 第一段工作简历总结

（1）集团经历总结。

××集团有限公司（集团总部）　　　　中国，上海

职责一：根据集团经营战略制定人力资源规划。

主要业绩包括以下几点。

① 在招聘子规划中，主要完善招聘渠道、招聘费用控制、招聘考核指标，理顺了企业在校园招聘中的校企联合、学生实习、就业一体化模式。

② 在绩效子规划中，主要健全各营业网点、分公司的评级和

考核指标，重新梳理各职能部门的KPI考核指标，重点是把考核指标量化、考核目的和流程宣传到位，以及考核结果应用做到公正公开。

③在薪酬子规划中，主要梳理了薪酬对应表中的岗位评价和薪酬内部晋级机制，以及薪酬的外部竞争力调查工作。

④在培训子规划中，重点进行"岗位达标培训"和"技术职称评定"，并针对业务和管理推出干部培训计划和晋升标准。

⑤在咨询管理子规划中，重点是根据新的劳动法变更了咨询公司股东和完善操作流程、操作手续。

职责二：根据人力资源总体规划进行组织架构优化、岗位分析和人员定编及控制。

主要业绩包括以下几点。

①根据中央倡导的大部制机构改革，结合企业实际情况，先后进行了两次组织机构改革，从原来的22个职能部门精简到12个，再到最后8个。精简部门、合并职能、加强部长负责制。

②根据业务结构，对于各司的岗位设置进行重新整合和架构，特别是对综合业务、仓储业务、配送业务、空运、海运、快运等交叉岗位进行整合，保证了信息流畅通、职责对等。

③出台定编标准，分别从下到上根据标准上报和从上到下设计上限，人员从6000人减少到5000人，减少15%~20%，直接为企业节约了每月上百万元的人力成本。

职责三：根据人力资源规划，搭建系统执行平台。

主要业绩包括以下几点。

①明确总公司与分公司之间单位负责人与职能部门、分公司职能部门与单位负责人之间的责权利关系，编写分权手册、修订签批流程，保证职能部门不阻碍生产，业务部门规范销售，有利于加强

物流行业的有效网络管理，避免失控。

②定期在总部开展系统人员培训，分季度组织系统内各分公司行政人事负责人到总部参加技能和管理知识培训，亲自担当培训讲师讲授专业课程，从而统一思想，规范行动，减少执行难度。

③加强日常指导，每天在总部安排专人负责解答40多家直属公司的日常事务问答，并分片区安排老行政人事人员建立"泡泡群"指导，并每月带领总部各板块负责人到一些大的直属公司和有问题的公司出差，直接现场纠偏，效果显著。

职责四：制定和完善行政人事管理制度。

主要业绩包括以下几点。

①在以前的基础上，收集了平时挂网文件和执行当中的问题，结合《中华人民共和国劳动法》顺利完成了行政人事管理制度的制定工作，根据ISO9000的标准，按照制度、流程、表单三个部分，系统地进行了完善，为以后的行政人事工作提供了科学、全面的依据。

②严格强调制度是拿来执行的，不是拿来讨论的，通过主管自己带头学习和职能部门组织员工学习制度，并在执行制度中做到公正公开、艺术地处理监督与服务的关系，按程序民主集中完善制度，建立了一整套保障执行办法。

③结合实际管理活动需要，从行政人事管理制度挑选摘要分别编成员工手册和行政人事人员工作指南，以适应300多家网点管理，总结了过往的经验并形成书面文字保留下来。

职责五：根据集团经营战略，制定和执行行政人事成本费用控制预算管理。

主要业绩包括以下几点。

①积极主动推动集团预算管理，成立预算小组，制定预算管理制度，编制预算推行行动方案，分别找各职能部门和各直属分公司

逐一沟通，确定预算计划和具体编制预算。

② 亲自督导和担当本系统行政人事费用预算管理，通过前期的月度滚动预算、季度考核及在整个执行过程中建立台账和进行偏差分析，一年时间后取得了非常好的效果，行政人事费用得到了很好的控制，总体费用下降了 15%。

③ 通过预算加强了资产管理、通讯管理、食宿管理、车辆管理等，由于行政管理中关键事务都要产生费用，所以做好了行政费用控制，80% 的行政管理工作可以得到控制。

职责六：根据总裁指示，制订中高层日常行为考评方案并整理分析、处理集团中高层向总裁的日汇报工作。

主要业绩包括以下几点。

① 根据总裁的安排，起草制定了中高层日常行为考评办法，该办法适应全集团总部所有部长以上人员和直属分公司单位第一负责人的日常行为考评。

② 由于总裁的信任，亲自批阅了一年时间的各中高层管理人员的日汇报工作内容，及时发现问题，及时督办处理，这也是兼总裁办副主任的一个主要原因，落实和协调各司问题。

③ 由于本人的执着，也处罚了一批因为违反这个规定的中高层，压力不小，培养了自己坚忍不拔、持久执着的精神。

职责七：企业文化建设。

主要业绩包括以下几点。

① 巩固和完善企业每月 18 日的月庆活动。每月组织的主题活动都是围绕经营中的管理需要，草拟挂网文件通知，指导组织实施，最后收集活动图片和文字，撰写通稿发布，通过各司宣传栏、早会、例会形成了一整套活动指南办法。

② 组织开展全年干部作风建设活动。每两个月一个主题，结合

经营活动开展一系列活动。

③组织了两次每年一度的出国旅游活动，从资料收集比价，到制定参与人员的筛选标准，再到最后分片区组织出发等，受到公司上下员工一致好评；组织了2007年度100余名先进员工分四次、分片区的国内旅游，激发了员工的工作热情。

④组织和主持了2007年集团年会和2007年每个季度的中高层管理会议，有200多人参加年会，在风景区封闭式举行，针对一年来的制度修订、战略规划、操作流程等进行总结、讨论、修正和学习。

⑤组织编写企业文化培训教材，作为新员工培训的第一堂课，也作为企业人才选拔和人才晋升的考核条件。这些保证了人人都能够认同企业文化。

⑥严格推行企业VI建设，特别是企业网点装修和活动中的企划宣传。

职责八：参加集团上市IPO筹备工作。

主要业绩包括以下几点。

①负责法人治理结构梳理。对整个集团公司下属所有分子公司和个体网点进行清理和变更。

②负责审核人力资源系统的内容体系和整理人力资源相关的战略规划、人事任命、薪酬福利制度、劳动关系等资料。

③负责配合上市筹备工作人员对整个集团资产进行清理和各司了解情况，特别是中高层管理人员的沟通和业务板块介绍等工作。

职责九：指导行政后勤工作。

主要业绩包括以下几点。

①探讨出一套监控模式：以制度为准绳、以网络为中心、以费用控制为基础、以汇报和检查相结合为手段，进行日常指导和监控。

②建立了一套人与事的标准：要求做事情的人专业，必须不断学习；要求人做的事情规范，主要通过表格统一和规范。

（2）分子公司经历工作总结。

××投资发展有限公司（分子公司）　　　　　中国，成都

职责一：负责该公司行政人事部全面工作。

主要业绩包括以下几点。

①整个团队 60 多人，包括人事、行政、保安、厨师、锅炉工、电工、保洁员等岗位，结构清晰，责任明确。

②所带领的这个团队每个季度都在集团考评中名列第一，打造了最优秀的执行团队。

职责二：负责西南地区校园招聘工作。

主要业绩包括以下几点。

①在西南地区的成都市、重庆市、贵阳市的 20 多所高校进行了一系列招聘活动，成功挑选优秀学生共 300 余人到企业实习。

②成功与四川交通职业技术学院、川北教育职业技术学院达成校企合作协议，开设以企业名命名的企业班。

③为集团选送了 30 名员工到西南交通大学进行为期 1 个月的学习深造，并成立企业奖学金制度。

职责三：负责西南地区人员培训工作。

主要业绩包括以下几点。

①承担了集团 60% 的员工招聘和输出任务，每年输出员工 600 多人。

②先后组织了平均每位员工每月 2 课时的学习记录，并形成档案，将近 1000 人的培训任务检验了培训实力。

③与多家咨询公司和培训机构合作，开设了物流师培训班、拓展培训、礼仪培训、安全知识培训等多项讲座，并请时代光华的老

师为基层管理人员做封闭式培训。

职责四：负责集团的社保工作。

主要业绩包括以下几点。

① 推行社保改革，与成都社保局达成协议，统一缴费基数，成立劳务公司，大大推动了企业养老保险改革，减少了隐患。

② 安排专人负责集团全体人员社保，每月增减没有一例差错。

③ 及时指导和处理集团发生工伤的上报和社保赔付，减少了企业每月损失近万元。

职责五：负责部门人员分工和队伍建设。

主要业绩包括以下几点。

① 分工合作，打造正直的执行团队。上任之后以身作则，彻底改变原行政人事部在员工心中许多不好的形象。至今都有很多老员工在怀念和称赞当时的团队非常正气。

② 采取内部岗位轮换，行政助理与人事助理进行轮换，行政助理之间，人事助理之间也进行轮换，培养综合能力，提高工作兴趣。

③ 组织大家参加资格考试，人手必备2本专业书籍，由于注重培养，时至今日，当时的行政人事助理中已经有3人做到高级经理职务。

职责六：负责四川省的网点建设。

主要业绩包括以下几点。

① 四川省内所有二级城市成功开设网点，最大的挑战是在10天之内开设了7家营业部，从选址到开业全部完成。

② 建立和摸索了网络建设和管理模板，为以后集团出台网点建设及管理运营提供了实践检验的基础。

③ 积累了一线工程装修、VI设计、资产管理、食宿管理等基础管理经验。

职责七：负责社会关系处理。

主要业绩包括以下几点。

①顺利完成巴中市希望小学的捐助工作。

②顺利完成眉山市仁寿中学捐助工作。

③成功协助蓉深班列首列开行剪彩活动。

④成功策划省内城际班车开行新闻发布会。

⑤成功接待市政府领导2次到公司现场办公。

职责八：负责加强企业文化建设。

主要业绩包括以下几点。

①自导2004年元旦晚会、2005年中秋晚会。

②组织"十全十美活动"，"厨艺比赛"和"货物配载技能比武"成为经典中的经典，得以推广。

③改善办公环境，增加企业标识，增加宣传栏20米，给员工带来强大的视觉冲击力。

④组织员工分批参观广安小平故居、青城山烧烤、西岭雪山滑草、登峨眉山等比赛和具有四川特色的农家乐活动。

2. 第二段工作简历总结

（1）工作描述。

从0～1建立人力资源体系。首创相关模型，并应用实践，使人力资源最大化。

工作一：战略规划。

主导分解战略目标，创建符合业务发展的组织架构，并具体落地执行组织管理。参与战略决定人力高度，分解目标决定综合管理水平，具体执行体现人力专业能力。

工作二：人力规划。

有多少事，要多少人，花多少钱，有多少投入产出。经历和提炼过三个境界的人力规划（基于历史与现状，以情理法为基础、以上市为目标的人力规划；基于现状与创始人个性，以效率效益为基础、以竞争上游为目标的人力规划；基于创始人与未来，以业务为基础、以持续发展为目标的人力规划）。

工作三：招聘管理体系。

以岗位为基础的流程、流量、岗位价值评估的招聘选拔模型；数量、质量、人岗匹配的成本控制体系；时间、空间、渠道的目标分解自信考核；安全线、目标线、警戒线动态供需平衡监控；普通、专业职能、管理三级储备机制；线上网招、线下门店建设、供应商CP立体招聘网络建设；过往招聘最大量一年超4万人。

工作四：人事匹配模型。

人与组织的契约关系（包括雇佣劳动关系、业务外包关系、灵活合作关系）；组织与人的经济关系（治理与管理、变革与人才、产出与投入）；组织与组织的绩效逻辑（流程及节点、流量及定价、量本利及贡献价值）；人与人的激励结构（薪酬总额与结构、能力状态与贡献价值、生涯规划与相关利益者）。保证事有人做、人有事做的动态经营管理。

工作五：创新培训体系。

构建做事、赚钱、最大化、持续发展结构模型。紧贴业务发展，通过提升个人能力帮助企业战略落地，最终实现组织文化融合（工作本身就是培训，培训是员工最大的福利）。从每个人的单兵作战能力，到复合型人才技能数量与质量等级设计，再到能解决瓶颈的创新人才发展；从新员工的入职，到老员工的达标，再到技术人才的比武、管理人员的经营；从教材形式多样化，到讲师团队立体化，再到培训效果及组织培训积分奖惩体系。

工作六：打造一流的人资团队。

从无到有、从少到多、从大到强，完全满足企业高速发展需要，总体宗旨：自己（以身作则），带领团队（专业规范），开展工作（做成、说透、攻心为上）。通过沟通平台、汇报平台、激励绩效平台开展内部日常管理工作。

工作七：主导企业文化建设。

从设计文化建设整体方案，到人的纹路与事的纹路相转而化，再到看得见的视觉设计、看不见的行为规范及骨子里的经营管理理念，最后到人利用器具干活赚钱而尽到社会责任，每个人的用户思维及每个部门的服务链意识和价值意识。

工作八：日常行政管理。

公司小行政概念，主要体现在后勤保障、内勤管理和对外常规联系。

（2）工作绩效。

我，带领我的团队，开展我们的工作。

业绩一：组建人资团队。

从无到有、从兼职到专职、从专职到部门，人力系统总部120人，分子公司400多人，服务4万名自有员工和30万名加盟商员工。

业绩二：搭建人力资源管理体系。

包括人力行政制度编制、SAP系统流程梳理、娴熟人力资源管理六大模块，并能融会贯通上升到人力资源的三个境界：人力资源部门的人力资源管理、业务部门的人力资源管理、每个人自己的人力资源管理。

业绩三：人力成本行业第一。

单位人力成本连续 7 年每年下降 10%，人员工资连续 10 年每年增加 10%，实现双赢，个人奖金来自每年企业节约人力成本 4 亿元左右。

业绩四：组织管理专家。

全力推进量本利改革，解决各单位一把手增润分享和人才激励发展体系。

业绩五：懂业务的人力资源专家。

先后培养几十位人力资源系统人员"走出去"做业务负责人，好几名做到省总和大区总；团队所有分子公司 BP 负责人都可以替代所在单位业务部门负责人。

业绩六：用工模式引领行业。

法律、成本、管控三个维度结合解决方案。

业绩七：行业内顶级实战专家。

理论与实践结合，知其然，知其所以然。

业绩八：个人提炼经典课程。

① 主业务："独孤九剑"。

② 新业务："六脉神剑"。

③ 新环境："三板斧"。

④ 文化："人事文化""做成、说透、攻心为上"。

⑤ 人力资源六大模块："培训 4×4 模型""绩效 4×4 模型""薪酬 4×4 模型""三维招聘体系""人力规划 1234""员工关系 4×3 模型""一表通""人才三级储备""人才发展之击鼓传花""人才发展之带二接班人""人才发展之文化三部曲"。

⑥ 人力资源培训教材：《人力资源管理（初、中、高）》《人

力资源部门的人力资源管理（初、中、高）》《非人力资源部门的人力资源管理（初、中、高）》。

⑦经营业务："钱从哪里来×钱到哪里去""经营与管理""现场管理与十分成长""三重境界""定价模型""天下武功唯快不破""灵活用工平台"等。

第二章

我的团队：人专业，事规范

一、对行政管理的理解

1. 行政很杂

（1）从早到晚。

在企业的不同成长阶段，行政管理呈现出多重面貌，宛如多面体的宝石，每个角度都有其独特的光芒。当企业还在襁褓之中时，行政便像全能的瑞士军刀，涵盖了人事、财务乃至日常运营。而当企业蓬勃发展，成为商界的庞然大物时，行政工作依旧千头万绪，琐碎而不可或缺。

从日出到日落，又从黑夜到黎明，行政管理始终贯穿其中。在这样一个全天候的岗位上，从企业文化的塑造到每一张办公桌上的文具分配，从员工的工作状态到他们的生活品质，无一不须精心规划和维护。

借用迈克尔·波特的"战略与文化"的观点，一个成功的行政管理者不仅要把大事做小，也要把小事做大。从企业生存到战略目标，从员工食宿到绿植摆放，从咖啡机的品牌到紧急疏散方案，每一个细节都构成了这个全天候的复杂工作体系。

因此，行政管理者在其充实而庞杂的工作职责中，是让员工感到生活舒适、让企业运转高效的无名英雄。他们是那些看似微不足道但实则至关重要的细节的守护者，在看似琐碎的日常工作中，却蕴藏着深远的哲学思想和卓越的管理智慧。

这样的岗位，虽然极具挑战，但也同样充满魅力和价值。行政工作虽然很难，但正是这样的岗位，才更值得我们投入精力和热情，去创建一个更加和谐、高效和宽松的工作环境。毕竟，成功的行政管理者是那种能将看似琐碎的事务升华为艺术、将复杂的挑战化解为机会的人。

（2）从工作到生活。

工作与生活，说分开其实是分不开的。工作之余处理好生活，对于工作有极大的促进和帮助作用，能让自己身心愉悦，没有后顾之忧。一些企业，每一天都像被编织在一个多彩的文化挂毯上，充满活力和创意，仿佛每天都有一条神秘的"龙骨"贯穿其中，给予它生机和活力。或许，这就是行政的力量——让人充满活力和快乐，仿佛每一天都在参加一个节日般欢愉。

让人喜笑颜开的不仅是工作的成功或挑战，而是企业文化中随处可见的风趣和幽默。如同鲁迅赠瞿秋白的联句："人生得一知己足矣，斯世当以同怀视之。"在这样的氛围下，你会觉得行政工作不仅是与同事共事，更像是与知己共度美好时光。

比如厨艺比赛中，夺得魁首的并不是专业的大厨，而是某个部门的一线员工。这不仅证明了企业文化的多元性和包容性，也让人联想到了古人所说："三百六十行，行行出状元。"在这里，每个人都有展示自己才华的舞台。

很多物流公司设计的娱乐活动丰富多彩，层层递进，比如天天有电视、周周有比赛、月月有活动、季季有总结、年年有大戏。这种多元和活力，不禁令人心向往之。

这样丰富多彩的文娱活动，无疑是行政管理艺术的最高境界。

正如彼得·德鲁克所言:"文化可以把战略当早餐吃掉。"只有当企业文化和战略同步,员工的工作和生活才能达到最佳状态。

你会发现它不仅仅是工作,更是一种生活方式,一种文化,一种价值观。在这样的企业文化里,每个人都能找到自己的位置,展示自己的才华,实现自己的价值。毕竟,员工的人生不只是工作,还有生活;毕竟,成功的不仅仅是企业,更是企业中的每一个人。

(3)从服务到监督。

在短短的一个月里,我们成功办理了7个公司证照,从选址到装修,再到人员配置和正常开业运转——这不仅是一种高效率的工作风格,更是业务服务的体现。在这30天内,不只是办公室的文件堆积如山,更有无数看得见和看不见的资源需要整合,无数主动和被动参与的部门需要协调。这是一个典型的行政管理职能描述:服务、协调、监督,如同一场精心策划的战役。

工资或许不多,但工作却异常充实。这不仅仅是一份工作,更是一种对于行政管理的深刻理解和实践。如管理大师彼得·德鲁克所言:"做正确的事比正确地做事更重要。"在这里,我们不仅做了正确的事,更以一种高效、用心和坚定的方式把事情做到了极致。这样的工作态度和专业行政策略,无疑是任何成功企业的核心竞争力。毕竟,只有当每个人都能在他们的职责范围内做出最大的贡献,一个企业才能真正茁壮成长和成功。

2.行政的职责可大可小

(1)政令畅通。

行政工作无处不在,却又不易为人觉察。在办公室,行政人员仿佛一群隐士,拥有诸如教养、文化和资源等社会身份,但却无人敢质疑他们的存在。

随着现代企业的演化，从"生产主导型"工厂到"需求驱动型"销售公司，行政工作逐渐远离业务的一线。而行政自身也因为任务细分与专业化，经历了从品牌形象建设到精准战略规划的一系列变迁。这种变迁恰如儒家的"中庸之道"，在务实与理想之间寻找平衡。

然而，随着更多具有价值性的任务被剥离，行政的角色似乎也在逐渐缩小。一部分被人力资源部门吸纳，用以维护企业文化；一部分被财务部门接管，用于各种签批流程；合同管理往往归属于采购部门；而简单的会议组织，有时候甚至会由总办来负责。这种趋势似乎让行政工作渐渐失去了它们的"底牌"，走向了一个越来越"小"的未来。

无论大小，也不管怎么演变，行政还在"发号施令"。不管是全部的大包大揽，统一号令，方能整合资源实现目标；还是小到鞍前马后也需要服务的统一标准和规范整个流程。正如管理大师彼得·德鲁克所言，"效率是做好事，效果是做对事。"况且大小的相互关系和动态变化，恰恰需要有效的执行力来保障政令畅通。

执行力是一个企业是否政令畅通的充分体现。所以，行政工作未必走上了末路，只是在全过程中有时关注的重点不同而已，或者有些企业对于行政的定位大小不一，但这些恰恰证明了行政的活力，可大可小的包容性与上行下效的关联性，以及令行禁止的行政本质。

（2）细节决定成败。

"细节决定成败"并非空谈。

这在行政管理领域有着特殊的体现：即在微妙而易被忽视的细节中施展拳脚。润物细无声是对行政工作境界的形象描述。这种背后的默默无闻实则是一种自我牺牲与奉献精神的升华，它既是对日常工作流程的高度总结，也是对非常态工作的有力保证。

经营企业如同经营人生，大多时间平淡如水，稳如泰山，似湖水般静谧。然而，偶尔也有变革与上市这样的重大事件，如同电闪雷鸣，天地巨变。在这种动态变化中，行政管理需要具备水一般的智慧，既能放大也能缩小，既能高瞻远瞩也能深究细节。

当企业规模较小，行政工作需要"大中见小"，放大其影响，成为企业发展的助推器。在这个阶段，行政工作更像是多面手，不仅负责组织文化的培育，也涉足企业战略的擘画。

反之，当企业壮大，行政需要"小中见大"，在细微之处发现问题，避免因小失大。这时，行政人员就如同企业的"内科医生"，专注于诊断与调整内部运作的微妙不平衡。

综上所述，行政管理的艺术不仅在于其全面与多元，更在于其在不同阶段、不同情境下的灵活适应与深入实践。这种高超的管理智慧正是行政工作所追求的最高境界，也是每一个职场人应有的自我修炼与目标。

（3）制度的火炉原则。

在行政管理繁花似锦的画卷中，除了服务这一金字招牌外，还有一项任务极为关键，那便是监督。监督涵盖的范围极为广泛，从奖惩制度的细致执行到签批制度的妙手授权，从考勤管理的严谨到位到就餐打卡的精密计算，从门卫的依规登记到车辆的路由设计，以及从宿舍的日常评比到应急响应机制的快速反应。

监督权的尺度是一把双刃剑，既可以大到一纸决议宣告员工离职，也可小到一句简单的表扬激励心灵。所以在行使监督权时，行政管理者必须做到平衡，将制度的火炉原则与实际执行的灵活性巧妙结合，确保规矩与人情、刚与柔的和谐共处。

行政管理制度是行政管理工作的依据，是行政监督的代名词。有制度必定关系到执行，执行制度的关键是执行人，这就是行政。制度是拿来执行的，不是拿来讨论的。所以执行制度必须不折不扣，要"绝对服从"和"错了也要执行"。这里表达的内涵叫作公正。在执行制度时有"三公"原则，即公平、公正、公开，可以解释为：制度制定的时候，其内容要公平，体现人人平等；制度执行的时候要公正，执行人要严格按照制度执行；执行的结果要公开，不能遮遮掩掩，要公布于天下。那么，制度确实不完善怎么办？平时记录下来，定期修改。完善的基本原则也有两条：第一是纠偏，即制度合理，执行出了问题就要纠正过来；第二是位移，即制度本身有问题，修改制度，知错就改，善莫大焉。

总之，行政管理者执行时要讲艺术，一手抓住服务，一手紧握监督，两手都要标准制度化，这不仅是对行政能力的一种考验，更是对整个组织文化、企业哲学和管理智慧的综合体现。

3. 日常行政的工作分类

在企业错综复杂的生态环境中，行政管理如同北极星，始终照耀着企业航行的方向。当然，行政事务的重要性和复杂性常常超越了人力资源的限制，但这并不意味着其战略价值可以被轻易忽视。行政工作的真正魅力在于其润物细无声的执行能力和默默无闻的奉献精神。

在实战和专业理论的指导下，行政工作可分为后勤、内勤和外勤三大板块。

这些板块各自承担着不同的任务和责任，同时也拥有相对独立的运作模式。每一板块都有专人负责，而且为了应对各种不可预见的风险，每个板块都可以设计助理的角色以分担责任和承接人事风险。

在这样的分工和组织结构下，行政管理展现出一种近乎完美的灵活性和适应性。企业如果很小，可以"三合一"或"三合二"，部门不复存在，功能尚存；或者某功能不复存在，但不影响彼功能。

这样的行政管理不仅高度专业，而且富有人文关怀，是企业成功的重要保证，也是企业文化的有力体现。

（1）后勤。

后勤管理，以吃住为主。

虽看似寻常，实则关乎企业命脉，甚至可以说是企业文化和员工满意度不可或缺的一环。如同古人言："民以食为天。"正是基于这一点，食堂的前后台管理不仅仅是烹饪和服务的问题，更是对员工身心健康、企业文化乃至企业品牌的全方位投资。

在食堂管理中，前台的烹饪与后台的物流安排都需要高度专业化。从食材的选购到菜单的设计，再到食物的营养搭配，每一个环节都需要精心策划和细致执行。后台则更加关注食品安全、环境卫生以及能源消耗等方面。为了提高食品安全标准，一些企业甚至自建有机农场，以控制源头的方式确保食品质量。

而住宿安排和日常管理则是企业员工安全和幸福的重要保障。从房间格局设计到家具选购，从安保措施到消防设施，每一个环节都凸显出企业对员工福利和安全的重视。解决了"吃"与"住"的问题，就等于解决了马斯洛需求层次理论中的生理和安全需求，进而提升了员工对企业的忠诚度。

此外，厂区的绿化和卫生也不容忽视。这不仅关乎企业的社会责任，更是对员工心理健康和工作效率的间接投资。一个环境优美、氛围和谐的工作场所，能极大地激发员工的工作热情和创造力。

综上所述，后勤管理不仅是行政管理的重要组成部分，更是影响企业文化和员工满意度的关键因素。从食堂到宿舍，从厂区绿化到卫生管理，每一个细节都体现了企业的品牌价值和社会责任，也为企业带来了无形的、长期的回报。

（2）内勤。

内勤，侧重办公室管理。

在办公室管理中，细节不仅是"魔鬼"，更是"神"。从严格的奖惩制度确立行为规范，到办公用品与前台接待的高效和专业，每一方面都展示了企业管理水平的微妙和精致。

奖惩制度执行不仅要公平，更要能激励员工追求卓越，包括对各种KPI（关键绩效指标）的精密计算和合理解释，让每个员工都能在公平的环境中体现自己的价值。正如彼得·德鲁克所言："你不能管理你无法测量的东西。"

会议室和前台接待是公司形象和文化的"窗口"。从微笑的接待员到高科技的会议设备，从精心准备的接待茶点到严谨有效的会议议程，每一项都需要行之有效地执行。

办公室规划与日常安排则更像是一场无声的交响乐。办公区域的布局需要同时考虑到团队合作和个人隐私，通道和休息区的设置更是考验一个管理者对员工需求的敏感度。同时，对于小仓库的办公用品与文档的日常收发管理，也需要一套完善的制度和精确的操作，以确保信息准确和流程高效。

在人才方面，内勤人员通常需要具备较高的气质和素养，比如出色的学历背景、流利的文笔、精通电脑操作、原则坚定并具备高度的亲和力。

总结而言，办公室管理不仅是行政管理的一部分，更是企业整体效率和素养的直接体现。

（3）外勤。

外勤，侧重零星采购和政府关系对接。

在外勤任务中，工作内容的广泛性和复杂性更像是一场高难度的舞蹈。它不仅需要处理各种证照办理和政府关系，还要熟练地完成零星的采购和外部活动场所的协调，比如订酒店和机票。

证照办理不仅是个技术活，更是个策略游戏。外勤人员会把这视为维护和增进企业声誉的良机；而在处理外围关系方面，他们更像是企业的"文化大使"，用品牌意识和社交技巧为企业树立良好的形象，建立长期、稳固的外部联系；当涉及零星采购或活动场所的接洽，他们就像现场指挥家，能在各种预算和时间压力下，精确地执行每一个环节。

这类工作需要一种特殊的人才：他们不仅要性格外向，喜欢与人交往，还须具备深厚的品牌意识和政治洞察力。

总而言之，外勤工作是一个综合性极强、要求全面的职位。从办理证照到外部关系的维护，从零星采购到活动场所的协调，每一个环节都需要外勤人员以专业、敏感和多维的视角去处理和执行。这不仅展示了其个人能力，更是企业软实力的体现。

二、对企业文化的理解

1. 对科班的理解

当年我刚毕业时,曾兼职教授一门企业文化的课程。那次经历是我对"Corporate Identity(简称CI,企业识别)"的初次认识。现在回头看,我当时简直是"误人子弟"。我虽然严格按照教科书机械地读出各种定义,但毫无深入理解,因为我毕竟缺乏企业实战经验。那段日子短暂但印象深刻。两小时的课时费让我意识到,我从这个过程中学到的可能比学生还要多。这便是我对企业文化的入门级理解。

"Visual Identity(简称VI,视觉识别)":这是企业的可视化标识,包括色彩、图像、文字和LOGO等所有可视化元素,它们共同构成了企业形象。

"Behavior Identity(简称BI,行为识别)":这主要涉及员工的日常行为规范,包括礼节、举止、流程、标准及所有的通知、文书和规章制度。

"Mind Identity(简称MI,理念识别)":这主要是企业不可见但能感知的层面,如愿景、使命和价值观。

概念的背诵自然不难,真正的挑战在于如何将这些概念应用到实际的企业场景中。企业实际上从一开始就在执行这些概念，只不过缺乏一个系统的总结和概括。

优化的目的在于让文本更为流畅，逻辑更加清晰，同时纠正标点符号和错误词汇。如果有符合原文的专业术语、经典名言或知识点，也会适当引用，但绝不牵强。重要的是，所有这些优化都不会改变原文的基本意义和风格。

2. 对老板文化的理解

（1）创始人与持续发展。

老板是企业的创始人，所以他整天都在想干什么、怎么干，员工不会像老板那样。加上企业刚开始创业的时候比较小，小到没有时间去想那么多的条条框框，只能直奔主题：生存第一、赚钱就好。创始人最初可能充满了活力和创新，但随着企业规模的扩大，维持这种活力和持续发展就变得比较困难。这就需要将创始人的精神和理念融入企业文化，并制订出一套可持续发展的战略实施计划。

（2）想法与做法。

目前认为企业文化就是"老板文化"的企业，基本有两种现象。一种是好现象，老板英明神武，带领企业做事、赚钱、持续发展，所有的成功都源于老板的才华、人脉关系、英明决策等。另一种是坏现象，老板独断专行、我行我素，甚至任人唯亲、一意孤行。

（3）企业家精神。

老板创业伊始，企业要生存、要发展，还要履行社会责任，这就是企业家应该承担的责任。

这种担当就是人们常说的企业家精神，企业家精神不仅仅是一种追求利润的动力，它更是一种社会责任和创新精神的综合体现。在现代社会，企业家不仅要实现经济效益，还要关注社会效益。因此，老板或创始人需要具备多元化的素质，包括对企业的深刻理解、社会责任感以及与时俱进的创新能力。

3. 文化就是一种习惯

在企业设立规则之前，我常用"习惯"来代替"文化"。这是因为在许多具体的情境中，制度往往没有明确的指引。因此，人们的做法常常是依赖于先前的经验、他人的实践或某个具体案例的处理方式。对于那些在未知领域中开拓的人来说，很多时候没有现成的参考，只能依靠已有的习惯来行事。总体来说，制度往往滞后于行为，而一些复杂或具体的行为常难以纳入制度的覆盖范围，这时习惯就成了实际操作的导向。

（1）什么是习惯。

习以为常，时间久了便形成了条件反射。

当一件事突然出现在你面前，尤其是在没有预先告知的情况下，你或许会凭借长期积累的经验进行条件反射。这种反应不受制度或他人意见的影响，完全是基于你长久以来的个人做法。在这种情境下，你真正做到了"心中有剑，随心所欲，无往而不利"。这不仅表现在反应速度上，而且在执行层面更是一气呵成，无论是感觉还是表现，都达到了完美无缺的境界。

（2）好习惯与坏习惯。

习惯有其正反两面，因此企业文化也自然分为好与坏。

好的企业文化体现在正面、积极、有利于企业发展的想法、观念和行为上。这种好习惯往往需要大多数人经过长时间的实践和共识才能形成，它代表了企业的整体氛围和价值观，体现在上下一心、同心同德的日常言行和行为规范中。

相反，坏的企业文化则表现在一系列负面现象上：例如组织机制过于保守或制度缺失；老板可能表现出狂妄自大和独断专行的态度；管理层安于现状、缺乏进取心；员工可能满腹牢骚、推诿责任。在思想上，人们喜欢故步自封；在行动上，更倾向于得过且过。这些都是不良习惯。

（3）如何改变一个习惯。

养成一个习惯通常需要一定的时间，社会普遍认为这个周期是21天。因此，要改变一个坏习惯同样需要时间和耐心，而且这一过程往往是从不适应开始的。

举个简单的例子：伸出双手，张开五指并交叉合上。观察一下，哪个大拇指在上面？左边还是右边？尝试几次，你会发现结果基本一致。这正是旧习惯的力量。现在，让我们有意识地改变一下，将原来在上方的大拇指换到下方。初次尝试时，你会发现容易出错，感觉很不自然。没关系，慢下来，按照新的方式反复练习。经过一次、两次甚至更多次的练习，你会发现自己不再出错，这正是习惯养成的过程。

这种方法在各种培训中都有应用，比如军事训练中的口令。为什么需要反复练习"立正""向右转""向左转""向后转"和"稍息"等动作？这是为了根据教官的指令快速行动，养成令行禁止的习惯。

在职场上，这种理念同样适用，通过反复练习能够提高工作效率。

4. 一把手文化

随着更多的实践经验，"老板文化"逐渐演变为"一把手文化"。

（1）什么是一把手。

这种文化首先从老板和决策层开始，延伸至直接向老板汇报的一级单位负责人，这是第一层面；然后，从单位负责人向下扩展至各级单位负责人，形成第二层面；第三层面涵盖了各部门的核心骨干和不同层面的先进代表；最后，这一文化进一步渗透到所有员工中，完成了第四层面。

这种文化传承不仅源自每一级负责人或代表的内心深处，而且上下级也是无缝衔接的。这样的传承为企业文化的核心贡献价值奠定了坚实的基础，同时也为战略目标的实现和员工能力的提升提供了可靠的平台。

有时，老板是引领大家前行的方向标；有时，管理层也可能推动老板前进。如果老板和管理层能达成这样的共识，前进的步伐将更加稳健，速度也会更加均匀，使得整个团队在紧张和松弛之间找到平衡，从而更加高效。

当这种文化传承给每一个员工时，核心的理念是"对岗位负责"，而非"对个人负责"。有人曾质疑，如果上司要求违法乱纪，我们是否应该无条件执行？我从"人岗匹配模型"中找到了答案。在这个体系里，你的上司只是你岗位的上级，而不是你个人的主宰。当上司的命令明显错误时，他不再代表那个岗位。此时，你依然对你的岗位负责，而不是对已偏离岗位的上司负责。

企业的持续发展需要管理层、核心骨干乃至所有员工的参与。这样的文化不局限于老板，而是在不断延伸和深化中逐渐失去了个人色彩。这种"你带领我，我推动你"的相互协作可能是未来最理想的工作状态,尽管目前实现这一目标的企业还不多。

(2)中秋晚宴朗诵《我还能为你做点什么》。

场景一　郭长城

谢:市民张女士说,晚饭后,收到一个快件,随口问快递员:"怎么这么晚?"小伙子一脸腼腆,直道歉:"真不好意思,路有点堵,跑的地方也多,耽误了,请您谅解!"当我定睛一看,惊讶和心酸地发现对面的小伙竟只有一只手臂,他便是临清市韵达派件员郭长城。

陈:十几年前的一次事故,他失去了右臂,那时他刚订婚三个月。不堪现状的他曾想轻生,而后因为家人、爱人,他坚持了下来。那时,未婚妻已然知晓他会终身残疾,却仍义无反顾地信守约定嫁给了他。

谢:此后的他,只能靠蹬三轮、送快递勉强维持一家三口的生计。陷入绝境的他,曾一度绝望!而未婚妻不顾家人反对,不离不弃地陪伴与鼓励让他走出绝境、重燃希望。

陈:每天7点,郭长城都会准时到公司。冬天寒风刺骨,夏天烈日炎炎,一送便是四五年,数千日夜如一日。单臂驾车的郭长城总说,"不管刮风下雨,邮件不会停;邮件不停,我就不能停"。

谢:"邮件不停,我便不停",多么朴实而有力的一句话。正因有众多不辞辛劳的一线韵达人,致力在自己平凡却不平庸的岗位上,为韵达品牌得到认可而做出了巨大的贡献。他们,永远值得我们铭记和尊敬!

场景二　张鹤和朱元财

温:2013年5月27日,一个原本平常、空气中夹带少许初夏闷热、却又混合着沥沥细雨的傍晚，对一位名叫朱海红的女孩来说，却是劫后重生的一天。

陈：就在这一天，她经历了生命中让人难忘的灾难，一场突如其来的车祸；也就在这天，她同时经历了生命中让人刻骨铭心的重生，一位素不相识却驻足呼救、用身体挡在伤者前方、等待救护车辆到来并联系上女孩家人后悄然离开的"陌生人"。

温：直到一个月后，女孩的家人历经千辛万苦终于找到了这位素未相识却终身铭记的陌生人：亳州市韵达快递员张鹤。

陈：无独有偶，又有一名叫朱元财的快递员做好事不留名。一个月后，《哈尔滨日报》、黑龙江电视台、黑龙江网络电视台、吉林电视台、吉林《新闻早报》、浙江卫视、安徽卫视、辽宁卫视、河南卫视，及至央视、《人民日报》、人民网，纷纷在重要位置登出一则消息："韵达快递员徒手爬高楼、奋勇救下九旬老人的英勇事迹。"

温：一时间，朱元财的名字传遍了中华大地，韵达快递员奋勇救人不留名的高尚品格享誉神州。

陈：郭长城、张鹤、朱元财，一个个普通的韵达快递人，为自己的梦想，为家人的梦想，也为韵达梦想，孜孜不倦、勤勤恳恳，只因我们有共同的使命——传爱心、送温暖、更便利。

谢：所谓"责人之心责己、爱己之心爱人"。

陈：正见、正言、正行，韵达人相信正能量。

温：善念、善举、善果，伙伴携手善行一生。

陈：此刻，我们怀揣真诚、心系你我，祝福彼此；正如前面所说：韵达——让我们更便利。

谢：而作为韵达人，我们想说（合）："我还能为您做些什么？"

陈：我们将毫不犹豫地回答，我们将让您更便利。

温：我们将携手，通过准确快捷的服务，传爱心、送温暖。

陈：成为受人尊敬、值得信赖、服务优质的一流快递公司。

陈：我们将以所有韵达人的利益为第一，求实进取。

谢：去开创引领行业、引领技术的百年企业。韵达，我们"是您簇新的理想，刚从神话的蛛网里挣脱"。

陈：韵达，我们"是您雪被下古莲的胚芽，是你挂着汗水的酒窝"。

陈：韵达，我们"是您刷新出来雪白起跑线上的健儿，冲向那快运荣誉的终点"。

温：韵达，我们"是您绯红的黎明，笑迎四方宾客齐聚一家"。

谢：我们有绝对的理由相信自己、相信伙伴，相信我们最可爱的家人！

陈：当阔步在发展大道上，我们韵达快递祝愿大家（合）家业兴旺、家人安康、家景和睦、家道从容。

5. 文化建设方案《2012年企业文化建设实施纲要（草稿）》

（1）前言。

（2）落实企业战略。

系统配合2012年企业经营战略，落实各项工作计划。

（3）提升个人能力。

以员工为中心，通过帮助员工提升素质技能，达到企业提高绩效的目的。

（4）打造一流氛围。

打造一种家庭、校园、军队相结合的快乐文化氛围。打造既有亲和力，又有学习力，还有战斗力的组织。

（5）传承年度主题。

人力资源中心2009年做的三年规划：第一年主题是"关键事项"，第二年主题是"制度流程"，第三年主题是"文化建设"。目的是把事情先做起来，固化为制度流程，并持续不断优化改正。

（6）回复满意度调查。

根据2011年度员工满意度调查和第四季度离职面谈，员工对于企业文化欠缺等有很多不满；员工流失率还很高，流失原因都集中于工资，而实际情况是，工资只占所有原因中的22%，还有很多方面都要关注。

（7）强调企业特色。

本实施纲要以企业实际情况为基础，凸显实效性和实操性，以一个"感"字为实施纲要内涵，重"新"入手，以"身"相许，用"心"体验，从感受万物开始，到感悟人生，至感人肺腑的转变，最终达到"快乐工作，幸福生活"的目的。

（8）总体思路。

1）通过自身素质影响系统团队（原则、风格）。

①指导：落实一把手责任制，深化各级部门授权体系，提高各级部门负责人综合素质，建立人才梯队建设机制、彻底改善人力资源结构。

②原则：以身作则。

③风格：管理风格。

2）通过团队工作影响全体员工（专业、规范）。

①指导：分工明确、奖罚分明、统一思想、成果导向。

②专业：做事情的人专业。

③规范：人做的事情规范。

3）通过全体服务影响客户评价（态度、技能）。

①指导：以客户为中心开展工作的服务链。

②态度：思想动态与工作氛围的营造和关注。

③技能：基本知识和专业技能的培训和教育。

（9）七个重点。

1）价值导向体系。

①提炼价值观念。

A.使命。

韵递寰宇、达济天下。

B.愿景。

通过准确、快捷的服务，传爱心、送温暖，成为受人尊敬、值得信赖的一流快递公司。

C.核心价值观。

和合共赢、成就你我。

D.企业目标。

创优秀民族品牌，做百年企业事业。

E.企业宗旨。

为客户创造价值、为社会创造财富、为员工创造就业。

F.企业天条。

a.不利用工作之便谋取私利。

b.不收受红包。

c.不从事第二职业。

d.工薪保密。

G. 企业精神。

责任、创新、主动、激情。

H. 经营理念。

a. 忠于职守、创造价值。

b. 时效保障、创造价值。

c. 群策群力、创造价值。

I. 工作作风。

以身作则、坚守承诺、快速反应。

② 强化宣传策略。

A. 确定内容、注释。

B. 制作课件、宣传碟。

C. 写入制度。

D. 理念故事化。

E. 会前必颂、测试必考、培训必讲、标识必载、宣传必有、交流必提。

2）制度流程保障。

① 建立统一的资源库。

A. 制度：含流程、表单。

B. 课件：含 PPT、讲义、试题、视频。

C. 通知：下发公司层面文书。

D. 报表：总结计划、数据报表、述职报告。

E. 通报：定期通报。

② 学习签到程序化。

A. 自己学习：有条件的员工点击。

B. 组织学习：文件必须组织学习。

C. 测试效果：书面考试、抽查测试、签到表。

D.统一存档,确保无遗漏。

③执行纠偏不间断。

A.固定的数据报表。

B.强化执行观念培训。

C.出差检查就地纠偏。

D.咨询问题解答。

E.普遍疑难问题集中培训。

F.定期通报和考核评比。

④完善优化制度。

A.树立突发性问题及时改正作风。

B.建立制度性法规年度修订机制。

3)载体平台建设。

①标识。

A.统一企业标识:电脑桌面。

B.统一规格设计:桌椅门头。

C.统一铃声:固定电话、手机。

D.统一邮箱:回复格式。

E.统一企业之歌。

②场地。

A.会议室。

a.每个中转站、大区、总部都要有独立的会议室。

b.会议室面积能满足骨干人员参加。

c.会议室数量按照每200人配置一间。

d.会议室布置统一标语、桌椅颜色、桌椅款式、影音设备、视频会议装置。

B.培训室。

a. 大区、总部建立培训室。

b. 培训室面积满足 50～100 人培训需求。

c. 培训室布置统一标语、桌椅颜色、桌椅款式、影音设备、投影设备、摄影设备、白板笔、翻页笔、电脑等教学配备和 E-Learning 装置。

C. 会客室。

a. 每个中转站、大区、总部设置独立的小型会客室。

b. 会客室面积能够满足 3～5 人商务会谈。

c. 总部每个中心可设置一间，以满足招聘面试、离职面谈、绩效面谈等需要。

d. 会客室布置统一桌椅颜色、桌椅款式、茶杯、茶叶、水壶等应酬配备。

D. 阅览室。

a. 北京市、广州市、上海市、杭州市等大型中转站可以设置专门的阅览室。

b. 阅览室的面积不限。

c. 阅览室可以看书、学习、上网查阅资料等。

d. 阅览室的书籍可以捐助、互动、购买等。

E. 环境。

a. 宿舍：住人标准和配置设施。

b. 食堂：卫生要求和桌椅配置。

c. 5S 管理和纪律检查。

d. 卫生间：专人清理。

F. 配套社区。

a. 银联机。

b. 超市。

c. 小餐厅。

③载体。

A. 宣传栏。

a. 每个中转站必须有 2 米左右的宣传栏，200 人以上的中转站宣传栏不低于 2 米。

b. 宣传栏目 VI 企业统一标识。

c. 宣传栏必须及时张贴所有政策和有关的文书。

B. 企业网。

a. 网上及时更新最新内容。

b. 通过网上可以查阅文书信息。

c. 开通网上学习、论坛和调查渠道。

C. 新视界。

a. 设置专版宣传主题活动。

b. 重点宣传培训内容。

c. 重点展示企业价值理念注释。

D. 广播。

a. 一二级中转站、总部可以安装广播。

b. 文件通告通知：弥补不上网、不识字。

c. 工间操、音乐：活跃气氛。

E. 心愿墙。

a. 宣传栏内开辟一块"心愿墙"。

b. 可以让员工自由张贴。

F. 电子屏。

a. 大的办公楼可以安置电子显示屏。

b. 大的中转站可以设置公共宣传电视（食堂、宿舍）。

④沟通。

A. 合理化建议。

a. 恢复去年合理化建议。

b. 通过合理化建议进行针对性投入改善。

B. 定期座谈。

a. 形成定期座谈机制。

b. 适当拨发座谈费用。

c. 结合高层体验亲近员工。

C. 通讯录。

a. 建立集团性通讯录。

b. 适当表明主要分工情况。

c. 每个月挂网一次。

D. BBS 论坛。

a. 开辟内部论坛。

b. 专人引导言语。

c. 形成知识共享平台。

E. 晨夕会。

a. 每天班前会：整队、企业文化背诵、总结计划。

b. 周一全体员工会议：整队、升旗、背诵企业文化、一周奖惩通报、一周政策宣讲。

c. 系统季度大区会议和年度总部会议。

d. 每年管理人员或骨干人员不低于一周的年会：制定规划、修订制度、统一思想。

F. 汇报体系。

a. 每个单位每周一进行书面周通报。

b. 重大事故、关键节点第一时间手机信息上报。

c. 每月工作总结和计划系统或邮件反馈。

d. 定期述职作为干部能力检验的重要手段。

4）弹性福利设计。

① 总体思路。

A. 法定福利推广。

B. 个性福利试点。

② 重大事项解决。

A. 互助基金。

B. 亲情回馈。

C. 特别节日慰问。

D. 免费体检。

E. 商业保险计划。

F. 额外社保计划。

③ 异地用工福利设计。

A. 春节路费。

B. 探亲假。

C. 春节车票购买。

D. 吃住补贴。

E. 宿舍有线电视。

F. 宿舍网线。

G. 宿舍电话。

H. 开门利市。

I. 关门利市。

J. 员工宿舍公共洗衣机。

K. 高层宿舍共享冰箱。

L. 加班群体公共微波炉。

④ 合法性推进。

A.5天工作制。

B.8小时工作班。

C.加班费用。

D.工资发放时间。

E.社保险种覆盖。

F.社保基数推进。

G.带薪假完善。

⑤提高学习的激励。

A.学历教育补贴。

B.资质职称考试补贴。

C.参观学习安排。

⑥班车安排。

A.平日班车。

B.周末加车。

C.周日社区通车。

D.员工特别活动派车。

5）主题活动开展。

①感动在企业。

A.感动人物评选活动。

B.感动故事征集活动。

②发展在企业。

A.畅谈企业的明天。

B.向竞争对手学一招。

C.企业排行榜。

D.同读一本书。

③快乐在企业。

A. 联谊日。

B. 服务周。

C. 我要上节目。

D. 白板活动。

E. 组建兴趣爱好小组才艺大比拼：体育、厨艺、健身、舞蹈、唱歌、游戏。

F. 主题班前会。

④ 实践在企业。

A. 中高层研讨会。

B. 企业大讲坛。

C. 我为企业"盖砖瓦"。

⑤ 竞技在企业。

A. 劳动技能竞赛。

B. 各板块考核通报。

C. 年度先进评选。

D. 典型宣传。

E. 演讲比赛。

F. 辩论赛。

G. 举办各种仪式。

⑥ 亲情在企业。

A. 总裁接待日。

B. 一把手舍访日。

C. 办公室现场观摩日。

D. 高层体验。

E. 你我一家亲。

F. 生日。

6）员工援助计划。

①家庭。

A.贷款买车购房。

B.家庭就业教育。

C.家人探亲旅游。

②情绪。

A.减压心理咨询。

B.个人学习培训。

7）职业生涯规划。

①通道设计。

②标准建立。

③选拔方法。

④流程透明。

⑤人才测评。

⑥生涯规划。

（10）成本预算。

①企业文化年度预算（见表2-1）。

表2-1 企业文化年度预算

序号	板块	事项	计算公式	金额（万元）
1	价值导向体系			10
2	制度流程保障			10
3	载体平台建设			100
4	单行福利设计			1000
5	主题活动开展			100
6	员工援助计划			500
7	职业生涯规划			50

②预算说明。

三、对经营管理的理解

1. 管理的 N 种解释

管理是指在特定的环境下,以人为中心,通过计划、组织、指挥、协调、控制等职能,对组织所拥有的人、财、物、信息等资源进行有效的整合,以达到既定组织目标的过程。

(1)解释一:管理就是创造客户。

管理常与组织结构、流程优化、成本控制等硬性因素紧密相连。然而,在这个信息爆炸、竞争激烈的时代,更应当关注的是管理的最高境界其实是创造客户。

这是将管理从单一功能的落地到多维度的升华。一家企业如果仅关注内部运作,忽视了外部环境,特别是对客户的需求和期望,那么其存续之路堪忧。这方面,在现代商业环境中,"知己"不仅仅是对企业内部的了解,更重要的是对客户——"知彼"的深刻洞见。只有真正了解了客户的需求和期望,企业才能在激烈的市场竞争中立于不败之地。

创造客户并非简单的推销行为,而是一门涵盖产品设计、服务体验、市场定位等多方面的综合艺术。就像贝多芬的《第九交响曲》一样，每一个环节都要和谐而统一，只有这样，才能在最终的"乐章"中赢得持久的掌声和喝彩。

首先，在产品或服务的设计阶段，企业需要通过深入调研和精准分析，来洞察潜在客户的难以言喻的需求，进而提供超乎预期的解决方案。这里借用乔布斯的一句话，"人们不知道他们想要什么，直到你展示给他们"。

其次，除了产品本身，服务体验同样关键。客户的每一次互动，无论是购物、咨询还是售后，都应该像一场精心策划的舞台剧，让他们在情感和理性上都得到充分的满足。

再次，定位和品牌也是创造客户的重要一环。企业不仅要在物质层面满足客户，还需要在精神层面建立共鸣，这样的双重满足更容易形成口碑，进而吸引更多的潜在客户。

最后，管理的内在价值就是持续改进和创新。与客户建立了关系后，企业要持续收集反馈、不断优化，以便更好地服务于现有和未来的客户。

如同中国古典哲学中的"道法自然"，创造客户也是一种自我超越和不断进化的过程。它要求管理者不仅要具备扎实的专业知识，更要拥有敏锐的洞察力、全局的思维方式和创新的精神。

总之，管理就是创造客户，这是引领企业走向持久成功的不二法门。正如彼得·德鲁克所言："企业唯一的合法目的，就是创造客户。"

（2）解释二：管理就是创造价值。

在一个瞬息万变的商业世界里，一句话以几何级数的力量回响——管理就是创造价值。这一理念就像"治大国若烹小鲜"，简单却道出了千古不变的真理。

不妨先从经济学的角度审视这个观点。管理不仅是一门科学，更是一种艺术，如同一名厨师把原材料烹饪成美味佳肴，一名优秀的经理能将企业资源整合、优化，从而产出超乎预期的价值。这不是空洞的诺言，而是通过深思熟虑的计划、明智的组织结构以及精湛的执行力来实现的。

然而，创造价值并不只是追求利润的单一目标，这就需要站在多维度、多角度去考量问题。是否满足了客户需求，员工是否感到快乐和有成就感，企业是否对社会负责——这些都是衡量管理成效的重要标准。

而在这一切的背后，是一套精致而复杂的管理体系，包括但不限于领导力、团队合作、战略规划、流程优化和创新能力等多个方面。正是这些相互交织、相互促进的因素，让企业像一台精密运转的机器一样不断地创造价值。

总结而言，管理像是一场漫长而复杂的"战争"，充满了不确定性和风险。了解自身，了解市场，了解客户，才敢"打仗"，才能"打大仗"，才能赢得"战争"，这才是创造价值的最高境界。

（3）解释三：管理就是管人理事。

从最表面、最朴素的解释来看：管理即是管人理事。这个解释不仅透彻易懂，也恰恰触及了各部门的核心职责。在这个解释的宏观框架下，管理者便成了一位"管人理事"的大师，通过巧妙地操纵人力资源来完成各种工作。

我提倡的企业哲学则根植于这两个最基础的元素——人与事。在这里，事情和人之间不是静态的平衡，而是追求一种持续流动、相互激发的动态平衡。

第一步是精准地把握事情，了解其在整个流程中的定位，明晰哪些事务属于你的职责范围，以及如何以最高标准来完成它们。

第二步则是对人力资源的合理分配。这里不仅要对人员数量有个大致的把握，更要对每个人的素质和态度有深入的了解。这样，你才能有效地分配事情，确保事情得以顺利完成。

综上所述，管理的艺术并非孤立的行为，而是一门涉及人与事、动与静、微与宏的综合学科。只有通过不断地学习和实践，才能真正地掌握其精髓，实现人与事的和谐统一，最终反映企业的底层逻辑关系。

（4）解释四：让平凡的人干成不平凡的事情。

在这千变万化的世界里，你会发现其实大部分的人都是相当普通的，就像一座座小山，默默地撑起了崇山峻岭般的社会架构。正是这些平凡的"小山"，用汗水和努力，筑起了长城一般的宏伟工程。这样的例证反复提醒我们，在大多数情况下，管理者面对的不是天才或精英，而是大众，是那些构成社会基石的普通人。

如何驾驭这些人海中的"小山"？如何让平凡人用平凡之力，完成非凡之事？当我们面对战略性的、浩大的任务时应该做如下操作。

首先，把大目标拆解成小目标，如谚语所说，"饭要一口一口吃，路要一步一步走"。这就是从上而下的目标分解，通过逐级分解，让每一个小目标都具有可操作性，确保每一个环节都有明确的责任人。

然后，如何让这些小目标最终集合成壮丽的大目标呢？这就需要从下往上的行动计划。按照著名的管理学原理PDCA（计划、执行、检查、调整），不仅要确保每一个小目标都能够完成，而且是自发性地、精益求精地、用心积极主动地去完成。

因此，管理的艺术在于如何使平凡的人用平凡之力，完成非凡之事。这样看来，管理者的任务并非是驾驭不可预测的天才，而是如何挖掘每一个普通人内心深处的无穷潜力，让他们自愿、高效地投入每一个细微的工作当中，从而汇聚成伟大的成就，这就是管理的"大道至简"，同时也是一种无上的智慧。

（5）解释五：整合资源达到目标。

经营者和老板们往往像恺撒大帝一样，只想听到"我来，我见，我征服"般的结果。然而，管理者的角色却更像是一位精湛的指挥家，擅长协调多样的乐器，营造和谐的交响乐。因此，以下两点至关重要。

第一，目标的设定是成功的先决条件。它是企业努力的方向和终点，如同北极星指引着船只在汪洋大海中不迷失方向。

第二，对资源的协调是到达这个终点的必经之路。很多人忽视了管理过程的重要性，等到"船触礁"才后悔莫及。资源不仅仅是那些有形的资产，比如产房、设备和生产原料、人员等，还包括那些难以量化但同样宝贵的无形资产，如品牌影响和企业文化等，这些都是投入这场游戏中的"筹码"，管理者的职责就是确保这些"筹码"能得到最优的利用。

"好的开始是成功的一半"，但光有一个雄心壮志是不够的。没有严谨的过程管理，即便目标再高远，也只能是一场空。关注过程不仅是一种协调资源的艺术，更是一场持久战中的战略布局。在这个过程中，管理者如同一位精明的棋手，不仅需要对棋局有全局观，还需要妥善运用每一个棋子，确保每一步棋都能走得精准而优雅。

因此，设立明确的目标和高效地协调资源是通往成功之路上不可或缺的两大要素。无论在管理学的教科书里，还是在现实生活中，这两点都已被证明是成功的不二法门。

（6）解释六：管理就是关系处理。

在管理的宏大舞台上，管理者与被管理者共同构建了一种独特的人际关系网络，这个网络就是团队与组织，它的质量直接决定了组织绩效的高低。如同牛顿第三运动定律，人与人之间的关系在组织中也是相互影响的。

这个关系的网络不仅仅局限于常规管理上的上下级之间的纵深交流，它更像是一张复杂多维的社会网，其中还包括"左邻右舍"，或者平级的同事，甚至延伸到组织边界之外，触及外部客户和合作伙伴，当然还要包括自己。

探究人与人之间关系的核心，实际上是一场哲学性的思考。

第一，要做好自己的本职工作，这一点非常关键。如古人云，"己所不欲，勿施于人"，以身作则，用高标准要求自己，会潜移默化地影响周围的人，彰显领导力。

第二，成为他人成长道路上的助推器，无论是内部客户还是外部客户，从这一角度来看，建立朋友关系比制造敌人更为重要。

因此，精于管理人际关系的管理者不仅是一个卓越的组织者，也是一名出色的"心理医生"、谈判高手和社交高手。在这一层面上，管理学实际上是一门需要深刻洞察人心的学问，需要人们在日常的行为和决策中不断地学习和成长。

（7）解释七：管理就是把正确的人放在正确的岗位上。

把合适的人放在合适的岗位上，是人岗匹配的解释，亦是人力资源管理中供需平衡的最高境界。

何谓正确？就是责、权、利对等。

管理者的核心工作是花钱。花钱属于企业的资源投入，资源分配也叫资源整合，包括投入厂房、设备、原材料、人员、资金、技术等，这些是管理者的权力。

管理者的核心能力是赚钱。赚钱是企业的价值产出，有时候也叫创造价值，包括产出成品、商品、客户、收入、利润等，这些是管理者的责任。

管理者的核心手段是分钱。分钱关乎企业的利益，利益分享的前提是责权对等下的结果，把事情做完、做好，做出好产品、卖出好价格，做出收入、做出利润、做出回报率大于1。责权利融合到每个人，叫利益相关者，而利益分配的合理方式是：一份给供应商设备材料、一份给员工工资、一份给股东回报、一份给社会交税、一份给客户的成本价值。这个分配，也叫分钱。

责、权、利也是一个企业组织能力管理的过程，包括责任的部门职能和岗位职责，运行中权限权力的签批流程和授权手册，利益分配的绩效和激励。总之，企业要用最少的投入组合达到最大的产出结果。

责、权、利之间的相互关系，时刻都在动态变化着，有时候整体调整，上级调整责权利，包括资源、目标、分配机制；有时当事人调剂责权利，处理相互之间的不平衡等。

环境一直在变，适应变化是根本，责权利也必须适应变化，它不以人的意志为转移，所以要求在岗位上的管理者也必须适应变化。

在这复杂的责权利网络中，一切都是相互关联、动态变化的。高级管理者须善于调整目标、协调资源和构建分配机制，以适应不断变化的环境。在这个永无止境的变化中，适应性便是生存和成功的关键。

因此，一个优秀的管理者就像一位能驾驭多重责权利结构和调整其复杂性的马术大师，管理得四平八稳，方能游刃有余地驾驭责权利的复杂网络。

2. 管理就是目标与实际差

在实战中，对于管理我用了个词叫"找差"。

什么是找差？

就是寻找目标与实际的差距。

"找差"这个词在实战管理中确实有着独特的含义和价值。它本质上是一种发现目标与实际执行之间差距的行为，而这个差距通常是提升、改进或调整的契机。在许多组织里，"找差"实际上是一种健康的批评文化，而非消极的责备。

在复杂多变的商业环境中，目标和现实往往存在一定程度的不一致。这时，"找差"不仅能帮助我们发现问题，更能推动团队去探求问题的根本原因，进而采取行动来解决它。

但这里的关键是如何"找差"。如果用错误的方式去"找差"，很容易引发员工的反感，甚至可能破坏团队士气。因此，管理者需要具备一定的敏感度和洞察力，以及与员工建立起充分的信任，确保在"找差"的过程中能够与员工达成富有建设性的对话。

总体来说，"找差"可以被视为一种高效的管理工具，只要使用得当，它有助于企业更好地适应市场，实现目标。

（1）目标制定。

组织、部门和个人都有各自的目标或指标，这些通常是衍生自更高层次的战略方针。有时企业管理者把"目标"和"指标"这两个词交替使用，但重要的是理解它们在不同层面上的应用和价值。

从宏观视角来看，企业战略是一切目标设定的出发点。通过对战略的精准解码，管理者能确定组织层面的经营指标。这些经营指标是企业长远成功的核心驱动力，涉及如营收、市场份额和客户满意度等关键要素。

进一步细化到部门层面，则管理目标或指标更加聚焦，管理者通常关注流程优化、成本控制或员工绩效等方面。这些指标需要与组织层面的经营指标保持一致，并为实现它们提供支撑。

在个人层面，目标或指标更偏向于个人成长和职业发展，可能包括专业技能的提升、任务完成的效率或与团队合作的质量等。

通过这样层次分明的目标设定，我们不仅能确保各部门和个人的努力都指向同一方向，还能更容易识别出需要改进或调整的地方。这是一种战略与执行相结合、高度一致的管理模式。

（2）实际数据。

实际完成情况，必须让数据说话。

数据来自业务，日常的业务运营流程产生各种数据。

在这个数据驱动的时代，谈到管理，人们都会提到"数智化管理"的概念。它有几个至关重要的准备步骤需要关注。

首先，有数据。管理者需要花时间去收集数据，若是将烦琐的数据收集工作比作养宠物，那成本就比较高。正如管理学家彼得·德鲁克所言，"你不能管理你无法测量的东西"，但反过来也一样，测量一切就是管理上的失误。

其次，有用的数据。与数据的获取一样重要的是数据的质量和实用性。无用的数据犹如迷雾中的幽灵，对你来说毫无价值。因此，管理者需要筛选出那些有实际操作价值的关键数据。

再次，自动化数据生成。没有人想要手动操作一堆无关紧要的数据，那样做就如同用两个人去监督一个人一样不划算，可以说是一种管理上"豪赌"的失利。

最后，数字系统分析。管理不仅是数据的终极呈现，更是整个数据链最后一环的价值挖掘。这一切都需要精心设计的系统、专业的设备，以及最重要的一环——业务流程的优化。

简而言之，"数智化管理"并不仅仅是数据的堆砌，它是一个系统性、全面性的管理战略，需要在多个层面上进行细致的规划和实施。毕竟，在这个信息爆炸的时代，拥有数据就如同掌握了管理的"指南针"，让管理者能更准确地在复杂多变的商业环境中导航。

（3）会议链接。

目标分解与实际完成情况需要有效的沟通，沟通最有效的形式就是会议机制。会务平台一直是我在企业系统建设的三个平台之一；会务管理也是整个企业实行管理经营中最为常见而又重要的工具。完善三大会议，事半功倍。

高层决策委员会：设定中长期战略蓝图，明确经营核心指标和关键重点工作方案，以及保持常态的交流沟通。

中高层月度经营会：回顾上月绩效，确定次月考核指标，完成经营分析的功能，一级部门负责人原则上必须参加。

部门周例会：根据月度考核指标，在每周固定的例会上协调资源，解决大家在执行时遇到的问题，以确保过程指导并达成考核周期目标，范围一般扩大到核心骨干，并配套不执行予以奖惩管理。

（4）"找差"模型。

找差的模型大概包括：目标、实际、差；差在哪里？差距有多大？造成差的原因？解决差的办法？结果怎么样？

这是在企业连续几年进行人力成本控制的日清分析。经过考勤、计件、薪酬结构改革、效能提升、定价、再分配等一系列措施之后的日清复盘分析，虽然比不上每月的绩效经营分析，但是其道理一样。

这并不是什么创新的算法，而是多年企业人力成本控制中日清工作的经验凝练。通过各种考核方式，如出勤、计件、效能提升、定价红利、激励平台、赛马机制、增润分享、薪资结构优化、工作定价、奖金包再分配等一系列递进螺旋式推进，符合当下的场景，平衡老板与员工之间的关系，找到实现共赢的办法。

人力成本控制的日清复盘分析，虽不能与企业层面每月的经营分析相提并论，但其内在逻辑与科学性不言自明。通过这种"找差"的深度分析，最终实现行业单位成本控制。

（5）案例分析模型"单位人力成本行业第一"1~3（见图2-1、图2-2、图2-3）。

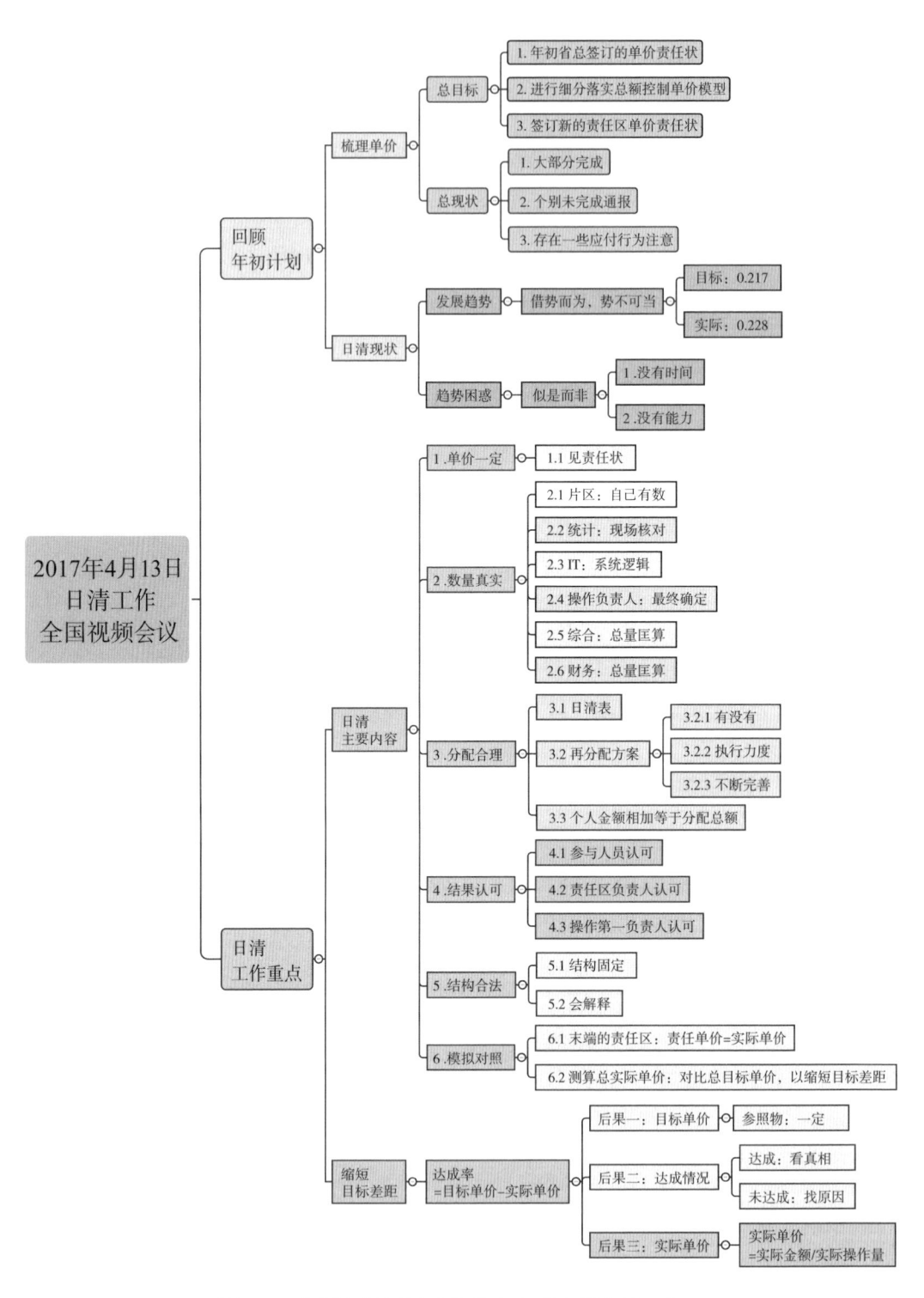

2017年4月13日 日清工作全国视频会议

回顾年初计划

梳理单价

总目标
1. 年初省总签订的单价责任状
2. 进行细分落实总额控制单价模型
3. 签订新的责任区单价责任状

总现状
1. 大部分完成
2. 个别未完成通报
3. 存在一些应付行为注意

日清现状

发展趋势 — 借势而为，势不可当
- 目标：0.217
- 实际：0.228

趋势困惑 — 似是而非
1. 没有时间
2. 没有能力

日清主要内容

1. 单价一定
- 1.1 见责任状

2. 数量真实
- 2.1 片区：自己有数
- 2.2 统计：现场核对
- 2.3 IT：系统逻辑
- 2.4 操作负责人：最终确定
- 2.5 综合：总量匡算
- 2.6 财务：总量匡算

3. 分配合理
- 3.1 日清表
- 3.2 再分配方案
  - 3.2.1 有没有
  - 3.2.2 执行力度
  - 3.2.3 不断完善
- 3.3 个人金额相加等于分配总额

日清工作重点

4. 结果认可
- 4.1 参与人员认可
- 4.2 责任区负责人认可
- 4.3 操作第一负责人认可

5. 结构合法
- 5.1 结构固定
- 5.2 会解释

6. 模拟对照
- 6.1 末端的责任区：责任单价=实际单价
- 6.2 测算总实际单价：对比总目标单价，以缩短目标差距

缩短目标差距

达成率 = 目标单价 - 实际单价

- 后果一：目标单价 — 参照物：一定
- 后果二：达成情况
  - 达成：看真相
  - 未达成：找原因
- 后果三：实际单价 = 实际金额/实际操作量

图 2-1 案例分析模型"单位人力成本行业第一"1

第二章 我的团队：人专业，事规范

图 2-2 案例分析模型"单位人力成本行业第一" 2

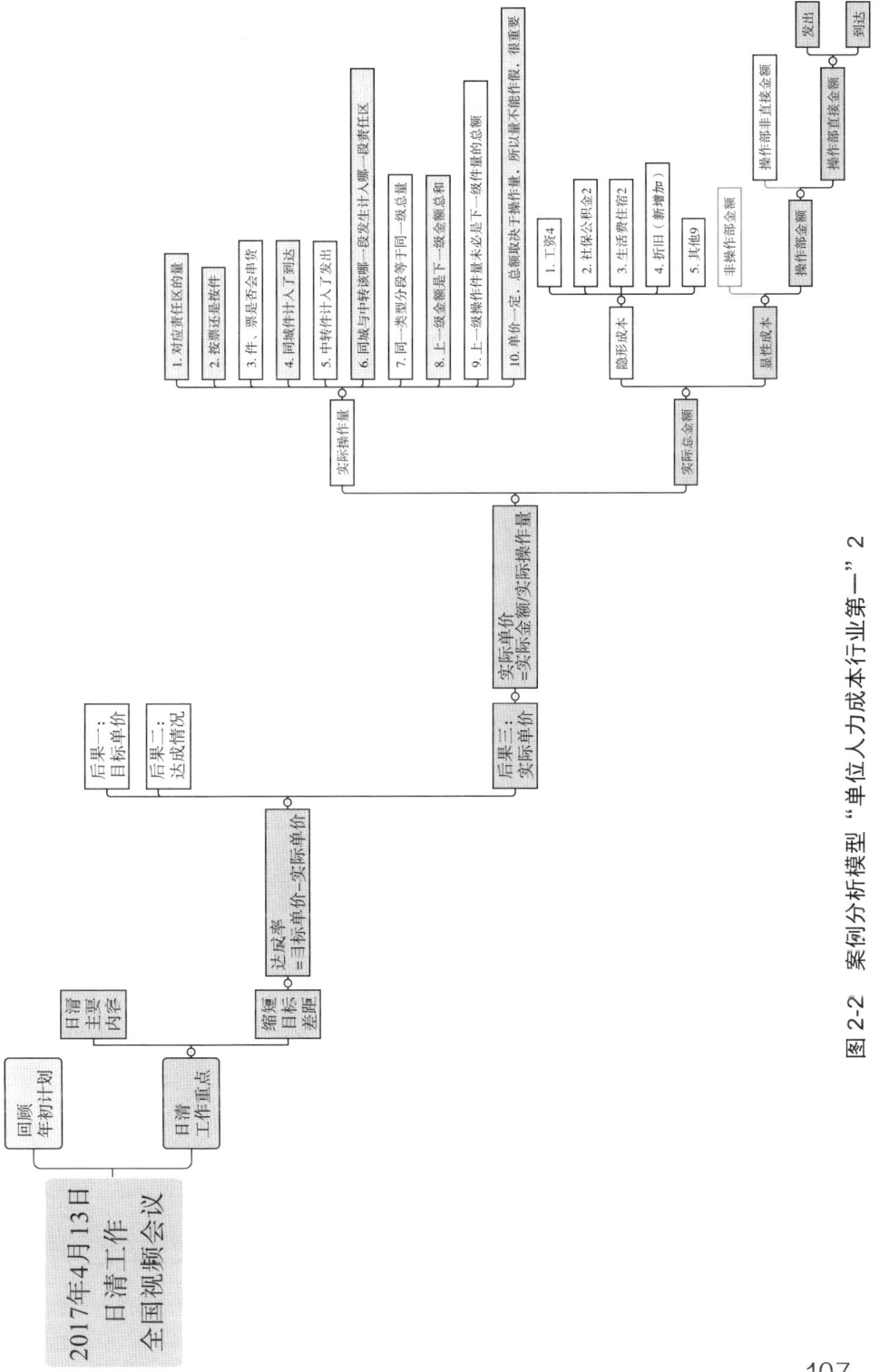

107

图 2-3　案例分析模型 "单位人力成本行业第一" 3

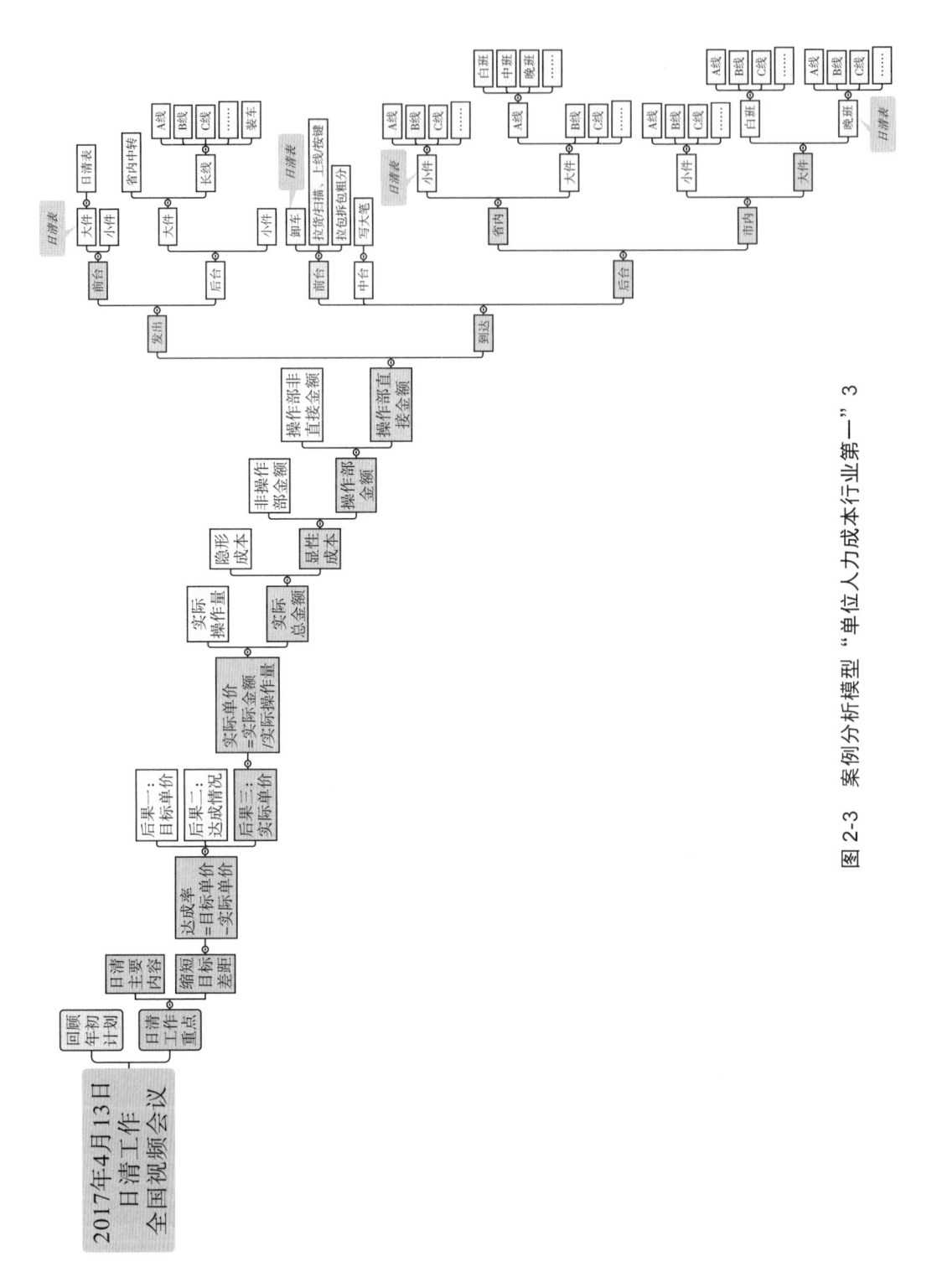

3. 经营就是投入与产出比

经营，就是投入产出比，是经营的核心。

做企业很明确，资本的投入必须有回报率。从内部管理到经营目的，不仅让企业管理层具备经营意识，而且全体员工都要参与，打造人人营销的经营氛围。

（1）价值与价格。

客户与企业之间的关系，可以用价格、价值和溢价来概括。

价格是客户为企业买单的凭证，而价值则是企业为之付出成本的体现。溢价则是企业得以生存和发展的源泉。

在经营中，金钱的表现形式可以总结为价格与价值两个方面。

从生产的直接成本，到业务的成本加成，再到满足客户的商品市场价格，价格会有所浮动，但价值却始终如一。这个流程可以被看作价值链，它涵盖了整个产业链以及企业内部的流程。

价值链正向代表着业务流程，而逆向则代表着服务流程。每个环节都有其存在的价值，因此每个环节都可以进行定价。

我们应该善于发掘经营场景中的潜力，勇于创新和突破。企业只有在不断优化和提升的过程中，才能够实现可持续发展和盈利增长；只有敢于冒险、勇于挑战，才能够在激烈的市场竞争中脱颖而出，取得最终的胜利。

（2）量本利。

经营中，量本利是一个非常重要的概念。它涵盖了收入、支出和盈余三个方面，是企业运营的基石。

首先看收入：要想有收入，就需要产品。而要做什么样的产品，需要进行市场调查，了解客户的需求。正如《孙子兵法》中所言："知己知彼，百战不殆。"只有深入了解客户，才能够开发出真正符合市场需求的产品。因此，现在企业都在强调产品力和用户思维的重要性。为了让客户知道并购买企业的产品，需要有人进行销售。销售是将产品推向市场的关键环节，通过有效的销售策略和技巧，引导消费者进行购买。因此，销售人员的专业能力和沟通能力至关重要。

其次看支出：每个部门都需要花钱来开展工作，只是各部门花费的多少不同而已。无论是生产的直接成本还是后勤部门的间接成本，都是企业运营的重要支出。同时，每个人做事都要利用器具，这也是成本的一部分。

最后看盈余：企业要关注资本回报率，这个工作归口财务部门，其负责核算和监督这些成本和费用的支出情况。然而，财务预算控制与业务的经营需求有时会产生冲突，希望财务部门不仅仅是做账的角色，更要支持业务发展。因此，财务部门从管理监督的角度也需要不断提升自己的能力。

量本利的概念贯穿于企业的经营管理，可以帮助企业将战略完美落地。大企业已经在使用和探索这个概念，而中小型企业仍在仰慕和追求。

总之，量本利是一个非常重要的概念，它贯穿于企业的经营管理。只有深入了解客户需求、有效推动销售、合理控制成本和关注资本回报率，企业才能够取得成功并在竞争激烈的市场中立足。

（3）激励绩效。

激励就是投入，绩效就是产出。

企业要用最小的投入组合达到最大的产出结果，激励的结构大于激励总额，总额对于个人有利，而结构对于组织有利。

衡量绩效的标准演变为三个维度：出勤、出力、出效益。换句话说，投入时间、精力和心血，方得以铸就企业的规模壮大，助推竞争力提升，最终凤凰涅槃，获取盈利回报。

设计激励结构的基本定位分为：25分位、50分位、75分位。通俗地讲，就是工资结构的底薪、绩效、奖金。三个方面层层叠加完成薪酬竞争力，其前提是每个对应组织的事情达到绩效目标。

人就是钱，就是投入，就是激励；事就是战略，就是产出，就是绩效。激励绩效就是投入产出。管理也是如此，善于管理者一定善于激励绩效，以达到合理的投入产出比。

（4）谈经营其实也是谈资本。

即所有权与经营权，所有权是资本的资产，经营是资本的回报。在资本的舞台上，所有权与经营权分庭抗礼，却又不失和谐。所有权是资本的殿堂，经营权则是资本的回报乐章。世间有两种聚宝之术：一是"钱生钱"，即资本的积累；二是"智慧生钱"，即知识就是力量。在资本充裕后，责任自然落在职业经理人的肩上，他们用专业智慧填补了资本家不愿涉足的经营领域。

4. 经典管理解读

（1）企业实战关键词。

1）达标。

"标"在哪里，谁来达标，如何完成达标工作？

标准可以从军训、文化、制度、专业、战略、效率、业务入手。

达标对象有新员工，也有老员工；有操作人员，也有非操作人员；有不同层级，比如员级、主管级、经理级、总监级。

完成这项工作当然不是一件容易的事情，已经开头，而且形势不错，就完全可以抓住机会。

形式上可以层层下放，实现真正的管控，纲举目张。此前管控缺少一种灵魂、一条可以百折不断的线，现在找到了，以此为基础，不断推进、再推进，直到可以完善、再完善为止。

形式上可以图文并茂，简洁经典。前有尝试，外有借鉴，只是此时此刻需要费点心思，劳点筋骨。而此地此景需要的是合适、实战，真正做到为民所需，"投企所好"，才可以长治久安。

2）效能。

首先是制度。没有绩效考核制度的，要先从总部各部门开始做起来；有制度的需要整理一下，包括制度的模板、格式、结构、表述语言，当然也包括明显不合理和不太公正的地方。不然，时过境迁，反而容易引起公愤。

其次是形成机制。用活制度，才能很好地发挥它的效用，彰显它的价值。发一个通知，这是一个开始，也是一个过渡。接下来要当成一个刚刚开始的项目，每一项工作任务都要完成，并且要有企业自己的特色，实践出来的经验总结要完全高于理论。

当然这个过程还需要一点专业水平。比如理论上，"一个公式"是量本利；"两个重点"是关注过程与得到结果；"三个层面"包括公司、部门、员工；"四个环节"包括指标设置、过程指导、绩效考评、激励发展。这些都需要好好领会，学以致用。当然，企业天天在做"一个"战略目标、"两个"推行阶段、"三个"评估标准、"四个"干系人，也要提炼和分享。

3）考勤。

抓大放小，先做成，再做好。

做成，从设备配置、信息采集、连线状态、打卡比例到数据对接。做好，从上班时间设置、考勤制度转化、异常处理、报表分析等项目加分。

新的事物，首先要做起来，然后在做的过程中不断做好，这是一个循序渐进的过程。其实，这项工作早已经铺开，从"春节没有指纹就没有加班费"，到经营单位负责人每天专人检查是否打卡，再到新考勤机系统开发等，准备工作可谓充足。

企业竞争的"时差"就只有几个月而已，先做起来吧，等到一切准备好了可能机会就没了。发展快速的企业，要的是速度，因此要配合行业发展的速度。如果说了一年，依旧无法改变，并且问题层出不穷，工作量也日益增加，而工作含量和收获已经每况愈下，就会影响企业竞争力。

所以考勤在每月要直接对接到工资表，破釜沉舟，势在必行。企业要对每个人进行检阅：检阅系统对接是否可行；检阅每个单位是否可行；检阅每个单位15日之前数据还有哪些遗漏，争取在做工资之前通报，最终可以日清日毕；检阅企业执行力和纠错的能力。

4）计件。

我更喜欢用计件来形容阿米巴项目，不轻易评价阿米巴好与坏，取其精华是永恒的做法。

作业流程要优化、操作标准要制定、现场管控要厘清、考核要灌输、薪酬结构要优化、培训要更加实战、核算方式要改革，企业的战略需要灌输到每一个有战斗力的人或每一个组织细胞中。

计件项目与企业关系最大的就是薪酬模型，这个模型理解起来有点难度。面对这个事实，企业要不断在实践中修正，这个修正需要投入真心，一颗饱满的心。修正要有具体的方案，一个可行的操作方案。

5）领导。

这是需要重新思考和推演的故事，从以下三个方面入手。

第一，新的战略决定新的架构，新的组织架构拥有新的岗位节点，每一个岗位都有一个需求的数量和质量，每个供给都是从发布信息开始，经过各种推荐和自荐、经过背景调查，最后走到竞聘形式下的公正，接着还要公示、任命、跟进，直到胜任并培养继任者。

第二，总结性，打造一个继任与发展计划。在我们企业初步可以从保姆计划、储备机制、击鼓传花、带2接班人完成框架式搭建。保姆计划包括入职、上岗、达标三部分；储备机制包括员、职能、干部三部分；击鼓传花包括战略、心态、复盘三部分；带2接班人包括代替、胜任、轮岗三部分。

第三，数据输入系统，有资料数据、有逻辑关系、有传承的"傻瓜式"便捷操作标准。

6）满意度。

谁来做满意度调查，谁来相信满意度，谁来落实满意度报告中的每一个事情。

要请专业公司来做才有说服力，专业公司来之前，企业自己也要做，比如离职面谈、日常座谈、重大事故、合理化建议、互助基金等。

每个事情都要想办法让员工来参与，参与多了，民主与法制就有了基础；很多事情都可以借助员工来推动，有了员工，民主与法制就有了直观的体现；做事情要有坚持到底的精神，特别是很多工作不可能很快看出成绩，往往带有隐患，因此要努力做好。

7）基础。

思想基础工作，一直是最头疼的事。

比如组织管理，事业部如何架构、阿米巴如何完善、无边界如何发挥等，有什么样的业务就有什么样的组织，可以更快地推动变革。

比如工作分析，阿米巴需要，培训也需要，甚至连上市筹备也需要；岗位评价，公平与竞争力等都需要科学评估，时时评估。

比如定编，依据和标准在哪里，数量与质量又在哪里，日清日结在这里至关重要。

（2）管理角色转换。

从甲方转为乙方，如同一场华丽的舞台转换，在这个过程中，持续学习成了一把解锁成功的"金钥匙"。尤其在新冠疫情期间，从参加人民大学的SHO班到南开大学的教育管理硕士，再到DBA学习，每一个课程都有其独特的价值和启示。

总而言之，从甲方到乙方的转变是一场复杂丰富的人生体验，无需过多标签，只须享受其中的每一个瞬间。在这一过程中，我们不仅仅是行走的学者，更是不断适应和探索的冒险者。

附一：管理绳

南开大学外教老师对于"管理绳"的理解，让我在治理结构方面有了更好的理解。

管理绳
2020

南开大学最后一次课程，因为个人工作原因晚了一年，因为新冠疫情又晚了近一年。

年复一年，与70后、80后、90后都成了同学，却符合自己的创业选择。

这最后一次课程，是一系列的排程，一个在南半球"说法"，一个在北半球"神游"。

治理、管理、领导力，拧成一根"管理绳"。

治理对应价值与视角。

管理对应秩序与一致。

领导力对应变动与变化。

这绝不是偶然发现，是因为育人与学习，才有今天的感受。

价值其实就是投入产出，视角就是方向选择；秩序就是游戏规则，一致就是执行力；变动可能是过程的效率，变化可以理解为结果的效益。

好精辟的总结，却真的有用，更重要的是符合目前创业定位中的人力资源数智化模型。

想想，原来一直不断修正。

治理，是法定所有者，还包括今天的道德所有者，比如社区，比如快递的主管部门。治理是产权，法定所有者关注的是投入产出比，是有目的的新业务选择或老业务主攻方向的选择，常常纵向到底，包括分钱模式、政策定调、监督到位。

管理，维持秩序更多是规则的制定以及执行，执行力常常提高到比肩战略地位，涉及执行对象、执行人及内容。不管是位移还是纠偏，不管是管人还是理事，管理更多讲经营，讲日常的过程，也包括过程中的小结果。

领导力，可以理解为影响别人和暗示自己的能力，暗示自己也是为了影响自己，这种影响具体体现在"过去的现在，现在的未来，以及未来的过去"的循环成长和场景作用力。投射到个人定义，变动是常规，变化是异常。常规是已经影响的流程，先做什么，后做什么，和先后做到什么程度。异常是需要暗示和影响的流量，需要思考如何解决瓶颈，还需要思考边际效应，更需要有勇气看到未来的合理制约平衡，保持组织持续发展。这些解决问题的变化或能力，也可以解释为创新，换句话说，创新就是解决问题的能力。问题就是异常，异常就是环境发生了变化，不管是外部环境的治理，还是内部环境的管理，都要求及时变动和变化。这与"事有人做""人有事做"以及人与事的人力资源数智化真的吻合。这与我长期实战的"做事、赚钱、最大化、持续发展"的模型如出一辙。

治理也是一个工具，一个有序规则与集体行动的工具。在没有外界道德所有者的干预下，它是拥有可以整合资源达到结果的力量。

管理绳还可以这样理解：目标治理＝管理分工＋领导合作。

结果当然是投入产出，是赚钱。而管理是一个满足客户的过程，也是流程，是一个分工业务流程下的管理架构。架构是"死"的，人是"活"的，领导是激励大家有效干活赚钱和利益最大化及持续发展的平衡，也是一种艺术的演变和转化。

看了卡沃斯模型，它诠释所有者意志和意志下的治理结构，以及CEO的经营及经营策略，还有全体员工的关系及关系下的执行落地。一切从意愿开始，经过目标、政策、监督，最后到结果结束。

所谓目标的链接，其实是一种分享价值的模型，俗称分钱机制，它还可以涵盖组织架构，包括治理结构和管理架构。而政策主要是利益分配的法律文本保障和业务收入的合同责任承诺，当然也可以包括职能职责和签批流程。监督除了看大家"做了没有"，还要保证"必须做"，有奖惩，有数据，有仪表，有董事会的委员会，比如人事任免、薪酬、绩效。其实这些都是非常有效的监督机制，是平衡制约的"良药"。结果必须是发展和持续发展，存在才有价值。深入每个单位，就是最好的链接；而贯穿每个部门是权利最完美的展示。如果每个人能够影响和暗示自己实现自我驱动，都是最成功的领导。

在我的人力资源数智化模型中，除了人刻度、事刻度、场景刻度外，还可以结合管理绳和卡沃斯模型进行优化和转化。

附二：人事关系

在人民大学劳动人事学院，对于人力资源管理的定义和系统性，我发现与回归常识、返璞归真这一方向完全一致，这成就了我的"人事匹配十井模型"构建和申请知识产权。企业的底层逻辑关系就是人事关系。

人事关系

2021

又回归到"人事模型"。

人与组织是一种社会关系，讲究的是契约精神。

具体表现可以理解为劳动关系（劳动合同）、业务关系（业务外包）、合作关系（灵活就业）。在人力资源管理六大模块或人力资源管理逻辑理论中指招聘管理。人力资源管理的第一件事：招兵买马。没有人，就没有人力资源管理。

人与事是一种经济关系，换句话说，就是投入产出。

我偏激地解释为：人就是钱，人才就是更多的钱，钱也是直接的、最为常见的激励。请人就是为了做事，事情的好与坏、多与少，是产出，是绩效。所以，在人力资源管理六大模块中体现的就是激励、绩效。人力资源管理的第二件事：形成机制。一套成就大家创造价值、科学评估价值、合理分配价值的机制。

人与人是一种纹路，从进入到离开视线。

它是空间上的入职、试用、转正、晋升、晋级、转岗、调动、离职等各种状态；是时间上从早到晚、从生活到工作的轮回与复制。人与人，可以是相关利益者的关系，还可以更高级一点，在自己赛道上前进一步，就是人才。所谓人才就是能解决问题的人，可以改变自己的思想基础和坚定自己最初价值标准的人。

事与事是一种纹路，是为了满足客户产品或服务需求，从开始到结束的过程，叫作流程。

先做什么，再做什么，然后做什么；包括怎么做，做到什么程度。这是分工，是为合作；是质量，不能缺失；也是商业模式，为流量打基础；还是战略选择，选择哪种赚钱，选择哪种长期赚钱。

人事，是两条纹路的转身和转化。

一条线是组织信息、出工、出力、出效益、战略变革。

一条线是员工信息、25分位、50分位、75分位、战略人才。

战略面临选择的时候，才需要人才。

人才是解决问题的人。

这个人首先要有能力，或者说是掌握解决问题工具和方法的人；其次要看这个人的意愿，愿意来这个企业，愿意与你共同合作，愿意把技术拿出来；最后这个人才最终能解决问题才行，也可以说合适的才是最好的。

战略人才需要解决问题，创造价值。

一个人，总是从胜任到不胜任，再从不胜任到胜任，最终又从胜任到不胜任。

招聘总想找到一个胜任的人，离开都是因为他们不胜任。

这是"彼得原理"。

正是因为从胜任到不胜任，所以需要学习；下一个不胜任到来，又要学以致用，创造更大的价值，获取下一个不胜任的机会。

不胜任是一种追求。

所以，企业最不胜任的那个人是老板。

他没有了晋升空间。

于是，挑战自己，成了最大的追求。

没有对手、没有新头衔的时候，只剩下周期论。

附三：0～1与1～N

DBA课堂上，对于产品与市场、流程与流量、质量与数量、0～1与1～N等，我有了较好的理解，为战略解码做了很好的理论补充和咨询铺垫。

0～1与1～N

2022

从看大企业主业务快速增长，

到看主业务增长缓慢去挖掘增长，

再到不得已拓展新业务来保持总体增长。

从看小企业只有增长业务，

到看小企业业务不增长的追根溯源，

再到小企业的业务不断调整变化很快。

从自己创业，

到通过咨询研究不同场景，

再到最终构建"人事匹配"模型。

原来，

销售增长是1～N。

前提条件有两个：一个是0～1产品；一个是1～N市场。

组织是这两个前提的载体和动力。

战略是一个0～1的过程。

这是一个产品，

一个基于客户需要的产品，

也是一个满足客户需要的过程，

这个过程也是一个流程，

一个研发A、生产B、销售C、客服D的主业务流程，

还包括每个环节内的子流程，比如B1、B2、B3……

子流程也有节点，每个节点都有标准，节点与标准组成了质量。

所以流程也是一个质量的概念。

这恰恰与产品、客户需求、战略、0～1构成一脉相承的横坐标。

不能缺失环节，也必须达到节点标准，是一个全员参与的全面质量管理。

战略目标是一个1～N的过程，

是一个市场的概念，

也是一个在竞争中如何扩大市场份额的日常理解行为。

这个行为常常表现为年度目标分解。

从集团总部总体目标，

到分子公司一级分解目标，

再到末端门店的最后目标。

这个分解过程是上级与下级的数字博弈，更是一场资源配置的拉锯战。

这个数字目标，其实是一个流量的概念。

这些恰恰与市场、赚钱、规模效应、战略目标、1～N构成如出一辙的纵坐标。

纵横交叉，形成名义上的组织。

组织，是支撑产品流程和市场流量的架构，

表面是架构形式，实际是组织生产。

常说的战略落地或组织执行力，

在某种程度上就是把这些工作量完成，工作量包括工作数量和工作质量。

而承载的组织结构形式也很有意思，横向的流程分工成了部门，纵向的流量分解成了单位。

纵横交叉，形成了岗位。

岗位价值，取决于环节质量的重要程度和承担目标分解数量。

岗位的任职要求和价值评估就在其中。

所以岗位是实的，有了岗位才去找人，有了岗位才有了组织的基础，包括结构形式是否牢固，也包括组织生产的目标（质量目标与数量目标）。

所以，1~N能不能实现，看人，看人的能力；或者看钱，看投入。

人就是钱，人才就是拿工资更多的人。

虽然比较现实，但却是事实。

只是作为组织方，需要这个人把你的工作量完成。

这个工作量此刻代表组织绩效，这个工作量或组织绩效就是产出。

产出是一个比率，这个比率有可能大于1，也可能小于1。

所以，组织请人划不划算看投入产出率；

所以，人力成本称为人力资源或人力资本的意义就在于此；

所以，我们也常说如何让最小的投入组合达到最大的产出结果；

这就是激励绩效机制。

这个投入组合包括薪酬结构，以及结构对应下的"出工——25分位、出力——50分位、出效益——75分位、变革——90分位"。前面是组织需要的产出,后面是人才需要的投入。

企业发展到一定阶段,常常要组织变革,是因为环境发生了变化。

而企业很多元老,早已经按部就班,不太习惯这些变化,甚至不愿意接受变化,所以成了变革的对象。

所以,企业常常空降一些人才来解决环境发生变化所需要解决的问题;

所以,这些人常被称为人才。何谓人才?就是能够解决问题的人;

所以,人才常需要具备创新能力。何谓创新?就是解决问题:要么是标准有问题,解决质量(产品0~1);要么是瓶颈有问题,解决流量(市场1~N);要么是环节有问题,重新来过(新业务选择:"0~1"+"1~N")。

市场增长,深层次一定是一个组织问题;

一个组织投入产出、激励绩效机制问题;

一个组织变革与人才能力成长问题。

四、对人力资源管理的理解

1. 什么是人力资源管理

我从事人力资源管理工作 30 年,从"以此为生"的生计入手,到"精于此道"的职业发展,在这条路上越走越远,"乐此不疲"。究竟什么是人力资源管理,直到 2019 年,我在人民大学劳动人事学院学习,才找到了一个符合当下的定义,因为钟爱,所以推荐。

人力资源管理就是让别人干自己想干的事。

这句话最早来自彼得·德鲁克的书中,大概分为三层境界。

第一层是人力资源部门让业务部门干人力资源部门的事情。

第二层是人力资源部门让业务部门干业务部门自己的事情。

第三层是人力资源部门让业务部门的员工干自己想干的事情。

人力资源管理一直停留在本部门的管理,因此越走越窄。造成这种局面的原因是人力资源部门在演绎的过程中只关注自己,没有关注服务对象,或者说没有站在对方的角度去整合资源实现目标。

人力资源管理是所有管理者的基本管理功课,没有人,事情谁来做?人是最大的资源。所以有对上要资源、对下分配资源、对同级协调资源、对外转化资源的人事管理。管人理事,就是通过人去做事，实现目标。所以我的"人事匹配十井模型"一方面是"回归常识和初心"，另一方面是"企业底层逻辑关系"，即人事关系，简化管理，提升人事战略定位。

当然，人力资源管理的最高境界还是每个人对于自己的管理。对于单人的分析，重点还是能力，包括看得见和看不见的，还要分析看得见的有哪一部分是先天的优势，可以发挥延续；有哪一部分是后天性突变与渐变，可以挖掘潜力。看得见的成了业绩，通过考试，包括理论与实践；看不见的成了潜力，通过测试，包括心理与性格，如何挖掘人力的潜力，成了人力资源最有解决价值的难题。在此我把一些共性的职业生涯规划当中的常识、逻辑、规律梳理出来，供大家参考。

2. 人力资源有多少种叫法

人力资源的演变，反映了大家对于人力资源价值的认识过程，也折射出社会发展对于人性的思考。站在实战角度，对于人力资源部门的发展所关注的重点大致有八个阶段：行政、人事、人力资源、人力成本、人力资本、业务支持、人力公司、人力平台。

（1）行政。

站在事的角度，很少考虑人，特别是在人不太流动的时候，或者供大于求的时代。加上那个时代行政多于人事，应聘人员排队，找工作需要托关系，人事没有什么要管的，比如绩效可以凭打分、培训可以用开会、薪酬可以做工资表、劳务关系靠一纸合同。既然行政事务多于人事，因此就叫行政。

（2）人事。

站在管理角度，说管理就是管人理事。事情需要人做，每个人还得有事情做。这一时期的主要特征是人与事相对稳定，稳定的体制、稳定的订单、稳定的劳动力、稳定的管理制度。

（3）人力资源。

完全站在人力角度思考，而且清楚地知道，人事是一种资源，在社会资源中，人是一种活的资源，可以反复利用。当然，人力资源有五种载体：体力、技能、知识、兴趣、个性。

（4）人力成本。

侧重投入的角度。供给小于需求，会造成人力成本大幅上涨，所以人力成本一般都会成为主要成本，不是第一就是第二。

1）原来直观的做法：社保福利。

在人力各项组成的成本中，社保福利是除了工资以外最大的人力成本项目。社保福利有以下两个特点很明显。

一是比重很大，有诱惑。社保福利中个人和企业加起来占比达到工资的60%左右。特别是对于劳动密集型的企业而言，利润远远没有这个高。二是社保政策执行难，呈现普遍现象。

2）曾经粗暴的做法：降低工资。

工资是最大的人力成本科目。很容易被所有人关注，工资本身也具有刚性特征。所以，一般人不会直接在工资上做文章，而做文章的人一定是老板。

3）专业和习惯性做法：控制人数。

人力工资总成本 = 工资 × 人数

从公式中可以看到工资与人数都与工资总成本成正比例关系，只是工资比较直接，减人比降工资手段相对柔和一些。

减人还有一个词，叫编制。由于手段柔和一些，所以需要一些技术手段。常见的控制人员的定编工作有四个维度。

定岗：确定组织架构。

定编：确定工作量。

定员：确定具体做事情的人。

定薪：确定岗位价值。

定编工作专业叫法为人力资源规划，对于一个管理者，基本要会做"四定"工作。根据"四定"可以编制一张人力资源规划表，这张表最好每天更新、每周呈现、每月分析。这张表包括了企业组织或部门架构，也包括供需平衡的差额情况和考核人力资源部门的数据来源，还能看到具体做事情的人员是否合适，甚至看到每个人的岗位价值和个人价值对比下的贡献价值。人力资源大致的成本预算也顺理成章地完成，有的可以看到一点点投入产出的概念。

4）看似先进的做法：效能。

组织的目标就是效率。

效率是组织的生命。有一种说法是，组织就是分工、明确职责，分工是为了协作、提高效率。

人效是人力资源很重要的一个指标。不同的企业只是工作量具体内容不一样而已。

人效 = 工作量 / 人数

从公式中可以看出：人效与两个指标有关，一个是工作量，另一个是人数。人效与工作量成正比，与人数成反比。

所以专业人士比较科学的做法是，思考如何给员工增加工作量和减少人数。

设备、流程、现场管理，这些都是通过改变外部因素提高效率的手段和方法。

5）目前流行的方法：阿米巴定价。

成本领先是三大战略方法之一。

这里讲的成本，不是总成本而是单位成本。

单位成本＝人力总成本／工作量

工作量不变的情况下，人力总成本与单位成本成正比例关系。

而人力总成本＝工资×人数，前面讲到的降工资与减人数都可以在这里得到呈现。

工资不变：工资与单位成本成正比例关系。

人数不变：人数与单位成本成正比例关系。

人力总成本不变情况下：单位成本与工作量成反比例关系。

工作量增加，单位成本就会下降，工作量减少，单位成本就会上升。

人均效能恰恰是工作量与人数的比值，前面讲到的效率也可以在这里得到呈现。

人力总成本与工作量都变化会有以下三种结果。

都增长：看谁增幅大，影响单位人力成本。

都减少：看谁减幅大，影响单位人力成本。

一增一减：你增我减或你减我增，这会大大影响单位人力成本。

通过公式，可以比较科学地归纳和演绎人力资源管理的成长。

归纳：单价＝实际发生工资／工作量；企业可以马上止血。

演绎：单价一定，红利属于自己，因为工资＝单价×工作量。

6）更高的思考："不务正业"与组织变革。

既然单位成本与人力总成本成正比，如何降低人力总成本呢？规模效应只解决无穷小的问题，不能达到无穷大的表述和驳斥。

有些员工无意帮忙得到好处，演变成单价一定，灵活用工赚钱，到后来相互结算赚取更大利益。除了本企业还有外企业，除了本专业还有外专业。同样花在这个人身上的成本，但是他额外赚了钱，可以抵扣成本，这就意味着这个分子可以是负数，负数意味着不花钱用工，而且可以扩大，正数可以增加。

这就是时下流行的部门职能公司化、灵活用工平台、人力资源自由交易。

通过收入来抵扣分子的成本，即员工创造的价值大于企业的付出。当一个人"不务正业"的价值大于正业的时候，或者说该企业的新产品优于传统产品的时候，一切皆有可能。

省钱还成问题吗？可见组织变革源于创新，创新源于瓶颈和问题，解决了就是增量，解决彻底了就可能改变原来的模式。

（5）人力资本。

站在产出的角度，说人力成本是投入，人力资源及时产出，比人力成本有了一个更为全面的阐述。

资本讲究回报，从资本到企业，可以谈贡献价值模型，它包括岗位价值、个人价值、贡献价值。

（6）业务支持。

一切为了业务，是企业发展到一定阶段的需要，也是社会发展到一定阶段竞争的需要，还是竞争上游的需要，更是检验人才、比拼人才能力转化成绩效的需要。业务支持有个境界，我把它称为"3+4"模型。

什么是"3"？即招到人、相对专业、懂业务。

什么是"4"？即发现业务不行、培养他行、找到行的人、实在不行自己上。

附《行不行》

行不行

刚到广州大郎，在装卸工的宿舍看到这样一句话：说你行你就行，不行也行；说不行就不行，行也不行；横批是：不服不行。我当时觉得很有意思，并不是觉得它多么风趣，而是看到装卸工存在一些牢骚。

曾经在一本书上看到关于"知道不知道"的辩解，说知道不知道，未必知道，也未必不知道。反正从模糊到趣味，从趣味到模糊。那到底是知道呢还是不知道，也没有什么更多的意思。

后来，我开始去游说，关于"行不行"在职业生涯规划当中的应用，有多少人知道，有多少人不知道，有多少知道不知道。

首先，作为个人的你，无论是刚毕业，还是刚起步，一定要在某个岗位证明自己能做好一件事情，让自己看起来行。要有勇气去推销自己，要抓住机会去表现自己，要学会"举手"原则；或者是去说服别人，影响别人。你影响的人越多，你的威望就越高，你就能领导别人；或者思路清晰，时有创新，有创举的人通过口碑和工具传播，一夜之间，名声在外。

其次，还要有人说你行，千里马需要伯乐。你是否有一个很好的上司，你是否有一帮很好的同事，在一个不好的环境中是否有发现你是人才的人。说你行的人自己要很行才行，不然又是白欢喜一场，希望越大失望越大。

最后，就是你真的行。人不能没有才能，也不能没有职业道德；要对得起自己，更要对得起身边的人。机会到处有，抓住了，你是否能够珍惜，能否在为人、做事、处世等方面做到游刃有余，能否受得了委屈，能否禁得住一些诱惑，能否与企业一起成长？

真的行才行，不行不行啊！

（7）人力公司。

部门职能公司化是一种趋势，不管哪种创新，都是一种变革。

部门职能公司化也是一个渐进的过程，表现在各种合伙人或激励机制上，比如海尔有名的客创平台、万科的项目合伙人都是部门职能公司化的一种。人力资源部门也是如此，人力公司无论从企业成本、创新增加收入抵扣成本、人尽其才发挥更多价值，还是马斯洛需求的实现最高自我价值，都愿意接受这种变化。

所以时下头部企业都在成立自己的人力公司，他们有自己的优势，本身就有客户，而且有开拓客户的优势。人力公司模型如图2-4所示。

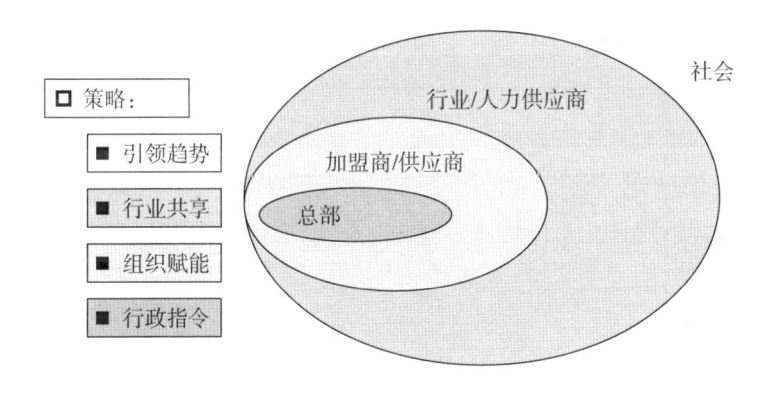

图2-4 人力公司模型

（8）人力平台。

依托互联网背景和数智化进程的需要，人本身有看得见和看不见的资源。人的价值需要通过做的事情来实现；而事情来自业务。事情、人、人与事情的关系，需要大数据来支撑，需要不同场景来评估。

自己赚钱，不如组织别人帮你赚钱。这种存在模式，在口碑宣传中一直存在，还被极力推荐。各种团长、KOL、社群营销在互联网中就是这种模式。

构建一个互联共享的数据库。人力平台是满足甲方与乙方、发包方与接包方、供给方与需求方的独立的、即时的、自由的时空交易平台，它把时间的碎片化和价值的积累互动起来，把喜欢的感性与价值的理性融合起来。平台公司商业模式如图 2-5 所示。

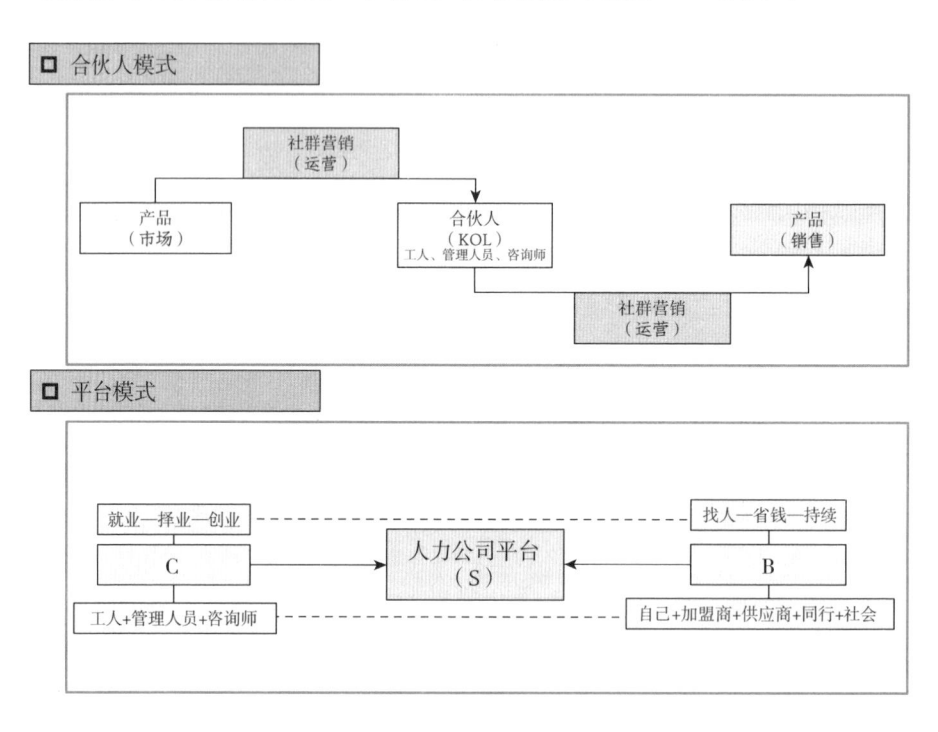

图 2-5 平台公司商业模式

3. 人力资源公司有哪些产品

作为需求的甲方，面对很多乙方，除了一如既往没有差异化的产品外，产品之间的逻辑关系从来没有人能系统地、具有逻辑性地说清楚。从甲方到乙方转型的过程中，从老板出发，站在客户需求的角度，这中间有三个阶段、九类产品、N 个细项。于是就有了人力资源公司产品模型，如图 2-6 所示。

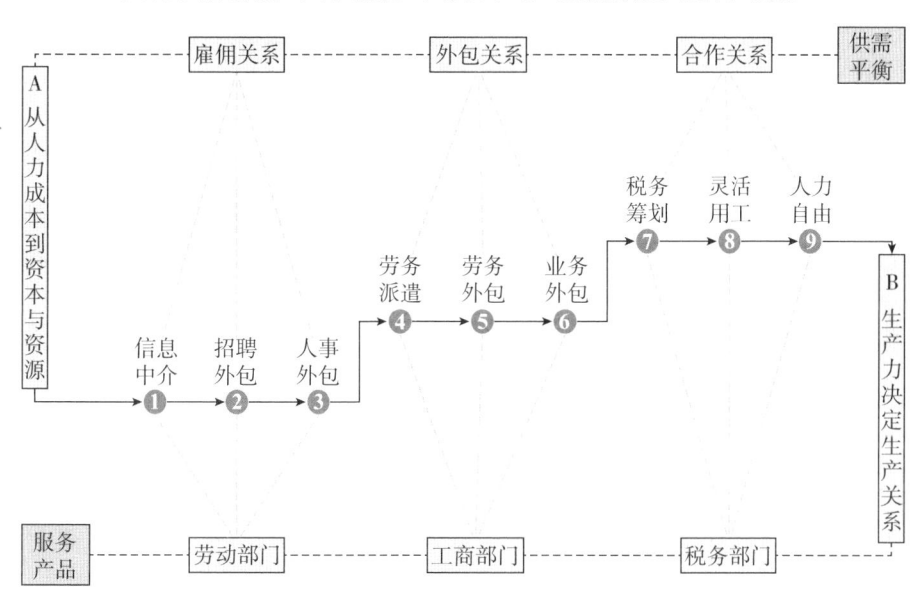

人力资源服务/人事服务/人力公司产品的演变/逻辑/规律

图2-6 人力资源公司产品模型

（1）信息中介。

老板为了工作，需要找到人，在互联网不发达的过去，只有依靠信息中介，由此便会产生信息差。信息差即便在今天也还存在于每个行业和每个角落。

（2）招聘外包。

当有人掌握了很多信息，自然可以预先知道这个人怎么样。而了解这个人恰恰是招聘专员的工作，既然有人知道，就不需要专门的招聘专员，这个变化就是岗位招聘外包。岗位招聘外包的起源是招聘岗位外包。

（3）人事外包。

再后来，老板觉得既然招聘可以外包，培训也可以外包、工资制作也可以外包、缴纳社保与人才服务等都可以外包，这些人事工作变成第三方之后成了人事服务。这样把日常的事务性工作外包，留下的人做些战略高度的事情，或者叫更为重要的战略人力资源管理。

上述是第一阶段，这一阶段的前提是组织与员工是雇佣关系，这种关系在市场经济不发达的情况下产生，为了规范和统一，或者保护劳动者，即所谓的弱势乙方，其主管的单位是劳动部门，也就有了《中华人民共和国劳动法》。这种雇佣关系的前提是供给远远大于需求，生产资料比人力资源重要得多，于是物质与资本的作用价值被远远放大，所以需要保护弱者。

（4）劳务派遣。

第二阶段开始，老板在思考一个问题，这个员工的雇佣关系可不可以不复存在？于是就有了劳务派遣，员工与企业只有用工关系，没有雇佣关系，员工与第三方才是雇佣关系，第三方与企业才有业务关系。这种情况曾经非常流行，到了今天有些企业还依然实行。所以后来有了比例的限制、有了特定岗位的做法、有了风险的甲方分担等。

（5）劳务外包。

比例限制制约下，就有了各种劳务派遣下的外包，外包有一个问题，由于员工的所有权在第三方，企业的日常管理比较困难。比如员工雇佣关系是第三方，第三方也愿意公开表态承担责任，但是实际上责任的经济损失还是企业来承担。这种外包的计价方式往往是员工工资总额加一个服务费用，或者以小时单价等作为结算单位。

（6）业务外包。

业务外包是目前社会上的普遍现象，各行各业的各种招标都是此类解释。业务外包有很多具体的做法，流水线外包、工厂代加工、土建工程、机械外加工、原材料采购等都属于此类外包。

（7）税务筹划。

第三阶段源于金税三期。在第二阶段中隐藏了三个问题：第一是真的业务外包了，不是自己员工不好管控；第二是社保确实转移了，但是第三方没有解决社保问题，特别是上市公司和规范性的企业要求供应商也要规范；第三是成本看起来转移了，但是实际上空间越来越小。

（8）灵活用工。

企业工作不饱和时员工可以无薪休假，或者企业工作高峰时，有召之即来、来之能战的人力资源，或者一个人可以为多家企业共同服务，或者有些人有时间可以找工作贴补家用，这种对碎片化时间的使用就是灵活用工。

（9）人力自由。

最终，每个人都可以做自己喜欢做的事情，或者接受更好的新工作机会。如果每个人都习惯这种自由工作，就没有违约感，这就是人力自由，即每个人都是"法人主体"，每个人都可以与企业形成合作关系。

第三阶段不是雇佣关系，也不是业务外包关系，是一种松散的合作关系。人的价值被无限放大，生产资料极大丰富，互联网非常发达，大数据分析越来越智能，所以甲乙双方都能满足交易场景和工作需求。

很多人不知道信息中介、招聘外包、人事外包、劳务派遣、劳务外包、业务外包、税务筹划、灵活用工、人力自由这九大类产品，以及它们之间的逻辑关系和产品呈现背后的演绎规律。

4. 人力资源管理的六大模块

人力资源管理六大模块包括人力规划、招聘选拔、培训发展、薪酬福利、绩效管理、员工关系。人力资源管理的六大模块逻辑图如图2-7所示。

图 2-7 人力资源管理的六大模块逻辑图

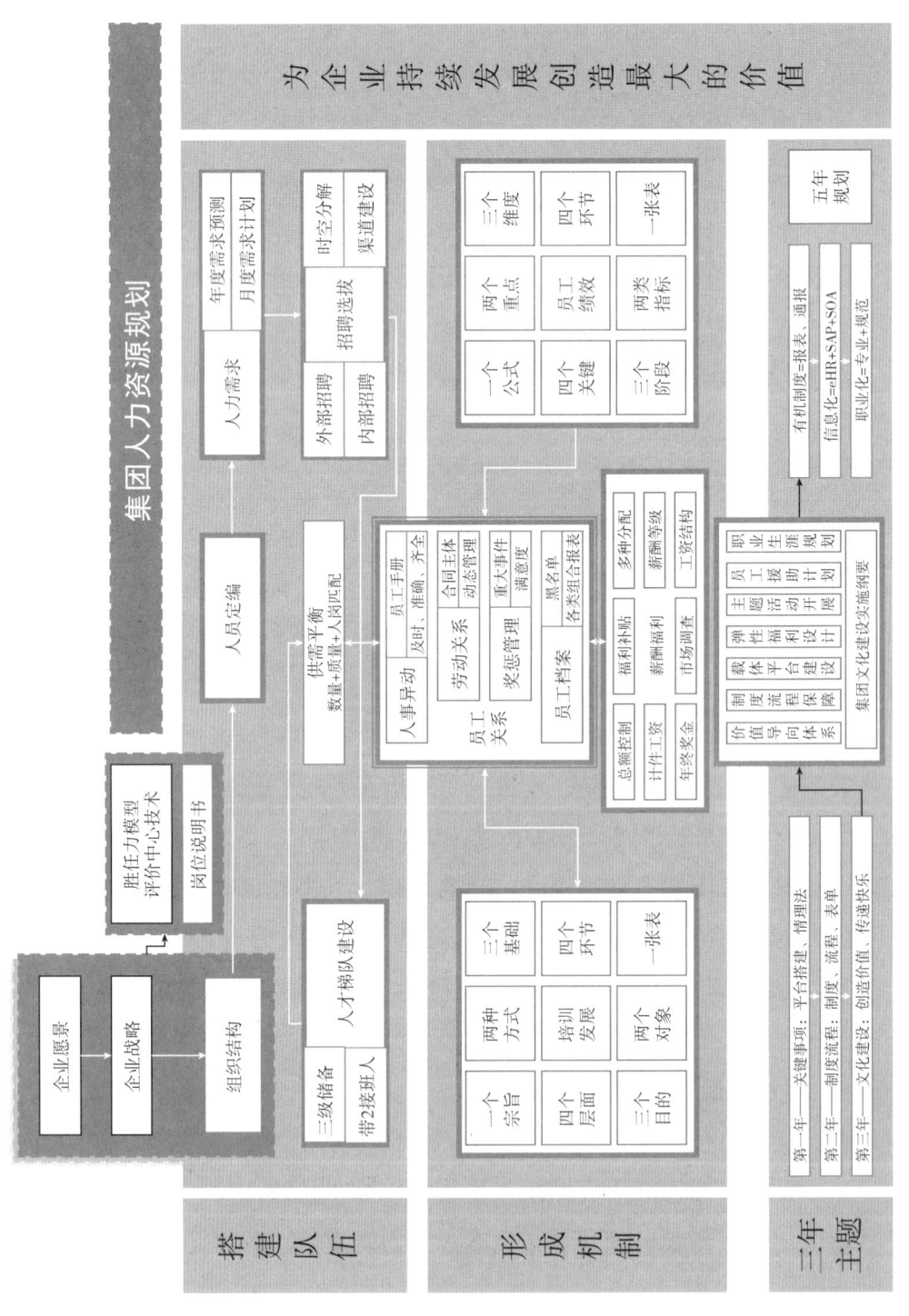

人力资源部门的人力资源管理工作，从承接企业战略开始，分为三个等级。

第一级：从组织结构以下开始工作，属于 HD 初级阶段。

第二级：承接战略开始设计组织架构，属于 HD 中级阶段。

第三级：有机会参与战略制定，属于 HD 高级阶段。

我把六大模块的理论和实战做了一个简洁的版本，供大家参考，为了方便记忆，我用了一个词叫"1234"。

（1）规划"2×4"模型。

1）理论"1234"。

① 一个前提：承接战略。

② 两个结构：治理结构、管理结构。

③ 三个价值：创造价值、评估价值、分享价值。

④ 四个定编：定岗、定编、定员、定薪。

2）实战"1234"。

① 一个目的：为企业持续发展创造最大的价值。

② 两件事情：招兵买马、形成机制。

③ 三件规划：关键事项、制度流程、企业文化。

④ 四句话：有多少事？要多少人？花多少钱？有多少投入产出？

（2）招聘"2×4"模型。

1）理论"1234"。

① 一个目标：供需平衡。

② 两个配置：第一次配置（外部招聘）、第二次配置（内部招聘）。

③ 三个分解：时间、空间、渠道。

④ 四个节点：岗位、广告、简历、面试。

2）实战"1234"。

①一张表：人员动态一览表。

②两个维度：责任人、归口指导。

③三条线：警戒线、目标线、安全线。

④四个保障：加班加点（每班、每天、每周）、人员储备（三级储备）、人员支援（点对点、线对点、面对点）、供应商计划（意向、零星、长期）。

（3）培训"2×4"模型。

1）理论"1234"。

①一个宗旨：培训是员工最大的福利。

②两种方式：内训+外训。

③三个目标：战略落地+能力提升+文化融合。

④四个环节：需求调查+方案设计+运营管控+效果评估。

2）实战"1234"。

①一张表：培训签到表。

②两个对象：直属员工+供应商/加盟商。

③三个基础：讲师+教材+激励。

④四个阶段：入职培训+达标培训+技能竞赛+管理提升。

（4）绩效"4×4"模型。

1）理论"1234"。

①一个公式：利润=收入–成本–费用。

②两个重点：关注过程+得到结果。

③三个层面：公司、部门、个人。

④四个环节：指标设置+过程指导+绩效考核+激励发展。

2）实战"1234"。

①一张表：绩效考核表。

②两类指标：基于过程控制行为指标（定性）+基于结果设计业绩指标（定量）。

③三个阶段：通用指标、针对性指标、战略地图。

④四个平衡：数量、质量、时间、成本。

（5）薪酬"4×4"模型。

1）理论"1234"。

①一个前提：总额控制。

②二元结构：固定+浮动。

③三个层次：外部竞争性+内部公平性+结构激励性。

④四个结构：基本+常规绩效+增润分享+长期激励。

2）实战"1234"。

①一张表：工资表。

②两个来回：钱从哪里来+钱到哪里去。

③三个价值：个人价值+岗位价值+贡献价值。

④四个特色：工作数量+成本控制+超量增值+单位成本。

（6）关系"4×4"模型。

1）理论"1234"。

①一个度：满意度。

②两个方向：行政+人力。

③三个关系：合同关系、人事关系、人际关系。

④四个常识：合理化建议、劳动纠纷、EAP建设、离职率。

2）实战"1234"。

①一个合同：劳动合同。

②两个节点：入职+离职。

③三种形态：自有+外包+灵活。

④四个补充：背景调查、保密竞业协议、工伤社保、退休离职补偿。

五、团队建设架构思路

1. 做成

先做事，选关键事项，不要急于制定制度和规则。

新到一个地方，负责一个部门，做的事情很多，但要杜绝没有必要的事情，面对复杂的人际关系不要直面冲突，要先做事。把所有的事情都接下来，自己埋头干一遍，这种方式能够有效缓解矛盾与冲突。

第一，做了一些事情就少了一些事情；第二，有些关键的事情有很大的影响力，降低了负面影响；第三，还赢得了对企业了解的时间，为以后改革打下了基础。

然后你需要做什么？

了解业务，包括企业的产品、整个内部业务流程、行业格局及整个产业链的来龙去脉，不一定了解得很深，但必须有一个全局的概念。

了解专业，包括专业所在部门的定位、部门目前工作的专业水平以及各部门对本部门的意见，包括东家的期望。

了解人，包括老板的风格、各部门一把手的名字、本部门员工的基本信息和工作范围等。

采取的基本策略是：先做完，再做好。

所有事情，特别是已经在运行的事情，首先是做完，从头到尾你都会做，工作基本上不至于瘫痪，然后再去要求做好，精益求精。无论是应对上级还是安排下级工作，都应该遵循这个原则。做完包括事情的回复、事情的流程要走完、事情数量要完成；做好包括事情原来是怎么做的、事情标准是怎么做的、事情别人认为的好是个什么样子的。

不管是关键事项还是其他事项，都不能顾此失彼。所以在解决关键事项的同时还要规划将来。到一个新地方如何开展工作，最基本的逻辑如下。

有多少事情？

每件事情怎么做？

做好与做不好的标准是什么？

结果的保存形式在哪里？

谁来做这些事？

所有的事情都责任到人，与能力无关。

需要什么资源或会遇到什么困难？

定期汇报。

不汇报和完不成的会怎么样？

如何增加人员？

根据做事情多少增加人员，与素质无关，与态度有关。

根据服务对象要求和下属成长速度进行人员更替。

根据企业发展的速度和自己的理解进行人员扩展循环模式设计：数量、质量、匹配。

我的观点是：对事不对人。

做人不卑不亢，态度和蔼但是原则坚定。深刻理解对事不对人。从出现的现象看造成现象的原因，依据原因确定责任，找出这个事情是谁干的，谁负责谁买单。这是一个完整的逻辑思路。

2. 说透

入职已经三年，这三年都做了些什么，哪些工作对未来有帮助，未来人力资源工作的重点在哪里？

前三年我用三个主题词：关键事项、制度流程、企业文化。

（1）第一年：关键事项。

我曾经去过一些企业，有些人总喜欢第一时间建设制度，理由就是大企业的官僚运作已经掩盖所有的管理真相。其结果很惨，不是一路坎坷就是一无所存，不是企业为难就是自己不满。总结失败的教训，我来到这个平台后，调整新的策略：先做、做完，先做后说、只做不说。

所以我选择了24个关键事项，这些事项都是已经存在的，我们改正的就是让自己积极主动推进，根据专业意见，稍微地纠偏而已。这样的效果很好，落实了企业战略举措、推进了管理层的传统美德、解决了人事方面的实际问题、放弃了新老原则之争，从企业需要的人员入手、从人事最需要的合法规范入手、从大家关注的考核薪酬入手、从经营灵魂的单位负责人培训入手。

我们的团队配置也很有意思，人员配置齐备但配置水平不高，工作加班加点却效率偏低，毕竟起点很低，可大家都非常关注关键事项。我们要求不高，用专业的水平去做日常的工作，很容易出成绩。所以获得了一些生存的空间，为来年的工作奠定了基础。

（2）第二年：制度流程。

企业有很多行为习惯，习惯固化就是制度，可以传承，非常适应网络化结构。人事工作，有第一年的关键事件经验，只要把这个关键事件在实际中的做法固化下来，形成制度和流程、表单，就完成了制度化。这个制度由于经过检验，所以实用性很强，应用性很广，也不用再三修改，权威性自然不错。由于有了制度，大家自然都有了统一的执行标准和行为指南。

所以，我总是要求我团队的每个人都要保证按照制度办事情，不要想当然、自以为是。所以我要求团队中的每个人都去买2本与工作有关的专业书籍，养成自学的习惯。因此我们团队的配置进一步齐全，并且在档次上有了一个很大的提升。

（3）第三年：企业文化。

其实，在这个时候谈文化，对于这个团队来说，有点为时过早，但是对于企业来讲已是刻不容缓。

在整个布局的过程中，我们给自己的团队承诺，不管别人说什么，关键看我们自己怎么做。在"我还能为您做些什么"的演讲中，大家看到了文化的曙光；在道德楷模的评选中，大家坚定了斗志；在一年时光流逝中，企业有了一些正面的做法和有成效的改观。

这时候我们团队更趋成熟，大家有了更多的自信，对业务也有了更多的理解和实际支持，惊喜的是在企业持续发展的道路上看得更远，信心更足。

三年时光弹指一挥间，其间的委屈不算什么，只要能做成；期间的曲折不算什么，只要能做成。不知不觉，"做成"成了三年中的工作指导思想。

三年的积累有这样几句话让我欣赏：以此为生、精于此道、乐此不疲。成绩需要说出去；工作需要解说，我们要让更多人知道我们的成绩，也要想办法去说服管理层今后应该如何去做。

所以，说透将成为我们未来人力资源工作的指导思想。

3. 攻心为上

何谓攻心？

心理战。从精神和心理上说服对方。

下面举一些日常的工作例子。

（1）建模。

建模就是让个人与组织能够共赢，实现作为管理者的管理目标。

建模的大致经过是：先遇到问题，吃过亏；然后解决这个问题，满足当下的需要；接着分析很多人的问题，打造一把万能的"钥匙"；然后推广，解决类似的问题；最后把异常问题变成常规流程与标准。

（2）明知就是"忽悠"。

开会就是要解决问题，每次开会讲到核心关键点时，我喜欢用"忽悠"一词。我提出的举措是真是假，没人知道。如果你听了我的"忽悠"，去做了，可能成功，那是真的；如果不去做，那是假的，不怪我，是大家没有去。

这源于我的自信。你相信这个举措且一如既往地去做；大家都相信这个举措，就达成了共识。举措达成共识，就是会议主题，问题随之迎刃而解。

（3）现有条件下求解。

我说这句话理直气壮，老板喜欢，员工不喜欢。

以招聘为例，下属总跟我说招聘难，找不到人，希望给招聘的新人涨点工资，比较容易招到人。

我说如果龙头企业招20人，行业TOP企业招30人，我们就做招聘80人的计划，那么原本30人的招聘计划不就解决了吗？

我又以"田忌赛马"的故事类比给大家听：行业最强的企业招走了本属于我们的员工，那么稍微差一点的员工为什么不来我们这里，反而去了比我们差的企业呢？这只能说我们能力不行。

这就是在现有条件下求解。在很多地方都会出现这种现象。作为管理者，要学会在现有条件下解决问题，从而体现管理水平。

（4）定价模型。

我一直提倡定价思路，即把主要工作及工作量找出来，进行分析后定价。

单价一定，红利属于自己，真正体现干得多就赚得多，直击人心。定价源于对过去的分析，现在能立马见效，更是让员工看到可预见的未来：未来掌握在自己手里，只要拼命干，就能赚到钱。

（5）为什么要扣你绩效。

一手交钱一手交货，到底是先交钱还是先交货。

到底是先加工资后干活，还是先干活再加工资？总得有先有后，关键是谁先谁后。招聘的时候，岗位标价10000元，请你来是先承诺了你10000元，等于先付了。接下来大家努力工作，完成标价10000元的岗位工作量"1A2B3C4D"，包括工作数量"1234"和工作质量"ABCD"。"1A2B3C4D"完成，即交付10000元的工资，要再涨工资到11000元要干更多活"1A2B3C4D5E6F"，然后企业再给你加工资。

是不是这就完了？没完！10000元是怎么构成的？其中有一部分是绩效，比如20%，即2000元。假如2000元对应"1A2B3C4D"，平均每件事情是25%即500元，即1A=500元、2B=500元、3C=500元、4D=500元，如果在前企业干了"1A2B3C"，自然只能拿1500元，即底薪8000元+1500元=9500元，绩效扣了500元。不要认为10000元是你该得的工资，扣钱的理由就是应该做的没有做

145

完，甚至精细到考核你没有做好。这就延伸出来一个模型提问：在什么情况下表扬？在什么情况下批评？在什么情况下奖励？在什么情况下罚款？在什么情况下加工资？在什么情况下减薪？在什么情况下提拔？在什么情况下革职？这些问题都和前面的绩效扣除500元是一样的道理，从这个道理到八个提问，总结出一个贡献价值模型，它包括岗位价值、个人价值、贡献价值。八种异动的根本取决于你的贡献价值。

扣你绩效还是奖励你，除了兑现还要讲清楚背后的道理。

（6）赛马机制。

赛马机制，严格应叫赛马平台机制。

伯乐赛马是一种比拼机制，用今天的话表述就是：与自己比进步、与兄弟比排名、与行业比竞争力。

比完就完了吗？当然没有。比完还需要激励，激励就是平台。其实，平台更多的时候指的是激励的设计，如何用最少的排列组合达到最大的产出结果。不同的排列组合，才可能吸引不同的人才。搭建一个可供新老员工赛马的平台，能者上、庸者下。

机制，即有机的制度。回到实战，绩效代表了组织，激励代表工资。如何让"马"在平台上分出一个高低，并且用价格标出千里、百里，这是一个模型、一种机制。一个有机的制度能良性循环叫机制，加个定语叫赛马机制，包括平台及平台上的"马"，包括"马"在平台上的竞赛规则。

（7）天生我才。

"天生我材必有用，千金散尽还复来。"李白在诗中如是说。

我一直认为：没有能力的人是不存在的。

每个人都有能力，只是没有把合适的人放到合适的岗位，这是人力部门的错、老板的错、用人部门的错。是我们没有发现人才，没有发现人才的优势，没有发现人才"冰山"以下部分的潜力，没有因人施教打造平台，所有的没有，都是企业的错，员工没有错。

能力是干出来的，只要去干就会把能力转化成绩效。干了再说，干了就会有结果，干多了结果就明显。量变一定会产生质变，数量积累一定会产生质的飞跃。

如果新员工是因岗设人，那么老员工一定要因人设岗。设岗不是设置一个职务，而是调整岗位的工作量，包括工作数量和工作质量。为什么呢？新员工经过一段时间都会成为老员工。成为老员工不是因为时间，而是技能达到符合标准或超越标准的状态。老员工技能娴熟，效率就会高，效率高就能节约时间，节约时间就会有大把的时间去帮助别人，帮助别人就会知道别人在做什么，时间长了，就会让自己掌握更多的技能，了解更多上下游的岗位，这样就很容易进行流程优化和改造，从而进一步提高效率，产生效益。

据此我做了很多类似的模型：比如供需平衡，从数量到质量，再到人岗匹配；比如人才培养，从新人到老人，到技术骨干，再到管理干部；比如做好一件事情三个境界，从不会到熟悉，熟能生巧，巧能生花；比如能力结构纵向专业深度与横向格局宽度结构等。

（8）降低流失率。

流失率是人力规划的需求预测指标，更是考核指标。

为降低流失率，我做了36条举措，用了3年时间，把月度流失率从25%降到6%。

留人有三种常规办法，即待遇留人、事业留人、情感留人。待遇就是钱，在离职面谈中离职理由排第二，实际绝对排第一；事业留人就是有"仗"打，有事做，未来可期；情感留人就是一种感受、企业文化氛围、人际关系感受，特别是创始人团队的伙伴情谊。

在十分成长这个模型中，我讲的"1分"就是做好一件事情。很多人离职就是因为天天做同样的事情，没有技术含量，枯燥没意思，最后离职。因此要设计一个成长的逻辑阶梯，即做好一件事有三种境界：不会到熟悉、熟能生巧、巧能生花。新环境、新岗位、无论入职培训还是上岗培训都在这一环节，无论老带新还是试用期，说的也是这个事情。这一阶段需要3～6个月，很多人没来几天就走了。熟能生巧指的是效率，包括两个方面，一方面是提高效率从自己入手，通过简单的事情重复做，重复的事情专心做，周而复始，时间长了，心灵手巧，人与人之间有差别，就是技能转化成绩效的差别；另一方面是业务量增加，这个与公司的产品、与市场的营销、与每个环节的全面质量管理都有关系。这个习惯的养成和战略认知，短则需要1年，长则需要3年。一年刚好是一个短期战略，3年刚好是一个中期战略；一年刚好是一个人的薪酬年度，3年刚好是一个人被提拔的时间跨度周期。巧能生花，时间久了，要么离开，要么不离开干些边际能力的事情。时间久了，很多人心里发生了变化，没有备战心态，没有实战场景，没有了高度重视的认知。巧能生花，花在创新。什么是创新？创新就是解决问题！问题在哪里？问题在自己的挑战上，问题在左右交接的缝隙中，问题在流程节点，在上一个环节与下一个环节的交界处，不管是大于你的制约瓶颈，还是小于你的浪费瓶颈，都需要解决。要解决与周围的关系，迫使你以帮助的名义去了解别人，培养自己的边际能力。一旦能力多，宽度、格局到位，知道自己也了解别人，流程优化水到渠成，创新就实现了。这个过程，按照了解自己需要3～6个月达标合格计算，左右两边计算就是6～12个月时间，加上自己共三个岗位就是9～18个月，与前面加在一起就是5年左右。我国中小企业平均寿命大约是2.5年，和这5年相比，值得人们深思。

成功从做好一件事情开始,是有道理的:因为一件事情都做不好,怎么知道你能做好其他事情。没有发生的事情,只能靠推测,推测的前提条件就是看到你曾经做好一件事情,所以推断你有可能做好一件还没有发生的事情。校招的时候总有很多学生问我:去你们公司有没有发挥的空间和机会?我总是故作沉思,以示重视,重视提问的人,也重视所提的问题。回答其实很简单:取决于你自己。也就是说内因决定外因。有什么办法证明你行呢?让我看看你的简历、你的成绩单、你获得的各种荣誉、你的过往经历。公司从来不排挤一个为自己创造价值的人,你拿得越多是因为你创造的价值越多。

看得见的过往都是业绩,可以证明你能"做好一件事情"。看不见的还有冰山以下的潜力,也是通过看得见的业绩"做好一件事",才能推算你冰山以下部分的潜力趋势是否能"做好另一件事情"。这个模型有考试、有测试、有理论考试、有实践考试、有心里倾向测试、有性格测试。这个是未来人力资源数智化的难点和热点,如何把人力资源刻度出来,除了固有的性别、年龄、身高,还有日常的言行举止、行为下的结果数字;通过大数据分析成功人士共同行为特征,形成成功人士应该具备的倾向行为,听起来很复杂,实际上可以用很简单的一句话来概括:通过做好一件事情,才知道你有可能做好另一件事情。

(9)铁打的营盘,流水的兵。

人员流失与人才流动当然有区别,但是这个区别其实不重要,因为公司绝对不会因为个人人才流动而停止不前,甚至遭受毁灭性打击,这不是管理的初衷,也不是公司应该有的机制。

公司缺谁都照样运转,是自信,也是管理检验水平的标准。所以,建立制度、梳理标准,一切按照流程做事情,打造对岗位负责的文化,开展离场测试,方式五花八门,办法不胜枚举。

但是，什么是铁打的营盘？参照成功组织总结为：有精神信仰、有组织纪律、有具体计划、有实际行动。信仰是最大的法宝，有了信仰不需要任何理由；纪律就是游戏规则，这是营盘的条条框框，好比人走了，帐篷还在，帐篷是一个一个的，有距离要求、有安扎标准；计划就是事先想清楚，想清楚就是全面，凡事预则立，不预则废。行动第一，包括浴血奋战，也包括前赴后继，包括前人栽树，也包括日积月累。

对于兵，正常流动。老员工有老员工的好处，新员工有新员工的好处。但是总体趋势，一定是你来我往，不可能一辈子。面对快速变化的环境，如果没有一个变化的内部机制，团队自然适应不了，何不早点提倡"铁打的营盘，流水的兵"，把人才流动看成一个正常的现象，不要成为包袱和负担。

4. 如何打造职业化团队

管理就得有团队，打仗不是靠一个人，一定是靠一帮人，只有一帮人，相互才有休息的时候，大家才能形成互补。凝聚人心需要花很多心思，更需要一个系统的规划。下面整理了一个内部团队建设的方案，有适当修改，以供参考。

（1）思路。

1）我有一个心愿。

三年之后：大家都可以做经理；经理都可以做总监。

2）人事工作两个基本要求。

① 人专业。

② 事规范。

3）怎么达到我们的心愿。

①坚持做好一件事情。

②培养自己的边际能力。

③打造学习型组织。

（2）人员配置。

1）管控模式。

①三级结构：总部、大区、分拨中心。

②管理模式：垂直领导双重管理。

③管控密码：九大策略、关键事项、流程、制度、表单、数据报表、通报奖惩。

2）岗位设置。

①职位设计。

A.总部：总经理、总经理助理、总监、高级经理、经理、主管、管理师、管理员。

B.大区：总监、高级经理、经理、主管、管理师、管理员。

C.分拨中心：经理、主管、助理。

②岗位价值。

A.助理：1850元+考核奖金。

B.管理员：2250元+考核奖金。

C.主管：2700元+考核奖金。

D.管理师：3300元+考核奖金。

E.经理：5600元+考核奖金。

F.大区经理：4700元+考核奖金。

G.高级经理：6800元+考核奖金。

H.总经理助理：8300元+考核奖金。

I.总监：10300元+年终奖金。

J.总经理：26600元+年终奖金。

K.副职下浮三级。

3）升降流程。

①技术通道标准。

②行政通道标准。

4）配置标准。

①总部配置：总人数0.4%。

②大区配置：每500人配置1人；一、二级大区可配置高级经理级；三级大区配置经理级。

③分拨中心配置：30人起步，每增加100人增加1人；一、二级分拨中心可配置经理，三级分拨中心可配置主管，四、五级分拨中心配置助理。

5）个人素质。

①文化程度：不低于大专。

②专业知识：最好是人力资源或相近专业。

③职业形象：西装革履。

④表达沟通：文字、语言、政策解读。

⑤文明礼貌：言行举止。

⑥办公设备：电脑、复印机、打印机、投影仪、相机、摄像机、手持终端。

⑦应变适应：异地生活、新环境生存、革新标准、原则变通。

6）技能提升。

①自学：两本书、举一反三、帮助别人、首问制。

②组织学：培训别人、参加培训、资格考试。

③轮岗：满六个月可以轮岗，跨单位、跨部门。

③调动：满一年可以调动。

（3）平台建设。

1）共享平台建设。

①工作分工表。

②通讯录。

③群。

2）会务平台建设。

①日晨会（人多晨会）。

②周例会（参加或组织周例会，大站以部门为单位、小站以公司为单位）。

③月视频电话会（电话或视频）。

④季度分大区会。

⑤半年全体总结会。

3）汇报平台建设。

①即时汇报（突发事件、重大事件必须第一时间汇报；项目事件关键节点必须逐级汇报）。

②周计划与总结：逐级汇报。

③月计划与总结：越级为止。

④季度总结与汇报：人人参与。

⑤半年总结与计划：述职。

（4）考核机制。

1）自查内省。

每天检查自己，定期进行内部审查；不定期进行外部审查。

2）项目考核。

有奖有罚，奖惩对等。

3）月度考核。

指挥线占 60%，参谋线占 40%。

4）季度考核。

按照大区与中转站进行评比。

5）年度考核。

职位调整、工资调整、区域调动。

（5）SBP延伸。

1）定位铁三角。

战略、业务、伙伴。

2）职能铁三角。

服务、监督、协调。

3）内部建设指导思路。

个人风格、团队专业、全员服务。

4）内控执行平台建设。

搭建渠道、沟通平台、考核机制。

5）组织铁三角。

结构形式、岗位节点、职能职责。

6）制度三要素。

制度、流程、表单。

7）制度三维度。

制定制度（制度流程表单）、执行制度（学习、签到、纠偏）、完善制度（集思广益）。

8）供需平衡三境界。

数量、质量、人岗匹配。

9）招聘三维体系。

时间、空间、渠道。

10）培训管理三个目的。

战略落地、能力提升、文化融合。

11）培训管理三项基础工作。

教材、讲师、激励（开发教材激励、授课讲师激励、受训学员激励）。

12）绩效指导思想。

量、本、利。

13）绩效推进三阶段。

日常考勤、绩效考核、目标分解。

14）薪酬指导思想铁三角。

个人价值、岗位价值、贡献价值。

15）薪酬三元结构。

月度工资（中值）、季度考核（中上值）、年度奖金（上值）。

16）三维薪酬设计。

设计合理性、结构合法性、分配多样性。

17）计件工资推进思路。

与自己比，比进步；与别人比，比效率；与社会比，比贡献。

18）再分配科学化三维度。

人、器具、系统。

19）员工关系三侧重。

档案管理（派遣、合同、档案）、异动管理（内部人事管理、外部人事管理）、关系管理（奖惩、罢工、离职）。

20）三分之一原则。

使用三分之一、培训三分之一、更换三分之一。

21）非人力资源部门人力资源管理教材三阶段。

人力资源制度与关键事项（若干）、人力资源管理常识（十项）、人力资源策略（九个）。

22）人力资源部门培训教材三阶段。

非人力知识，即人力资源制度与关键事项（若干）、人力资源管理常识（十项）、人力资源策略（九个）；人力资源规划与计划，即人力资源内部管控纲要、企业文化建设纲要、2012年人力资源规划；人力资源管理知识技能，即员、助师、师、高师。

第三章

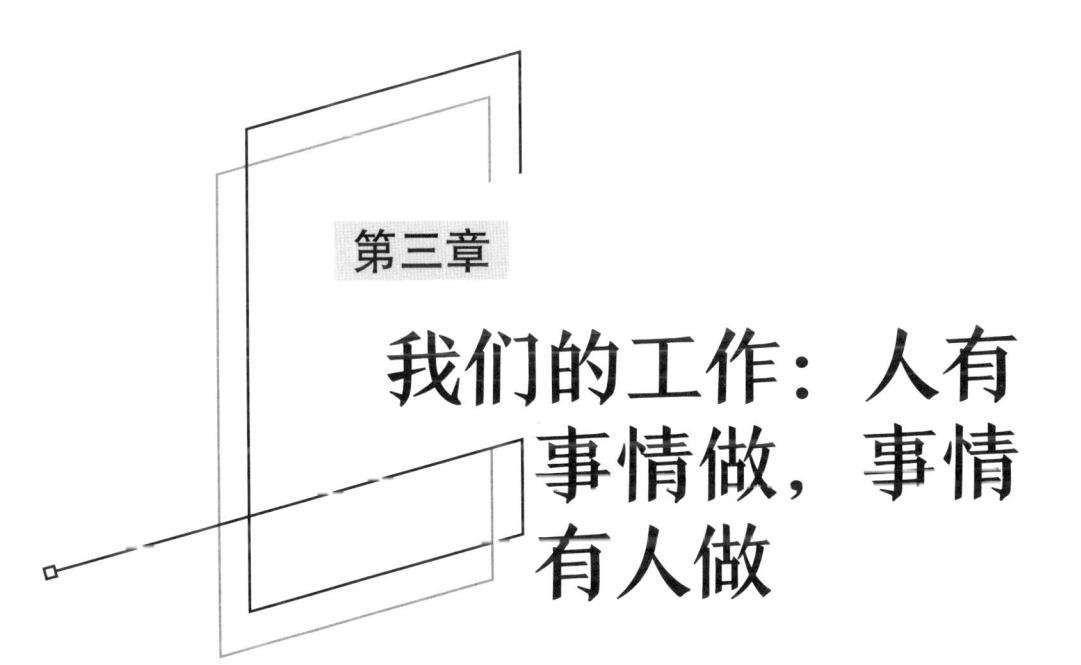

我们的工作：人有事情做，事情有人做

一、第一年人力资源规划：2010—2011

刚刚进入公司，结合上一家公司先做制度的失败经验，在这里提出一个三年的计划。第一年只做关键事项，不做制度流程。制度流程作为第二年的目标，因为已经做的关键事项，只要固化下来就是制度、流程、表单。

外部环境描述：①《邮政法》刚颁布；②电子商务刚刚起步。

内部公司状况：①公司刚刚成立10年，整体发展趋势明显；②票件量40万～80万每天，自有员工1000～3000人，20～40个分/子公司；③加盟模式，网络基本遍布全国枢纽城市，以大网点为主；④毛利15%左右，总体利润0.5亿元～1亿元左右。

部门团队建设：①没有专门的人力资源部门，曾经引进2位人事经理不成功；②人事工作由行政兼顾，行政人员3～5个，由一个退休的老同志负责；③人事工作主要涉及求职表、制作工资；极度缺人所以有招聘；培训刚起步源于加盟商。

个人优势分析：①财务负责人负责管理人员引进洽谈；②南京一家小猎头公司，掌握的是我五年前的简历，推算我五年后应该可以胜任这个岗位，挺不错的思路；③行政一位小伙子负责接待我面试，从招聘开始，一路成长，至今仍在；④行业对口：已在物流行业工作近 10 年，经历两家代表性行业公司，细分行业都曾经做过第一，业务规模和管理规范化是行业标榜；⑤管理经验对等：做过总办、董秘室、人力资源、行政部门副职和人事行政总监；⑥专业实战：从事人事行政工作 10 年以上，从基层干起，熟悉每个具体的问题和具备解决方案的能力；⑦懂业务：曾经做过省总并具体负责业务，在多家分/子公司综合管理部做过，懂业务 BP 需求；⑧个性突出：善于总结，上一家工作简历堪称总结式典范；不怕事情，敢于挑战权威，有自己的梦想和思想；⑨年富力强：36 岁，成熟象征。

基于自己的实战经验优势，并总结上一家教训，做了比较简单且务实的规划。原则上只做事，从解决公司当下要解决的问题入手。这期间也出现很多次的失误，但是老板都表现出极大的宽容，完全可以放开手脚开展工作。

原制订 1 年的计划，在 6 个月时就有了很大的起色，以至于在半年后的人事助理座谈会上，基本完成 6 大模块的整体设计思路，而且推行极为顺利。规划如下。

第三章　我们的工作：人有事情做，事情有人做

1. 总体目标（见图 3-1）

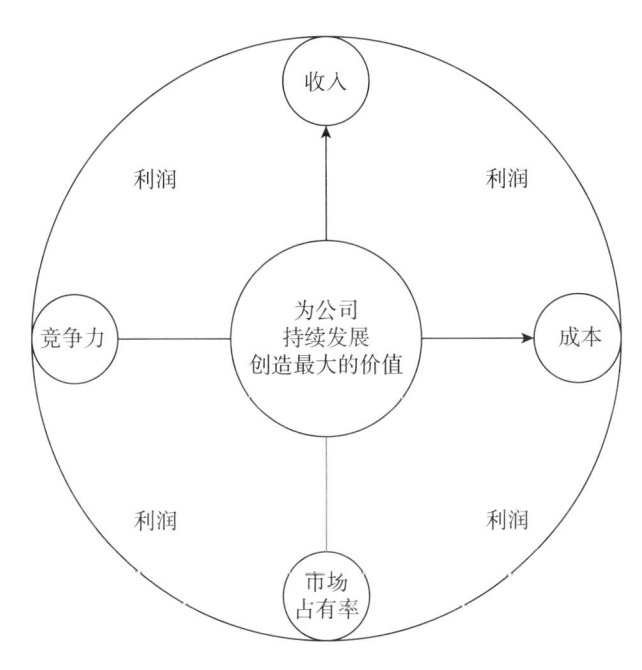

图 3-1　总体目标

2. 两件事情（见图 3-2）

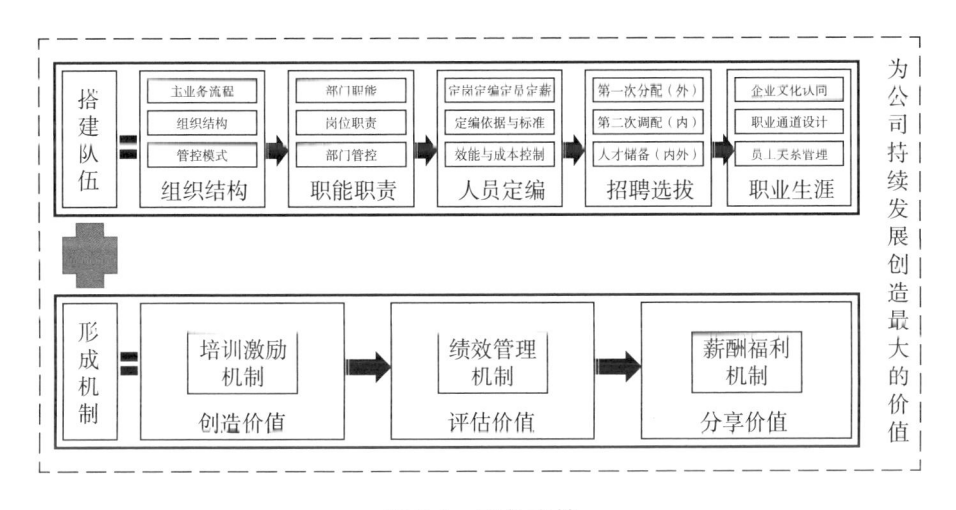

图 3-2　两件事情

161

3. 三年规划（见图3-3）

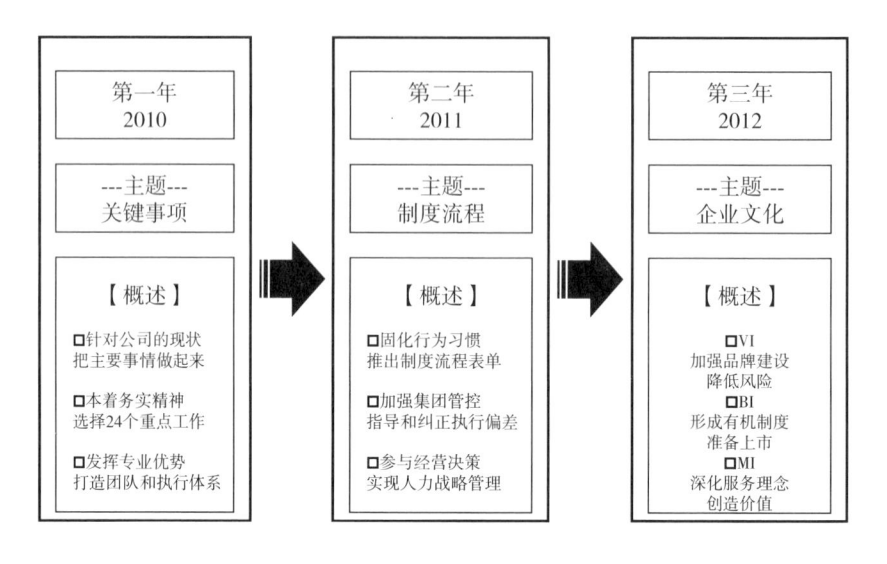

```
第一年              第二年              第三年
2010               2011               2012

---主题---           ---主题---           ---主题---
关键事项             制度流程             企业文化

【概述】             【概述】             【概述】
□针对公司的现状       □固化行为习惯         □VI
 把主要事情做起来      推出制度流程表单       加强品牌建设
                                       降低风险
□本着务实精神        □加强集团管控         □BI
 选择24个重点工作     指导和纠正执行偏差     形成有机制度
                                       准备上市
□发挥专业优势        □参与经营决策         □MI
 打造团队和执行体系    实现人力战略管理       深化服务理念
                                       创造价值
```

图3-3　三年规划

4. 关键事项：第一年（见图3-4）

目标						
供需平衡	人才储备	干部培训	目标分解	多种分配	合理化建议
岗位说明书	实习就业一体化	劳动技能竞赛	关键岗位量化考核	社保福利	人事异动
人员定编	招聘渠道建设	半工半训	全员考评	薪酬等级	劳务派遣
组织架构	人力需求	新员工培训	考勤管理	工资表	档案管理
人力规划	招聘选拔	培训发展	绩效考核	薪酬福利	员工关系

职能→

图3-4　关键事项：第一年

5. 关键事项：第二年（见图 3-5）

图 3-5　关键事项：第二年

二、第三年人力资源规划：2012—2013

经过两年的规范，解决了缺人的问题，规范了考勤管理，完成了省总公司和分／子公司负责人的培训，人力资源管理规范体系基本建设完毕，刚好迎来了行业与企业同轨道快速发展。企业的业务量更是100%增长，在人员优化和管理人员补充上有了更多的任务。

外部环境描述：①电子商务发力，"双十一"开始造势；②企业采取跟随战略，收购大网点；③很多人想进入快递行业，认为这个行业能够赚到钱。

内部团队建设：①人力资源部门有了专业的团队，并且成熟稳定，连续3年被评为优秀部门；②人力资源部门的成绩明显；③人力资源部门用实干和实力证明自己的价值。④在已有制度的基础上，形成有机制度，把制度用活。

2013年，开展了10期管理人员招聘培训，每期招聘10人左右，前后进来100多位分、子公司经理级别的管理人员，相当于增加现有同等级别人员的一倍。由于大量的人才储备，在企业扩张上有了充分的话语权，内外部氛围特别好。而且人才招聘分7个大区面试选拔，保证人才的未来区域属性，为人才异动用工提前做了5年的计划。如此长远的谋划，源于信任和自信，在有时间把原有工作做好的前提下，有更多的思考余地。

从人力资源规划也可以看出，人力资源工作卓有成效。内容丰富，解读完全具有企业特色，把理论和实践结合得恰到好处，比如9大策略、7大职能、27项职责、文化建设纲要、内部建设纲要等，都是这个时候成型的，而且都很完善。人力资源规划细节如下。

1. 纲要概述

（1）长期战略。

1）一个工作目标。

为企业持续发展创造最大的价值。

2）两项基本任务。

① 搭建队伍。

② 形成机制。

3）三个价值体系。

① 通过培训发展体系激发员工创造价值。

② 通过绩效管理体系客观评估价值。

③ 通过薪酬福利体系落实分享价值。

4）四项基础工作。

① 组织结构。

② 工作分析。

③ 岗位评价。

④ 人员定编。

（2）中期目标。

五年规划主题。

①关键事件年（2010）。

②制度流程年（2011）。

③文化建设年（2012）。

④信息化年（2013）。

⑤职业化年（2014）。

（3）短期任务。

1）六大职能活动（具体见计划）。

①人力规划。

②招聘选拔。

③培训发展。

④绩效管理。

⑤薪酬福利。

⑥员工关系。

2）文化建设的七个重点（具体见计划）。

①价值导向体系。

②制度流程保障。

③载体平台建设。

④弹性福利设计。

⑤主题活动开展。

⑥员工援助计划。

⑦职业生涯规划。

3）内部建设八个方面（具体见计划）。

①总体思路。

②框架渠道。

③人员配置。

④共享平台。

⑤会务平台。

⑥汇报平台。

⑦绩效考核。

⑧管控密码。

4）九大人力资源策略解读。

①人力成本策略。

通过预算，在总额控制下采取多种分配形式的、具有鲜明激励性的人力成本策略。责任部门：薪酬福利组。

A.薪酬市场调查：建立薪酬市场调查制度，按要求编制薪酬调查报告。常规岗位每季度出一个报告，全体岗位每年出一个报告。

B.薪酬等级设计：根据公司岗位特征，每年完善一次薪酬等级。日常调整及维护薪酬等级表。根据制度进行薪酬等级调整办理。

C.薪酬结构：根据业务特征，采取不同分配形式的薪酬结构。输出的工资表及时准确。工资发放形式现代化。

D.年薪制：范围为经理级以上人员。结构为三元结构或二元结构。考核为组织指标与个人成长指标。责任状为明确总额、分配方式、考核指标、重要行为规范制度。

E.计件工资：总额控制、保底工资、分配方案、最终考核到人。

F.定额管控：组织总额控制为销售额或出件量。岗位总额控制为在人员定编情况进行定额管控。预算及偏差分析为跟踪预算、及时分析偏差并提出建议。日常管控办法为总结总额控制方面的建议和发布通知、采取考核评比方式引导各主管部门主动控制。

②工作效率策略。

以量本利为指导思想，以绩效考核为管理手段的工作效率策略。

责任部门：绩效管理组。

A.组织管理：根据企业发展战略，调整、发布和巩固组织架构。根据业务流程设置岗位及规范名称。根据岗位要求，进行工作分析和岗位评价。根据业务增减形式确定人员编制。

B.个人绩效：巩固全员考核。推进第二阶段的指标更替，帮助业务部门选择针对性指标。重点跟踪管理人员考核和职能部门考核。

C.建立指标库：按照组织、职能、业务建立指标库。对指标库进行维护和跟踪培训考试。

D.人均效能：每月出具人均效能报表并进行分析。根据报表进行针对性绩效面谈。提出提高人均效能的建议。

E.HR内控：具体见内部建设纲要。

③个人成长策略。

以职业生涯为主线、提高员工能力为核心的个人成长策略。责任部门：培训发展组。

A.角色认知：对自己的认知为自我、本我、超我。对岗位的认知为胜任模型了解。职业发展认知为通道设计和个人规划。

B.职业生涯培训：从新员工入职培训开始，到试用期的师带徒培训。从工作中本职岗位达标培训，到技能竞赛和各类技能鉴定。从自己开展辅助计学计划学习，到建立E-Leaning网络学习。从企业学院的基础管理培训，到请进来、送出去的进阶管理外训。

C.实施保障：培训对象确定、讲师队伍建设、培训教材开发、培训组织管控、相关部门支持协同、培训硬件设施、培训工具表单。

D.评估论证：培训教材认证、培训讲师认证、培训学员积分卡、企业技能等级认证、外训机构认证等，达到3S5L培训评估体系（3S5L是我自创的培训评估模型，分为3个刻度，即教师、教材、激励机制，和5个层面，即员工、班组长、组主管、部门经理、中心总监）。

E.激励兑现：从每次课酬到日常表彰，从晋级标准到晋升条件，从周期考核到年度评优。

④文化认同策略。

从心入手以情感人，重点统一思想认识，深化公司利益至上的企业文化认同策略。责任部门：企业文化组。

A.提炼明晰：理念提炼、行为规范、标识解释等。

B.宣贯知悉：平台建设、载体建设。

C.感知认同：感动在企业、发展在企业、快乐在企业、实践在企业、竞技在企业、亲情在企业。

D.行为导向：沟通渠道建设、弹性福利建设、环境建设、员工援助计划、职业生涯规划、制度流程建设等。

E.呈现升华：文化心愿墙、文化照片集、文化记录册、文化专题片、文化宣讲团。

⑤供需平衡策略。

从数量、质量、匹配三个维度支持企业战略的供需平衡策略。责任部门：招聘选拔组。

A.三条线考核：每月及时更新定编二条线（定编表）和人员需求表；每周出动态表，根据动态表给予分拨中心相应的跟踪和资源配置。确保数量上人员平衡。

B.招聘渠道建设：建设两个农村招聘基地和人才市场招聘基地，加强内部推荐机制，特别是在宣传和兑现上；巩固校园招聘和尝试劳务外包。

C.实习就业一体化：整理优化实习生管理制度；配合专案重点推行管理实习生制度。

D.招聘专案：职能全部专业化，储备全部总部职能化。

E.紧急预案：针对6～8月高温和9月份，以及春节前进行针对性策略。

⑥人才挖掘策略。

从胜任力和测评技术入手，打造适应实用的人才挖掘策略。责任部门：招聘选拔组。

A.人才盘点：每月进行一次管理人员盘点，提出调整建议。

B.胜任力模型：从关键的岗位开始（比如分拨中心经理、大区经理、一级中心负责人等）、从晋升普遍的岗位开始（各岗位技能晋升等），建立晋升标准。

C.测评中心技术：从关键岗位开始，从晋升普遍的岗位开始，建立选拔方式。

D.人才储备机制：三级储备状态，人才替补图，提出人才培训需求。

⑦劳动和谐策略。

以符合法规为基本，遵循历史遗留的劳动和谐策略。责任部门：员工关系组。

A.建立档案机制：报表、制度、黑名单、证照网核。

B.动态合同管理：100%签订合同，续签合同提前一个月通知，合同内容杜绝风险。

C.多种用工形式：合同工、派遣工、钟点工、劳务外包等合同、法规政策、单价等。

D.完善人事异动管理：报表分析、时间节点、流程公示。

⑧人员稳定策略。

以人为本，用人部门共同参与提升，从而达到和合共赢的人员稳定策略。责任部门：员工关系组。

A.合理化建议：10000条件建议、1000条采纳。

B.奖惩管理：各单位每周奖惩通报。

C.重大事件：台账、处理、通报。

D.EAP 计划：沟通渠道建设、互助政策（互助基金、个人问题、家庭）、情绪方面的每季度讲座。

⑨业务伙伴策略。

以服务为指导，在做好本职的基础上培养边际能力，实现信息共享的业务伙伴策略。责任部门：大区和分拨中心人力资源部门。

A.信息化建设：SAP 增加绩效、培训模板；SOA 与 SAP 对接、考勤与 SAP 对接；数据治理之 HR 与业务共享报表。

B.非人力资源人员的人力资源培训。

5）新年度十大人力基础政策。

总体人事政策。

A.德才兼备、唯贤是举。

B.能上能下、能高能低、能进能出。

C.合情、合理、合法。

D.公平、公正、公开。

①遗留问题。

A.2011年12月底之前遵循历史，帮助提升。

B.2012年开始，原则上按照人事基础政策逐步执行。

②学历要求。

A.办公室人员必须中专及以上学历。

B.经理级以上人员必须中专及以上学历。

C.总监级以上人员必须大专及以上学历。

D.内部员工每两年司龄折算一年学历。

③年龄要求。

A.操作人员年龄必须在 18～50 岁之间。

B.经理级及以上岗位人员必须 25 岁及以上。

C.总监级及以上岗位人员必须 28 岁及以上。

D.总经理级及以上岗位人员必须 30 岁及以上。

④ 司龄要求。

A.转正原则上 3 个月。

B.转岗必须在转正之后。

C.基层管理、技术岗位晋升必须在 6 个月以上。

D.中层管理、技术岗位晋升必须在 1 年以上。

⑤ 培训要求。

A.新员工若不参加入职培训不予转正。

B.考察期员工若没有"师带徒"辅导不予转正。

C.主管级及以上岗位人员若不参加储备干部培训不予晋升。

⑥ 考核要求。

A.没有培养出接班人不予提拔晋升。

B.没有考核分不予提拔。

C.没有规范的述职报告不予转正。

⑦ 提拔原则。

A.不认同企业文化不予提拔。

B.提拔原则上从副职开始。

⑧ 调动原则。

A.经理级人员同一岗位满 2 年必须调动（轮岗）。

B.经理级以上人员同一岗位满 3 年必须调动（轮岗）。

C.经营单位负责人原则上异地任职。

⑨ 计件原则。

A.总额控制与自主分配相结合。

B.底薪稳定与提成激励相结合。

C.奖金预留20%与年终奖人员稳定相结合。

D.规范操作与整体利益相结合。

E.与自己比，比昨天进步有鼓励。

F.与兄弟单位比，比别人效率高有激励。

G.与社会比，比同行贡献大有奖励。

⑩加薪原则。

A.职务晋升加薪。

B.职称晋升加薪。

C.半年度考核分靠前加薪，按比例人数加薪。

D.平时原则上不接受加薪申请。

2. 组织管理

（1）单位与部门。

1）法人治理结构。

①分拨中心原则上都要办理营业执照。

②法人治理最好与管理结构同步。

2）组织管理架构。

①继续夯实总部、大区、分拨中心三级模式。

A.通过人事任免固化三级模式。

B.通过单位评级深化三级模式。

C.通过绩效考核夯实三级模式。

②深化组织结构服务于业务发展的思想。

A.大区兼任制。原则上大区兼所在办公室分拨中心（公司）负责人。

B.分拨中心直营专项扶持,凡是已经直营的分拨中心设置直营公司经理,重点关注直营增长量。

③分拨中心部门进行进一步整合。

A.转运调度部改为操作运输部更为突出工作内容,部门负责人同意改为经理制,而非站长制。

B.稍小的分拨中心业务部门适当合并,取消网点管理部,非业务部门适当合并,以达到精简结构的目的。

④分拨中心岗位根据分拨中心等级大小设置行政级别。

A.一级分拨中心可配置部门经理。

B.二级分拨中心可配置部门副经理。

C.三级分拨中心可配置主管。

D.三级以下只配置员级,甚至没有配置,只有工作兼任。

⑤组织变动严格通过程序进行。

A.所有单位成立需要有手续,并网上公布。

B.所有部门变更需要有手续,并网上公布。

C.所有工作内容变更需要有手续,并网上公布。

D.所有岗位变更需要有手续,并网上公布。

E.所有变更经公布后,相关联的变更三天之内配合到位。

3)单位评定。

①大区进行等级评定。

A.等级类型:一级大区、二级大区、三级大区。

B.等级标准职级:一级大区总经理级、二级大区总监级、三级大区高级经理级。

C.评定维度:以业务量为主。

D.评定周期:每年评定一次。

E.评定组织形式:人力资源中心组织,网上公布。

② 分拨中心进行等级评定。

A. 等级类型：一级分拨中心（公司）、二级分拨中心（公司）、三级分拨中心（公司）、四级分拨中心（公司）、五级分拨中心（公司）。

B. 等级标准行政职位：一级分拨中心（公司）总监级、二级分拨中心（公司）高级经理级、三级分拨中心（公司）经理级、四级分拨中心（公司）经理级、五级分拨中心（公司）经理级。

C. 评定维度：以操作量、主干车线、交货网点数为主。

D. 评定周期：每月或每季度评定一次。

E. 评定组织形式：人力资源中心组织，网上公布。

③ 部门考核。

A. 实行一把手负责制。

B. 协助授权体系推行。

C. 组织绩效与单位负责人考核相结合。

D. 突出揽件量、利润、质量、效率、人才建设指标。

（2）岗位与发展。

1）岗位设置。

① 岗位设置一览表（集团岗位设置见表3-1）。

② 设计说明。

A. 双通道职业发展：职务晋升 + 职称晋升。

B. SAP 系统一人一岗根据岗位对应。

C. 日常人事异动管理根据职位对应。

D. 工资根据职级对应。

E. 福利根据职层对应。

F. 对外称呼根据职位对应。

表 3-1　集团岗位设置

职层	职级	职务	职称	职位	岗位
高层	总裁级	总裁	顾问	部门全称（限经理级以上人员）+职务（或职称）	部门全称（限经理级以上人员）+职务+编号
高层	副总裁级	高级副总裁	顾问		
高层	副总裁级	副总裁	顾问		
中高层	总经理级	总经理	专家		
中高层	总经理级	副总经理	专家		
中高层	总监级	总监	专家		
中高层	总监级	副总监	专家		
中层	高级经理级	高级经理	师（高级师）		
中层	经理级	经理	师（中级师）		
中层	经理级	副经理	师（初级师）		
基层	主管级	主管	员（专员）		
基层	班组长级	班组长	员（资深）		
基层	员工级	员	员		

2）职位评价。

根据历史数据和市场对比确定，建立晋升维度与标准。

① 职称晋升。

A.入围条件（职称晋升入围条件见表 3-2）。

表 3-2　职称晋升入围条件

1. 要求在本岗位工作经历 1 年（含）以上
2. 近 1 年内无降级（职）、记过、记大过、留用察看记录
3. 近 1 年内行政处罚累积不超过 500 元人民币，或单项不超过 200 元人民币
4. 参加职称评定的人必须由本单位（分拨中心以分拨中心为单位、职能部门以中心为单位）2 名主管及以上的人推荐

B. 职称晋升评分标准（见表3-3）。

表3-3　职称晋升评分标准

考核项目	评分依据	分数	备注
学历（10%）	研究生及以上	10	以国家颁发的证书为准
	本科	8	
	大专	6	
	高中专/技校	4	
	初中	2	
	其他（小学及以下）	0	
资历（20%）	高级职称	20	以国家及本企业颁发的证书为准
	中级职称	15	
	初级及以下职称	10	
	无任何职称	0	
工作经历（20%）	8年以上（含）	20	以毕业证证书日期为准
	5～8年（含）	15	
	3～5年（含）	10	
	1～3年（含）	5	
	1年及以下	0	
绩效考核分（50%）	90分及以上	50	以近12个月的平均考核分为准
	80分（含）～90分	40	
	70分（含）～80分	30	
	60分（含）～70分	20	
	60分以下	0	

C. 职称晋升评分结果应用（见表3-4）。

表 3-4　职称晋升评分结果应用

分数	结果应用	考核周期
60 分以下	不予职称晋升	动态考评
60 分及以上	职称晋升	

② 职务晋升。

A. 职务晋升入围条件（见表 3-5）。

表 3-5　职务晋升入围条件

1. 本公司工作半年以上
2. 近 1 年内无降级（职）、记过、记大过、留用察看记录
3. 由 1 名总监级及以上的人推荐

B. 职务晋升标准（见表 3-6）。

表 3-6　职务晋升标准

评定维度		考核项目	评分依据	分数	备注
评价维度之综合素质（40%）	过去	学历（5%）	研究生及以上	10	以国家颁发的证书为准
			本科	8	
			大专	6	
			高中专/技校	4	
			初中	2	
			其他（小学及以下）	0	
		资历（5%）	高级职称	20	以国家及本企业颁发的证书为准
			中级职称	15	
			初级及以下职称	10	

续表

评定维度		考核项目	评分依据	分数	备注
评价维度之综合素质（40%）	过去	工作经历（10%）	1年及以下	0	以毕业证证书日期为准
			1～3年（含）	5	
			3～5年（含）	10	
			5～8年（含）	15	
			8年以上（含）	20	
	现在	考核分（20%）	60分以下	0	以近6个月的平均考核分为准
			60分（含）～70分	20	
			70分（含）～80分	30	
			80分（含）～90分	40	
			90分及以上	50	
评价维度之人岗匹配度（60%）	经营（20%）	专业度（10%）	以岗位说明书为依据		
		相关度（10%）	以调查表员工满意度为依据		
	管理素质（40%）	共性指标	认同（对公司，认同企业文化）	20%	
			自律（为人，以身作则的情况）		
			执行力（做事，贯彻指令的能力）		
			领导力（带队，团队建设的能力）		
			学习力（学习，持续提升的能力）		
		基层	专业度（与岗位职责的匹配度）	20%	
			责任心（公司利益第一，个人承担职责的情况）		

续表

评定维度	考核项目	评分依据	分数	备注
评价维度之人岗匹配度（60%）	管理素质（40%）	组织协调能力（组织实施举措得力，用最少的资源高质量完成工作任务）	20%	
		表达能力（政策的制定、宣讲、沟通的能力）		
		创新能力（运用自身知识，在工作中不断提供具有经济价值的新方法的能力）		
	高层（含中高）	大局观（从公司大局出发，系统思考、做事的能力）	20%	
		决策力（对经营、判断等做决策的能力）		
		用人力（知人善用，育人教化的能力）		
		包容心（容人容事的胸怀和心态）		

3）人才梯队建设。

① 三级储备。

A. 基层员工储备：大力宣传内部推荐机制和深化实习就业一体化，以保障基本生产和优化基础结构，每个中转站储备线定在安全线的12%。

B. 关键岗位储备：专业对口配置。全面实现财务、人事行政、IT维护、调度、客服等技术岗位专业化；一线班组长提拔透明规范化。充分挖掘员工的兴趣与爱好；发挥专业与特长。在大区或大中转站储备对应岗位总人数的10%。

C. 管理人员储备。

a. 通过定岗和轮岗，培养复合型人才，打造接班人计划。

b.接班人定义：指经理级人员日常培养 2 名可以接替自己工作的人员。

c.接班人考核目标：保底线 1：1、目标 1：2、挑战 1：3。

d.接班人考核维度：思想品德、管理水平、业务技能（具体按照管理人员晋升标准）。

e.接班人选拔：司龄半年以上、考核分 80 分以上、无重大处罚，按照内部招聘流程操作，录入 SAP 系统存档跟踪。

f.接班人使用：随会、随差；替岗、轮岗（跨单位、跨部门）。

g.接班人培养：每季度参加 1 次管理人员培训班；每半年参加一次业务体验；每年参加一次外训。

h.接班人考评：每半年考评 1 次。由总部上级部门负责人、条块主管副总裁、人力资源中心现场述职评定。

i.接班人发展：根据评定予以提拔和使用。

② 人才盘点。

A.按照固定格式每月进行一次人才盘点。

B.接分拨中心、大区、总部进行。

C.按照系统出具盘亏/盘盈报表，提出建议（升降和调动、面谈、培训等）。

③ 胜任力模型建设。

A.建立经理素质模型。

B.建立区总与总监级以上人员素质模型。

C.建立经理级素质模型。

④ 测评技术。

A.面试（用人把专业关、人力把文化关）。

B.笔试（专业测试、性格测试）。

C.评价中心（文件筐、无领导小组、领导游戏等）。

（3）职能与职责。

1）指导原则。

①部门职能：每个部门必须有部门职能，界定清楚边界问题。

②岗位说明书：每个岗位必须有岗位职责，界定清楚关键事项。

③工作分析：每项工作必须有流程，界定清楚标准及工作量。

2）人力资源中心职能。

①积极推动集团管控模式（集团、大区、分拨中心三级管控模式），逐步深化组织变革（业务、职能、监督三权分立），持续落实组织管理（组织结构、部门职能、岗位职责）。

②搭建一支企业发展所需要的人才队伍（数量、质量、人岗匹配）。

③主动制定和全面执行一套适合企业经营管理的人力资源管理制度（制度、流程、表单）。

④初步形成和完善一套具有企业特色的人力资源管理体系（人才储备机制、薪酬福利机制、培训发展机制、招聘选拔机制、绩效考核机制、员工关系机制）。

⑤竭尽全力协助非人力资源部门的人力资源管理（关键事项宣传、专业知识普及、技术层面攻关）。

⑥加强内部建设（人员配置、沟通平台、考核办法），打造一支（思想）过硬、（人）专业、（事）规范的执行（管理）团队。

⑦提炼和宣传贯彻文化理念，开展丰富多彩的活动，从而形成具有企业特色的企业文化。

3）人力资源中心部门职责（共27条具体工作内容）。

①根据新的组织架构，建立和完善一/二级部门、大区、中转站职能；并根据组织架构配置和任命相应人员。

② 深化人员定编，实现月度三条定编线考核、周五动态统计表过程监控、定编表上动态管理日常人事异动，并完善定编依据和定编标准。

③ 完成工作分析（招聘）、岗位评价（奖惩）、人才测评（发展）基础工作。

④ 完成中高层1:2、关键技术10%、基层18%三级储备计划。

⑤ 搭建三维（时间、空间、渠道）招聘体系，完成年度招聘总目标任务×××人，补给及时率85%。

⑥ 完善招聘渠道，开辟农村招聘基地6个，深度挖掘全国性网络招聘3家和地方性招聘网络9家，建立各分拨周边合作中介100家，建立地方性人才市场9家，继续推进并形成校园联系信息100家，具体合作40家。加大内部推荐机制，奖金提高到每人每季度200元并与班组长、主管考核挂钩。

⑦ 重点实现分拨经理、省总经理招聘1/3、部门负责人招聘1/2并实现内外储备，建立自己的人才池。

⑧ 分析离职原因，稳定员工队伍，实现非操作人员流失率控制在3%，操作人员流失率控制在6%。

⑨ 进一步完善劳务派遣，一年以上的操作人员、所有班组长级以上、办公室人员实现社保险种全面覆盖。

⑩ 劳动合同及时归档，签订率100%。

⑪ 广开言路，大力推进合理化建议，完成10000条建议的收集和奖励。

⑫ 落实末位淘汰制度，目标3%。

⑬ 收集整理领导讲话并汇编成册，整理公司发展史料，包括组织架构、企业规模、发展时间、各种荣誉等数据，建立公司历史档案。在现代化指导下总结提炼公司战略管理案例24个，作为培训教

材纳入管理理论体系，明确公司在群策群力方面的创造。

⑭启动和完善网点加盟伊始的培训，以及财务和客服等专项培训，达到六大区域网点培训率60%。

⑮继续推进和完善新员工培训，达到95%；达标培训，合格率80%；劳动技能竞赛，12期覆盖率80%；储备干部培训10期，共300人。

⑯开发韵达自己的培训教材，新员工培训课程6门（企业文化、企业简介、行政管理、业务流程、职业操守、人力资源管理）；达标培训课程40门（市场营销2门、财务2门、IT信息2门、客户服务4门、人事行政6门、网络管理4门、运营调度20门）；劳动技能竞赛方案12个；管理培训教材12门（授权与分工、时间管理、会议管理、业绩管理、项目管理、质量管理、渠道管理、员工激励、TTT、预算管理、心态管理、学习管理）。

⑰打造韵达自己的讲师队伍，形成专职4～6人、兼职40～60人、管理者400～600人的教练式三位一体讲师队伍。

⑱完善讲师授课（30元～80元/小时）、教材开发（50元～300元/课程）、学员听课考核（工资晋1级/40课时/年）激励方案。

⑲制定干部外派管理办法（合同与转化），挖掘、建立外部培训渠道（派出去，请进来），联系符合公司发展需要的培训机构3～5家，并打造韵达学员和实施外派30人学习计划。

⑳通过战略目标分解，实现公司、部门、个人绩效管理一体化，公司有利润部门才有奖金，部门奖金落实到人头上，不同贡献的人得到的奖金不一样。

㉑深化考勤管理，严格执行"指纹考勤为准、核减手工考勤"指导方针，并建立与考勤相关联的假务管理和加班管理办法。

㉒继续全面推行全员考评试行办法，深化不同岗位用不同考核指标，同一岗位用同一张表。把员工的考评结果与奖金、考评、晋级、晋升挂钩，形成良好的绩效意识，进一步巩固组织架构的隶属关系和层级管理。

㉓重点推行省总经理绩效考核和操作经理绩效考核，以及部门负责人考核，签订责任状。

㉔采取多种分配形式。以岗位等级薪酬制为核心，操作人员以计件为依据核定奖金再分配，实现多劳多得；非操作人员以全员考评为依据核发当月绩效工资；经营单位省总经理和分拨经理肩负指标考核年度享受提成；职能部门负责人推行目标考核和项目管理；高管尝试分红或股权激励。

㉕通过工作分析、岗位评价、职位管理，完善薪酬等级设计，满足职业生涯发展。基层定位在50分位水平，关键岗位争取实现75分位水平。通过提高人均效能来提高人均工资25%。

㉖改善薪资结构，保证合法性，激发员工的积极性。特别是进一步完善工资表，全面规范个人所得税、社保、加班费、津补贴，以及工资卡、工资条和工资制作流程，实现对外合法、对内经得起内控检查。

㉗每季度进行一次同行薪酬调查，并形成调研报告，提出调整计划并落实。

（4）人员定编：定编依据与标准。

1）定编依据。

①操作员根据操作票数。

②客服代表根据接听电话量。

③结算员根据对账网点数量。

④电脑维护员根据设备点数。

⑤ 调度根据车线数量。

⑥ 人力根据服务人数。

⑦ 综合根据服务人数。

⑧ 网点管理员根据网点数。

⑨ 市场根据大客户出件量。

⑩ 经理级根据组织架构确定。

⑪ 职能部门总人数根据服务分/子公司的人数确定。

2）定编标准。

① 操作员。

A. 250 票/人。日操作量在 10000 票以下。

B. 300 票/人。日操作量在 50000 票以下。

C. 350 票/人。日操作量在 100000 票以下。

D. 400 票/人。日操作量在 200000 票以下。

E. 450 票/人。日操作量在 200000 票以上。

② 客服员。

A. 总部：200 个/人/天。

B. 大区：同总部。

C. 分拨中心：150 人/人/天。

③ 结算员。

A. 总转站至少配置财务 1 人，出纳优先。

B. 结算员每对账 50 个网点（含合作车线单位）配置 1 人。

④ 电脑维护员。

A. 每个分拨中心可配置 1 人。

B. 四级分拨中心以下可以兼职。

C. 每 100 台电脑增加配置 1 人。

⑤ 调度。

A. 每个分拨中心可配置 1 人。

B. 四级分拨中心以下可以兼职。

C. 每 15 条车线增加配置 1 人。

⑥ 人力。

A. 每个分拨中心可配置 1 人。

B. 四级分拨中心以下可以兼职。

C. 每 100 人增加配置 1 人。

⑦ 综合。

A. 厨师每 50 人配置 1 人。

B. 水电工每 200 人配置 1 人。

C. 清洁工每 100 人配置 1 人。

D. 综合管理人员每 100 人配置 1 人。

⑧ 网点。

A. 每个分拨中心可配置 1 人。

B. 三级分拨中心以下原则上由经理兼任。

C. 辖区内每 50 个网点配置 1 人。

⑨ 市场。

A. 原则上不配置专职人员，根据业务需要确定。

B. 一级分拨中心必须配置 1-2 名专职人员。

⑩ 操作经理。

A. 每个单位配置 1 人。

B. 员工人数超过 500 人配置副职。

C. 班组长根据人数配置，原则上幅度 20 人左右。

3）人员定编与动态控制。

① 人员定编遵循从严原则。

② 人员定编每季度公布一次。

③人员定编一览表根据单位每周存档一次，每天及时更新。

④人员定编定薪一栏以级别工资为准，作为工资审核和分析参考标准。

⑤总部定编总人数、定编系数参照2011年年底服务对应大区人员人数确定。凡是有节约的均作为总部各部门的奖励金额。

3.供需平衡

（1）人力需求预测：16943人。

1）总目标：共16943人。

影响人数增长的因素有很多，需求预测主要根据业务增长量、人员流失率、末位淘汰三个基本指标计算确定。此数据需要经过各分/子公司和部门确定，可能会作适当调整。

①业务增长：52%。

按公司计划2012年人员总量增长52%计算，2011年11月底公司总员工8417人，2011年年底人员达到12807人，净增加4390人。

②人员流失率：7%。

2012年目标员工流失率下降为7%，须招聘8787人。

③淘汰率：3%。

预计招聘3766人。

④备注。

A.流失率＝流失人数/（月初人数＋月末人数）/2。

B.淘汰率＝淘汰人数/（月初人数＋月末人数）/2。

C.因小数点取舍，数据分解时会有差异。

2）按职能分解。

①职层分解：全体人员，月度（见表3-7）。

第三章 我们的工作：人有事情做，事情有人做

表3-7 职层分解

层级	项目	2011年年底	一月	二月	三月	四月	五月	六月	七月	八月	九月	十月	十一月	十二月
基层 16385人 98.3%	环比 3.56%	8140	8430	8730	9041	9363	9696	10041	10398	10769	11152	11549	11960	12386
	流失 7%		580	601	622	644	667	691	715	741	767	795	823	852
	淘汰 3%		249	257	267	276	286	296	307	318	329	341	353	365
	最低招聘		1118	1158	1199	1242	1286	1332	1379	1429	1479	1532	1587	1643
中层（263人，1.59%）	环比 3.56%	235	243	252	261	270	280	290	300	311	322	333	345	358
	流失 3%		7	7	8	8	8	9	9	9	9	10	10	11
	淘汰 1%		2	2	3	3	3	3	3	3	3	3	3	4
	最低招聘		18	19	19	20	21	21	22	23	24	25	25	26
中高层（10人，0.06%）	环比 1%	39	39	40	40	41	41	41	42	42	43	43	44	44
	流失 1%		0	0	0	0	0	0	0	0	0	0	0	0
	淘汰 0.1%		0	0	0	0	0	0	0	0	0	0	0	0
	最低招聘		1	1	1	1	1	1	1	1	1	1	1	1
高层	环比 0%	4	4	4	4	4	4	4	4	4	4	4	4	4
	流失 0%		0	0	0	0	0	0	0	0	0	0	0	0
	淘汰 0%		0	0	0	0	0	0	0	0	0	0	0	0
	最低招聘		0	0	0	0	0	0	0	0	0	0	0	0

②管理人员分解（见表3-8）。年度目标：496人，月度目标：41人。

表3-8　管理人员分解

月份	目标	月初数	月末数	备注
1	30	279	293	
2	30	293	308	
3	50	308	323	
4	50	323	339	
5	50	339	356	
6	40	356	374	1. 按月度3.56%环比增长
7	30	374	393	2. 月流失率控制在3%
8	40	393	412	3. 月淘汰率为3%
9	60	412	433	
10	50	433	454	
11	40	454	477	
12	30	477	501	

3）时间分解。

①操作员时间分解（见表3-9）。年度目标：12456人，月度目标：1038人。

表3-9　操作员时间分解

月份	目标	月初数	月末数	备注
1	600	6188	6408	
2	1000	6408	6636	1. 按月度3.56%环比增长
3	1500	6636	6873	2. 流失率控制在7%
4	1200	6873	7117	3. 月淘汰率为3%

续表

月份	目标	月初数	月末数	备注
5	1000	7117	7371	1. 按月度 3.56% 环比增长 2. 流失率控制在 7% 3. 月淘汰率为 3%
6	800	7371	7633	
7	800	7633	7905	
8	1500	7905	8186	
9	1200	8186	8478	
10	800	8478	8780	
11	1000	8780	9092	
12	1100	9092	9416	

②非操作人员时间分解（见表3-10）。年度目标：4487人，月度目标：374人。

表 3-10 非操作人员时间分解

月份	目标	月初数	月末数	备注
1	250	2229	2308	
2	300	2308	2391	
3	400	2391	2476	
4	400	2476	2564	
5	450	2564	2655	1. 按月度 3.56% 环比增长 2. 月流失率控制在 7% 3. 月淘汰率为 3%
6	450	2655	2750	
7	450	2750	2847	
8	400	2847	2949	
9	300	2949	3054	
10	350	3054	3162	
11	350	3275	3275	
12	350	3392	3392	

4）按空间分解（见招聘选拔计划）。

（2）人力供给预测。

1）供给指导方针。

①公司年度预测规划，用人部门月度提出需求计划，招聘工作人员指标责任到人，每周动态跟踪，每月考核奖惩。

②招聘权限归属公司总部，基层岗位用人属地区域化，经营单位负责人异地化任职。

③尝试多种用工形式：派遣、外包、临时、直接。

2）人力招聘结构比例。

①一线操作人员学生占10%，男女生比例为6:4。

②办公室人员60%从一线操作部门补给，通过内部推荐、自主报名方式进行二次面试和分配。

③中基层管理人员80%由内部提拔，通过内部竞聘选拔。完善储备干部培训制度，各分拨中心建立自己的储备干部队伍。

④中高层管理人员和特殊岗位人员60%由外部招聘，通过网络招聘和推荐、猎头渠道，内部推荐予以适当激励，推行各管理岗位储备人员梯队建设，保证相关岗位人员稳定性。

3）招聘任务渠道建设。

①招聘渠道人员补给预测（见表3-11）。

表3-11 招聘渠道人员补给预测

渠道	适合范围	人数	每月人数	责任人	备注
猎头公司	中高层、高层	20	2	总部招聘组	其中总部6人，大区6人
网络招聘	中层、中高层	80	7	招聘专员	选择合适网站
		500	42	大区人事	当地网站

续表

渠道	适合范围	人数	每月人数	责任人	备注
人才市场	三线基层	800	67	招聘专员	含劳务市场
内部招聘	三线基层	2000	167	总部招聘组/大区人事	总部为主，各大区人事为辅
劳务中介	三线基层	1000	83	大区、分拨中心人事	联系所在区域中介合作
	三线基层	2400	200	总部招聘组	
校园招聘	二线基层	800	67	大区、分拨中心人事	
	二线基层	400	33	总部招聘组	
内部推荐	三线基层	3000	250	总部招聘组	
定点招聘	二线基层	800	67	定点招聘人员	招聘基地
广告、门口招牌等	二线基层	6000	500	各大区分拨中心人事	
总计		17700	1475		

② 招聘渠道建设目标。

A. 日常维护1个公司自己的招聘网页。

B. 建立2家农村招聘合作基地。

C. 签订3家全国性招聘网站。

D. 尝试合作4家地方性招聘网站。

E. 每个分拨中心有4家中介公司合作信息。

F. 每个分拨中心与当地人才市场和劳务市场取得联系。

G. 招聘广告至少每周刷新一次。

H. 按照每大区不少于20所合作学校信息、10所合作学校、2所订单班形式深度合作。

I. 每个大区不少于2家猎头公司联系，总部签约不少于4家。

（3）供需平衡策略。

1）数量平衡：工具表单。

① 三张日常表单。

② 三维招聘体系。

③ 三条线考核。

④ 三级预案设计。

2）质量平衡：人力政策。

① 人力结构。

② 选拔原则。

③ 实习就业一体化。

④ 招聘专案。

3）人岗匹配：开发技术。

① 储备机制。

② 胜任力模型。

③ 测评技术。

4．成本预算

（1）成本预算总额。

成本预算总额为 3.7169 亿元。

1）人员工资预算（单位：亿元）。

1.66×1.52×1.2=3.0278 亿元 = 30278 万元

2）社保福利预算（单位：元）。

2000×600×12+10000×80×12=2400 万元

3）招聘选拔预算。

330 万元。

4）培训发展预算。

500 万元。

5）绩效奖金预算。

3028 万元。

6）员工关系预算。

303 万元。

7）其他费用预算。

330 万元。管控需要产生的会务及差旅费用 10 万元；HR 推进需要的信息化建设费用 100 万元；年度重点工作企业文化建设投入及推广费用 200 万元；为满足业务发展所需要的考勤等新技术试点费用 20 万元。

（2）成本控制策略。

1）总成本控制。

①向上——工资总额占销售额比例控制。

②向下——计件工资总额动态控制。

2）个人涨幅控制。

①每年根据考核分涨薪。

②部门根据总额定编。

③成本总额比例控制晋升。

3）市场竞争力。

①市场薪酬调查。

②员工向 50 分位靠近。

③关键岗位向 75 分位倾斜。

4）预算管控。

①年度分解。

②月度统计。

③季度偏差分析。

三、第五年人力资源规划：2014—2015

2013年快速扩张，充分的准备没有迎来预期的增长，造成利润率急剧下降，压力很大，内部埋怨也特别多。要不要改革，谁来主持改革，改革从哪里入手，到底怎么改革，一直都是悬而未决的事情。2014年春节过后，才有一些眉目，基本上确定在量本利入手，与人力资源管理全部有关：如省总绩效激励，以上年利润为基础，减少既有奖励；撤并分/子公司的人员安置和劳动纠纷处理；人员优化效能提升中的单位人力成本控制等。

外部环境描述：①电商继续发力，形势喜人；②企业业务占比呈上升趋势，外部还是看好企业；③资本青睐行业发展，推动上市进程。

内部团队建设：①利润率急剧下降，继续改革；②推行量本利考核，省总激励考核简单直接；③明确撤并1/3分/子公司，存在社会不良影响；④单位成本作为主流考核指标；⑤人力部门近几年起起落落，推动工资组织改革。

我是第一个跟随业务老板去西南地区进行第一次组织改革的人。之后马不停蹄召开各种会议，包括每个大区的量本利会议、每个大区的对口指导会议、每个分/子公司的单位成本控制会议、每个省区撤并单位会议等。

这段时间，从 2012 年的峰值，到 2013 年的随波逐流，到 2014 年的改革核心成员，我有很多想法和感慨，写了很多对企业管理的看法。以下是我在经过 2014 年组织变革成功之后，做 2015 年人力规划时的思考。

未来到底怎么做？

这段时间我一直在听大家的意见，通过几轮的沟通，除了我的经营与管理分析之外，没有太多的收获，当然还有一点就是"一把手文化"和"中坚力量"及"员工手册"的明确性。

不管怎么样，还得继续谈未来，需要更好地思考：比如培训部的合并和没有开展大规模培训；量本利的观念转变，从反对到积极参与；计件奖金的积极推动和人效提高；行政人事合并并积极缩减人员；省总负责制下的集团管控模式改变，从事务性到战略指标型转变放权；业务为代表的亲近业务等……

2014 年，我总结公司层面的三个词是：换人、制度、东家方式；总结我自己的三个词是：信任、权力、坚持。2015 年，在没有方向的情况下，我能规划的可能更为具体一些。

比如需要完善"量本利考核"机制下的省总负责制，在 2013 年的基础上，在美世咨询项目的完善下，在 2014 年的业务调整和激励考核兑现中，2015 年要作为一项核心项目去做。与之相对应的是考核方案、签批权限、管理水平、大局意识、监督手段、制度普及等。

比如在量本利短板面前需要重点加强文化建设，打造"一把手文化"，提高"中坚力量"参与度，改善员工满意度，树立坚定的高效能文化氛围，为大家提高效能的情况下进一步提高福利和工资等。

比如在利益与文化熏陶下的干部队伍建设，形成一个尊重人的发展机制，从选人的标准建设到提拔人的积极参与，再到用人的岗位负责机制。形成一个长期的干部成长发展机制，不是一个部门，更不是一朝一夕的事情，需要一个体系，需要大家意识到人才的重要性和给予人才的想象空间。

比如在行业特点的特许下，形成一些总部直管的项目，如特别大的网点、特别重要的枢纽中心、特别稳定的干线运输、代表总部利益的面单印刷及物料、满足长期自需和加盟需要的人力咨询等。主管的控制权和利益保障能够牢牢掌握在企业，对于应对突发事件和长远发展都是有利的。

在全面了解和业务同步的基础上，最终形成的规划如下。

1. 2015 年的人力资源规划概述

承接 2015 年的战略，深化以量本利为核心的省总负责制。管理上放权，衔接制度与签批权限，以及对明知故犯的检查机制；经营上放心，通过绩效考核、战略目标及分解数字、保障战略的预算，解决三者的唯一办法就是高效能工作。

2. 2015 年的重点工作

（1）以量本利为核心的省总负责制配套机制完善。

具体工作有考核方案完善、重视过程考核指导、考核系统开发、计件奖金的深度改革、签批流程梳理。

（2）以高效能为前提的企业文化建设。

具体包括人均效能系列、以社保改良为基础的五星福利计划、以预算为前提的单位成本和费控定额标准建设、满足当前需要的一把手文化系列建设，包括一把手文化、中坚力量、员工手册编制；内刊改造、中心通报、宣传栏督促、广播建设等宣传平台建设。

（3）以企业持续发展为旗帜的人才发展计划。

具体工作包括以省总为核心的储备机制、以企业学院为基地的中层干部培养计划、以胜任素质为前提的职业发展通道开发、以老板文化为核心的加盟商培训（方向、沟通、解读）。

（4）根据行业特点结合量本利实际情况成立自负盈亏的事业部或分/子公司。

具体包括以稳定干线和社会资源整合的运输公司，以电子商务和国际快递为核心的海外公司，以面单、编织袋、防水袋等为产品的物料公司，承接外包及内部人员补充和加盟商人员咨询的人力公司，网点协会人员组成的门店公司，重点枢纽组成的中转公司等。

3. 2015 年的基调

夯实基础，拥抱变化，回归专业，高瞻远瞩。

4. 系统内部的组织架构设计思路

A. 承接组织绩效和战略的组织发展部（旭日东升）。

B. 承接人力资源日常工作的人力资源部（回归常识）。

C. 承接行政日常管理工作的行政部（重整河山）。

D. 承接审计监察和内控机制的员工关系部（适应变化）。

E. 需要增加以下人员：人力资源专家1人、行政专家1人、审计检查3～5人、组织专家1人、培训讲师1人、管培生若干人、组织发展11人、员工关系11人、人力资源11人、行政11人。

5. 团队素质模型构建

A.出色的敬业精神：分析判断、情绪控制、抗压能力、责任心。

B.强有力的执行力：战略理解、协调能力、沟通能力、规划安排。

C.杰出的领导才能：培养下属、团队建设、任务分配、授权管理。

6. 解读人力资源规划

有多少事情、需要多少人做、需要花多少钱、钱花了没有、事情多了没有、做过的事情满意度反馈如何。

（1）内外部分析（见图3-6）。

图3-6 内外部分析

（2）年度战略：干。

"干"字的"第一横"是公司战略，"第二横"是人力规划，

第三章 我们的工作：人有事情做，事情有人做

"一竖"是从公司重点到部门架构、到职责、到团队建设、到文化建设。

年度战略：业务增长50%，利润增加40%，时效提高10%，与质量同比进步。

人力行政要求：以量本利为核心的省总负责制；以高效能为前提的企业文化；以持续发展为旗帜的职业生涯规划；以主动创新为基础的微创组织形态。

（3）承接战略（见图3-7）：马上干。

架构已定，突出日常习惯和隐藏未来趋势。比如组织绩效、审计检查、人力、行政。

职责共识，经营策应方面侧重招聘、培训、绩效、薪酬、员工关系，分为夯实基础和拥抱变化；管理策应方面侧重组织架构、人力规划、工作分析、系统开发等，分为回归专业和高瞻远瞩。

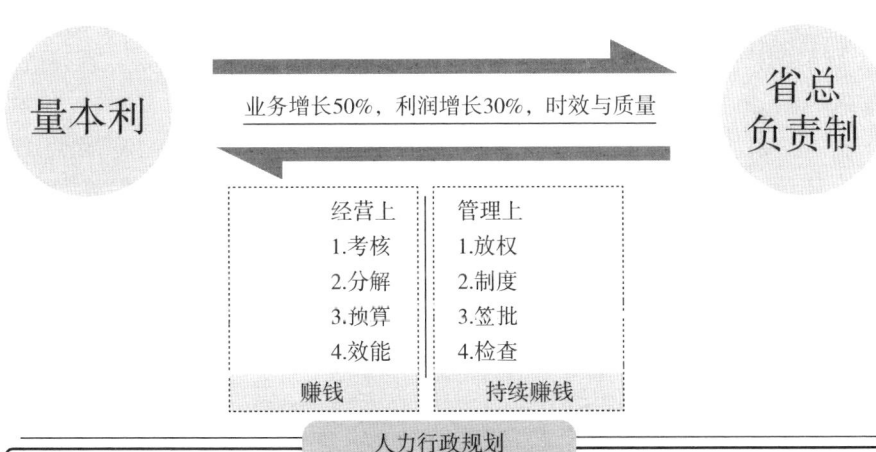

图 3-7 承接战略

（4）组织架构（见图3-8）：干到底。

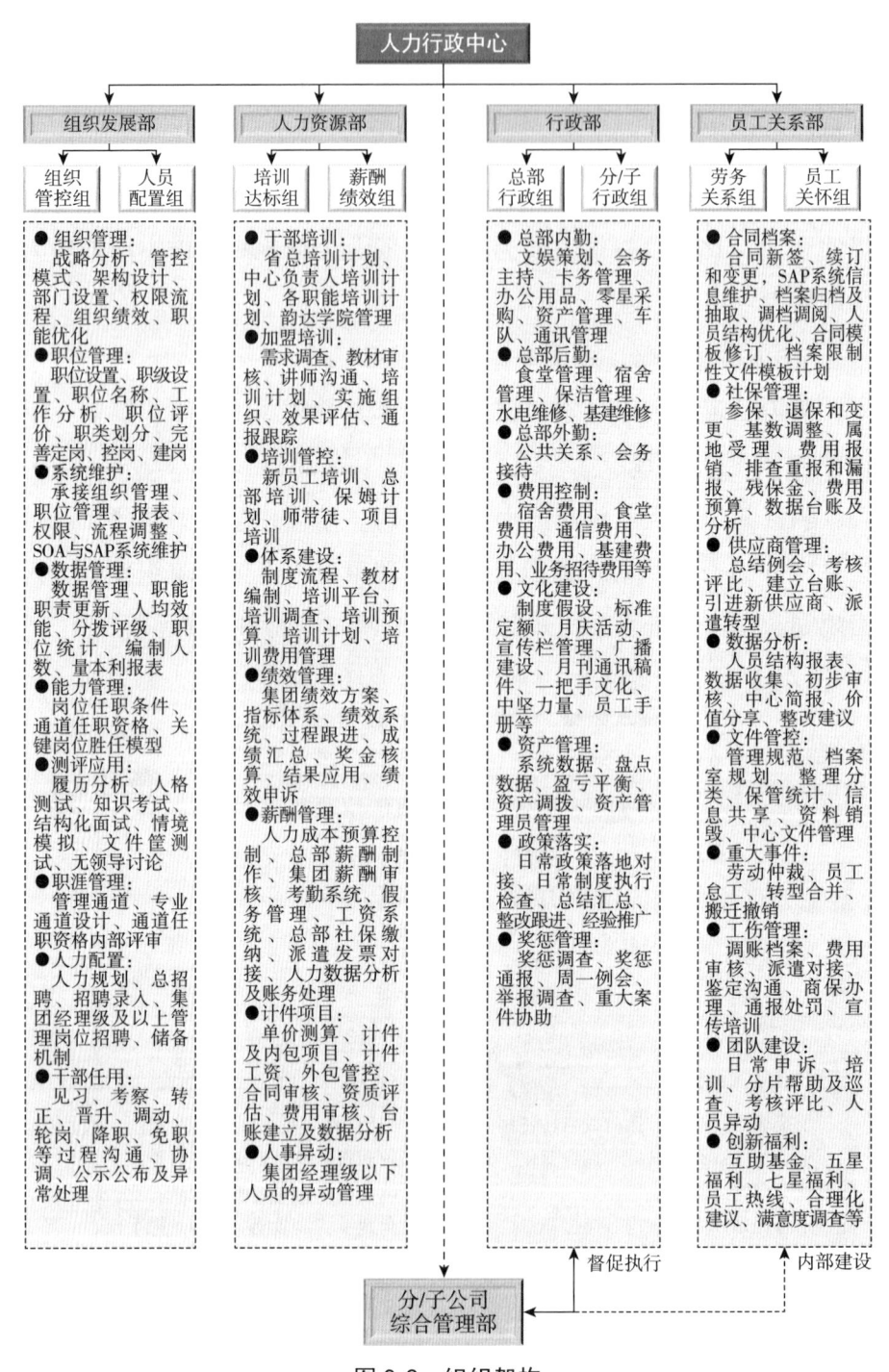

```
                          ┌─────────────┐
                          │ 人力行政中心 │
                          └──────┬──────┘
          ┌──────────────┬───────┴───────┬──────────────┐
    ┌─────┴─────┐  ┌─────┴─────┐  ┌─────┴─────┐  ┌─────┴─────┐
    │ 组织发展部 │  │ 人力资源部 │  │  行政部   │  │ 员工关系部 │
    └─────┬─────┘  └─────┬─────┘  └─────┬─────┘  └─────┬─────┘
      ┌───┴───┐      ┌───┴───┐      ┌───┴───┐      ┌───┴───┐
   组织   人员    培训   薪酬    总部   分/子    劳务   员工
   管控组 配置组  达标组 绩效组  行政组 行政组  关系组 关怀组
```

组织发展部（组织管控组、人员配置组）：
- 组织管理：战略分析、管控模式、架构设计、部门设置、权限流程、组织绩效、职能优化
- 职位管理：职位设置、职级设置、职位名称、工作分析、职位评价、职类划分、完善定岗、控岗、建岗
- 系统维护：承接组织管理、职位管理、报表、权限、流程调整、SOA与SAP系统维护
- 数据管理：职能职责更新、人均效能、分拨评级、职位统计、编制人数、量本利报表
- 能力管理：岗位任职条件、通道任职资格、关键岗位胜任模型
- 测评应用：履历分析、人格测试、知识考试、结构化面试、情境模拟、文件筐测试、无领导讨论
- 职涯管理：管理通道、专业通道设计、任职资格内部评审
- 人力配置：人力规划、总招聘、招聘录入、集团经理级以上管理岗位招聘、储备机制
- 干部任用：见习、考察、转正、晋升、调动、轮岗、降职、免职等过程沟通、协调、公示公布及异常处理

人力资源部（培训达标组、薪酬绩效组）：
- 干部培训：省总培训计划、中心负责人培训计划、各职能培训计划、韵达学院管理
- 加盟培训：需求调查、教材审核、讲师沟通、培训计划、实施组织、效果评估、通报跟踪
- 培训管控：新员工培训、总部培训、保姆计划、师带徒、项目培训
- 体系建设：制度流程、教材编制、培训平台、培训调查、培训预算、培训计划、培训费用管理
- 绩效管理：集团绩效方案、指标体系、绩效系统、过程跟进、成绩汇总、奖金核算、结果应用、绩效申诉
- 薪酬管理：人力成本预算控制、总部薪酬制作、集团薪酬审核、考勤系统、假务管理、工资系统、总部社保缴纳、派遣发票对接、人力数据分析及账务处理
- 计件项目：单价测算、计件及内包项目、计件工资、外包管控、合同审核、资质评估、费用审核、台账建立及数据分析
- 人事异动：集团经理级以下人员的异动管理

行政部（总部行政组、分/子行政组）：
- 总部内勤：文娱策划、会务主持、卡务管理、办公用品、零星采购、资产管理、车队、通讯管理
- 总部后勤：食堂管理、宿舍管理、保洁管理、水电维修、基建维修
- 总部外勤：公共关系、会务接待
- 费用控制：宿舍费用、食堂费用、通信费用、办公费用、基建费用、业务招待费用等
- 文化建设：制度假设、标准定额、月庆活动、宣传栏建设、广播建设、月刊通讯稿件、一把手文化、中坚力量、员工手册等
- 资产管理：系统数据、盘点数据、盈亏平衡、资产调拨、资产管理员管理
- 政策落实：日常政策落地对接、日常制度执行检查、总结汇总、整改跟进、经验推广
- 奖惩管理：奖惩调查、奖惩通报、周一例会、举报调查、重大案件协助

员工关系部（劳务关系组、员工关怀组）：
- 合同档案：合同新签、续订和变更、SAP系统信息维护、档案归档及抽取、调档调阅、人员结构优化、合同模板修订、档案限制性文件模板计划
- 社保管理：参保、退保和变更、基数调整、属地受理、费用报销、排查重报和漏报、残保金、费用预算、数据台账及分析
- 供应商管理：总结例会、考核评比、建立台账、引进新供应商、派遣转型
- 数据分析：人员结构报表、数据收集、初步审核、中心简报、价值分享、整改建议
- 文件管控：管理规范、档案室规划、整理分类、保管统计、信息共享、资料销毁、中心文件管理
- 重大事件：劳动仲裁、员工意工、转型合并、搬迁撤销
- 工伤管理：调账档案、费用审核、派遣对接、鉴定沟通、商保办理、通报处到、宣传培训
- 团队建设：日常申诉、培训、分片帮助及巡查、考核评比、人员异动
- 创新福利：互助基金、五星福利、七星福利、员工热线、合理化建议、满意度调查等

```
              ┌──────────────┐
              │   分/子公司   │
              │  综合管理部   │
              └──────────────┘
     督促执行  ↗              ↖  内部建设
```

图 3-8　组织架构

1）基调一（见图3-9）：夯实基础、回归专业。

夯实基础　　　　　　　　　　　　　　　回归专业

职责

夯实基础　　　　　　　　　　　　　　　回归专业

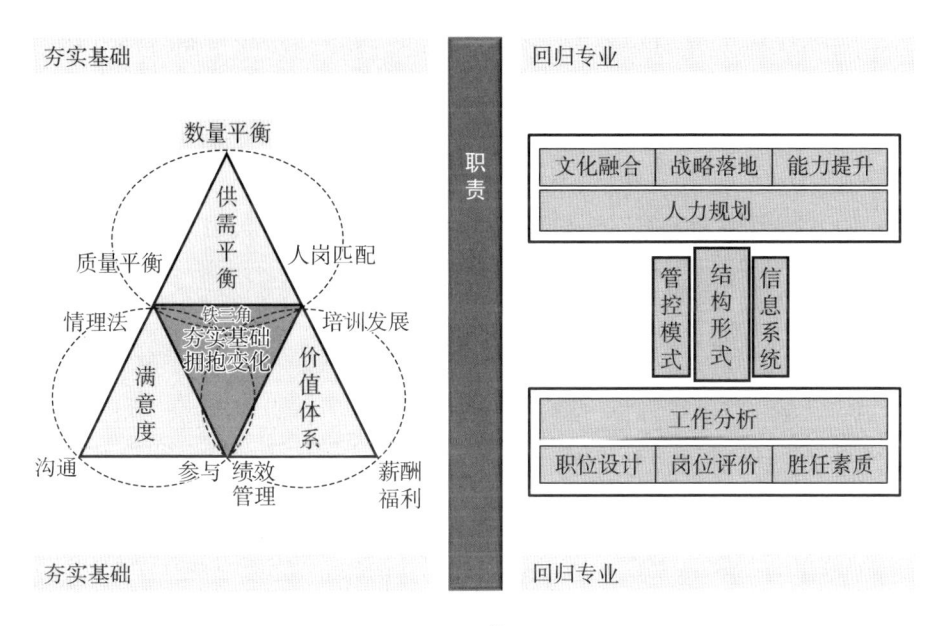

图 3-9　基调一

2）基调二（见图3-10）：拥抱变化、高瞻远瞩。

拥抱变化　　　　　　　　　　　　　　　高瞻远瞩

- 以量本利为核心的省总负责制配套机制完善
- 考核方案完善
- 重视过程指导与沟通
- 考核系统开发
- 计件奖金的深化
- 签批流程梳理

- 根据行业特点结合量本利实际情况成立自负盈亏的事业部或分/子公司
- 以稳定干线和社会资源整合的运输公司
- 以电子商务和国际快递为核心的海外公司
- 以大客户为中心的市场营销公司
- 承接外包及内部补充、加盟商人力咨询的人力公司
- 网点协会人员组成或网络连锁合作的门店公司
- 鼓励员工创业合作共赢的科技创业

职责

- 以高效能为前提的企业文化建设
- 人均效能系列
- 以社保改良为基础的五星福利计划
- 以预算为前提的单位成本和费控定额标准建设
- 满足当前需要的一把手文化系列建设，包括一把手文化、中坚力量文化、员工手册编制；内刊改造、中心通报、宣传栏督促、广播建设等宣传平台

- 以企业持续发展为旗帜的人才发展计划
- 以省总储备为核心的储备机制
- 以韵达学院为基地的干部培养计划
- 以胜任素质为前提的职业发展通道开发
- 以老板文化为核心的加盟商培训（发展方向、日常沟通、政策解读）

拥抱变化　　　　　　　　　　　　　　　高瞻远瞩

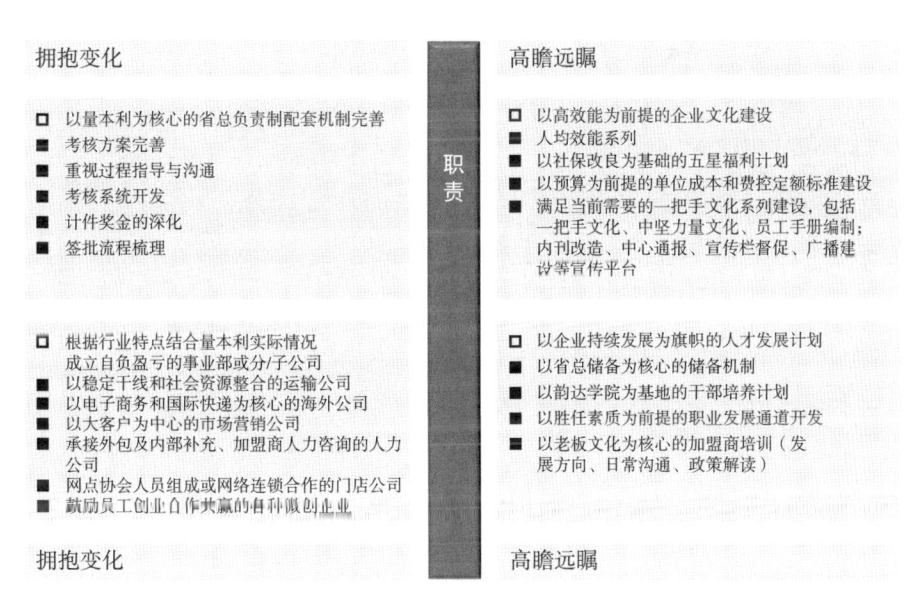

图 3-10　基调二

（5）团队建设（见图3-11）：一起干。

团队建设，对内是人的"初、中、高级"；对外是非人的"初、中、高级"。

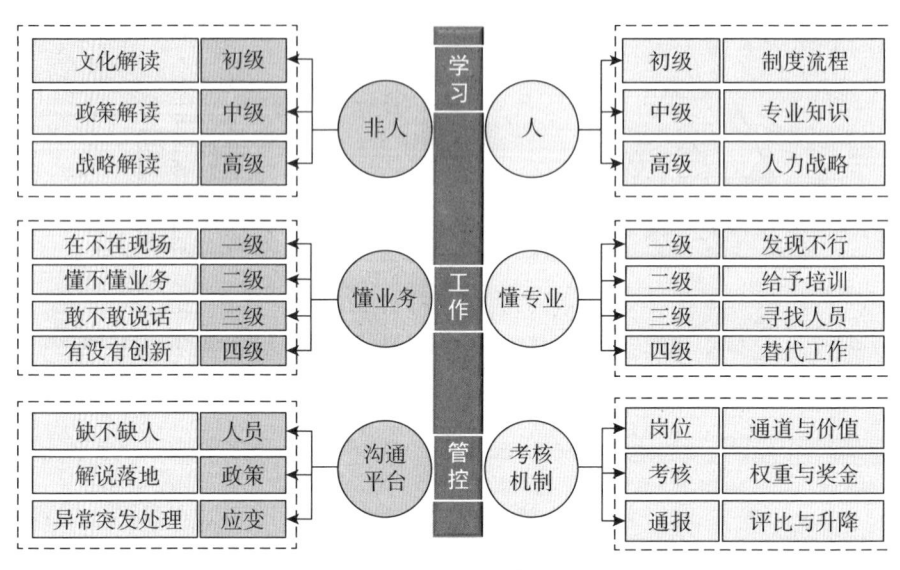

非人			学习	人		
文化解读	初级				初级	制度流程
政策解读	中级				中级	专业知识
战略解读	高级				高级	人力战略

懂业务			工作	懂专业		
在不在现场	一级				一级	发现不行
懂不懂业务	二级				二级	给予培训
敢不敢说话	三级				三级	寻找人员
有没有创新	四级				四级	替代工作

沟通平台			管控	考核机制		
缺不缺人	人员				岗位	通道与价值
解说落地	政策				考核	权重与奖金
异常突发处理	应变				通报	评比与升降

图 3-11　团队建设

（6）高效能文化（见图3-12）：持续干。

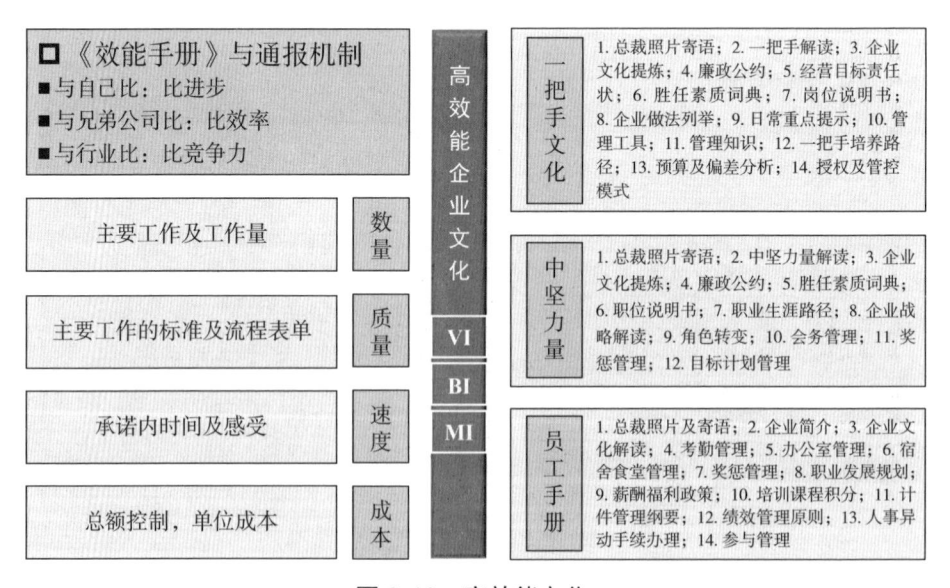

高效能企业文化（VI/BI/MI）

□《效能手册》与通报机制
■ 与自己比：比进步
■ 与兄弟公司比：比效率
■ 与行业比：比竞争力

主要工作及工作量	数量
主要工作的标准及流程表单	质量
承诺内时间及感受	速度
总额控制，单位成本	成本

一把手文化：1.总裁照片寄语；2.一把手解读；3.企业文化提炼；4.廉政公约；5.经营目标责任状；6.胜任素质词典；7.岗位说明书；8.企业做法列举；9.日常重点提示；10.管理工具；11.管理知识；12.一把手培养路径；13.预算及偏差分析；14.授权及管控模式

中坚力量：1.总裁照片寄语；2.中坚力量解读；3.企业文化提炼；4.廉政公约；5.胜任素质词典；6.职位说明书；7.职业生涯路径；8.企业战略解读；9.角色转变；10.会务管理；11.奖惩管理；12.目标计划管理

员工手册：1.总裁照片及寄语；2.企业简介；3.企业文化解读；4.考勤管理；5.办公室管理；6.宿舍食堂管理；7.奖惩管理；8.职业发展规划；9.薪酬福利政策；10.培训课程积分；11.计件管理纲要；12.绩效管理原则；13.人事异动手续办理；14.参与管理

图 3-12　高效能文化

企业文化，包括 VI、BI、MI。上图的左边是效能内涵，包括数量，质量，速度、成本；右边是一把手文化，包括一把手文化、中坚力量、员工手册。

1）具体工作计划目录一（见图 3-13）。

目录一　　管控思路摘要
年度主题、指导思想、逻辑思路1-2

目录二　　人资教材摘要
人力资源初中高、非人力资源初中高

目录三　　年度重点摘要
2014年度组织层面的重点工作介绍

目录四　　提升效能摘要
当前关于提高人均效能的重要性和总逻辑导图

图 3-13　具体工作计划目录一

①年度主题（见图 3-14）。

回归专业
认错态度+学习能力+影响他人
精进版

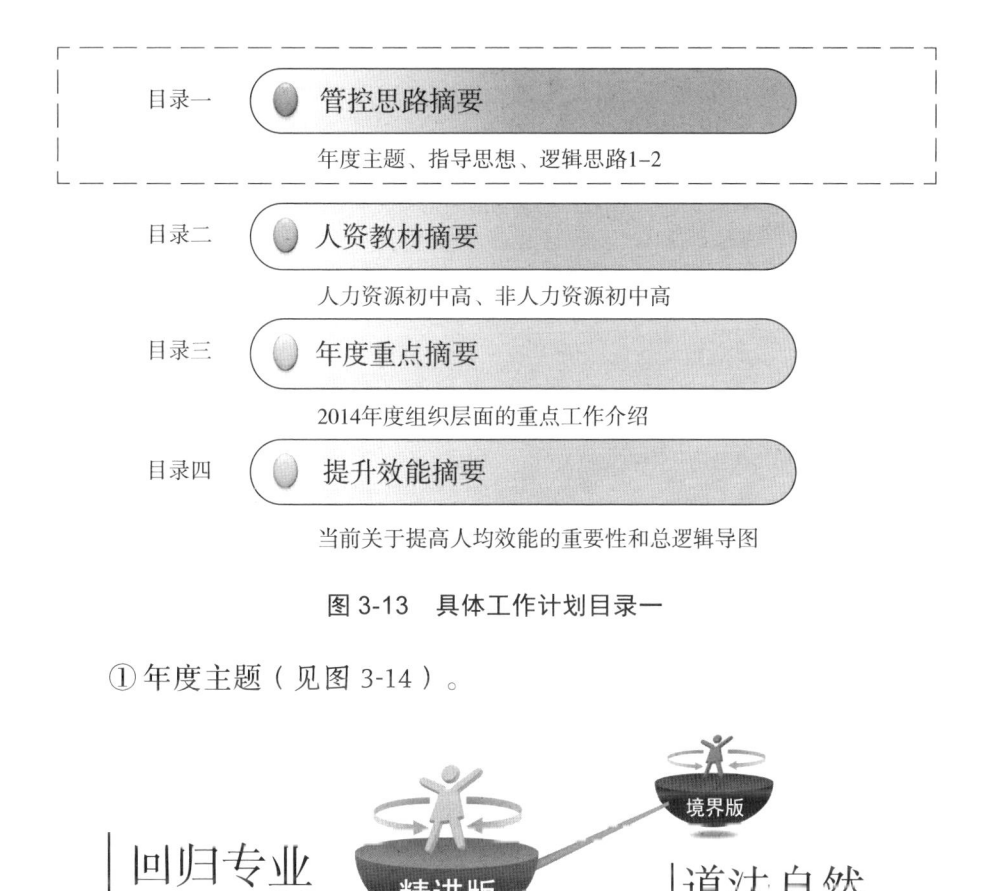

境界版

道法自然
以此为生+精于此道+乐此不疲

普通版

职业精神　专业的人+规范的事

图 3-14　年度主题

②指导思想（见图 3-15）。

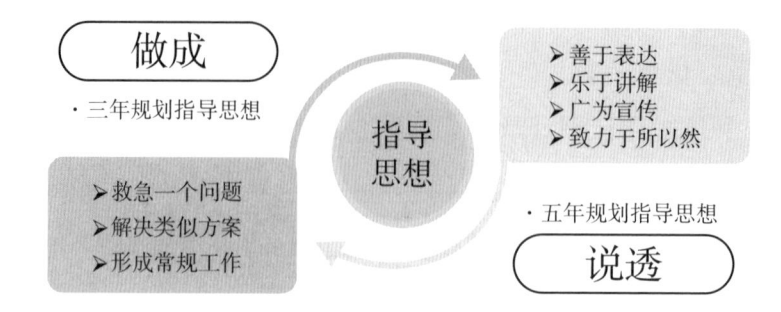

图 3-15　指导思想

③逻辑思路（递进式）（见图 3-16）。

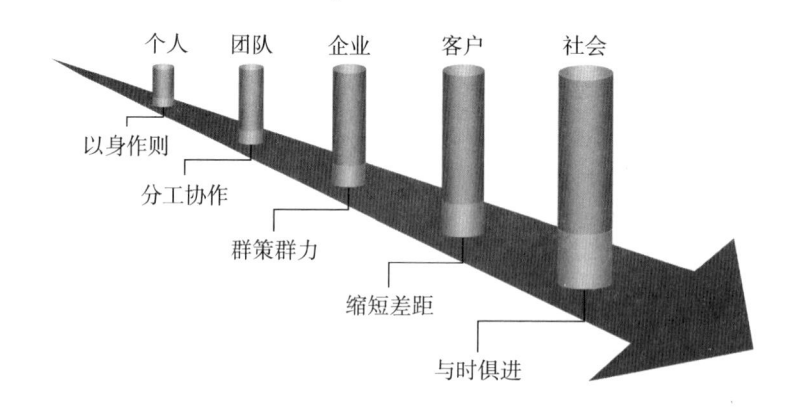

图 3-16　逻辑思路（递进式）

④逻辑思路（循环式）（见图 3-17）。

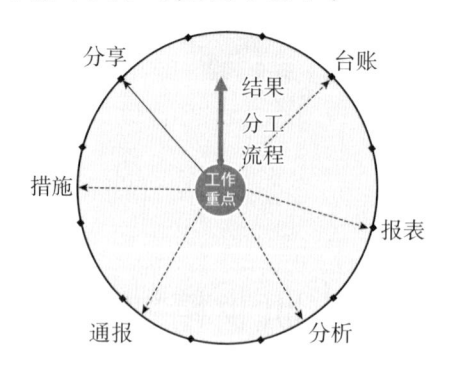

图 3-17　逻辑思路（循环式）

2）具体工作计划目录二（见图 3-18）。

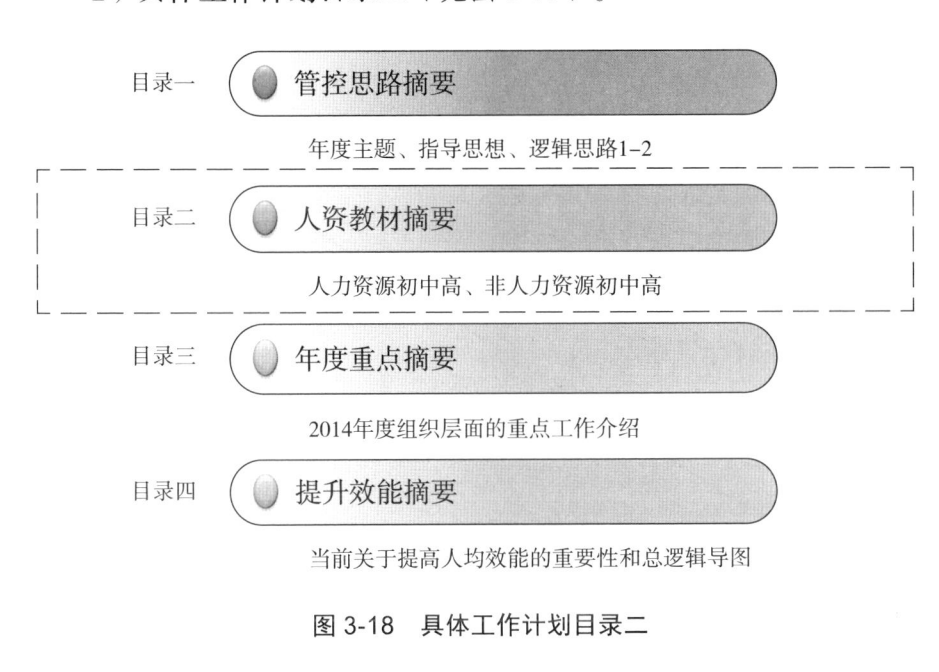

目录一　管控思路摘要
年度主题、指导思想、逻辑思路1–2

目录二　人资教材摘要
人力资源初中高、非人力资源初中高

目录三　年度重点摘要
2014年度组织层面的重点工作介绍

目录四　提升效能摘要
当前关于提高人均效能的重要性和总逻辑导图

图 3-18　具体工作计划目录二

① "人"培训教材规划（见图 3-19）。

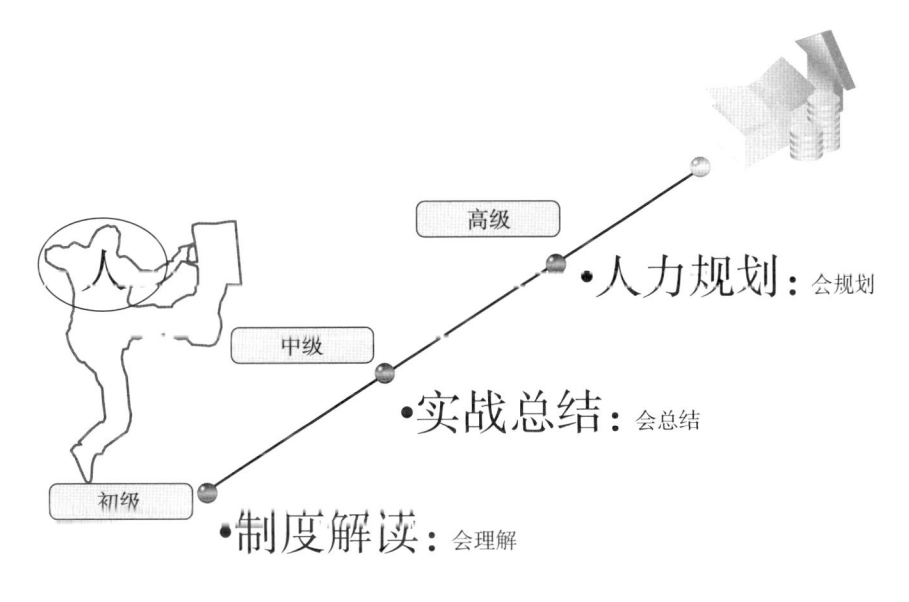

高级　人力规划：会规划

中级　实战总结：会总结

初级　制度解读：会理解

图 3-19　"人"培训教材规划

②"非人"培训教材规划（见图3-20）。

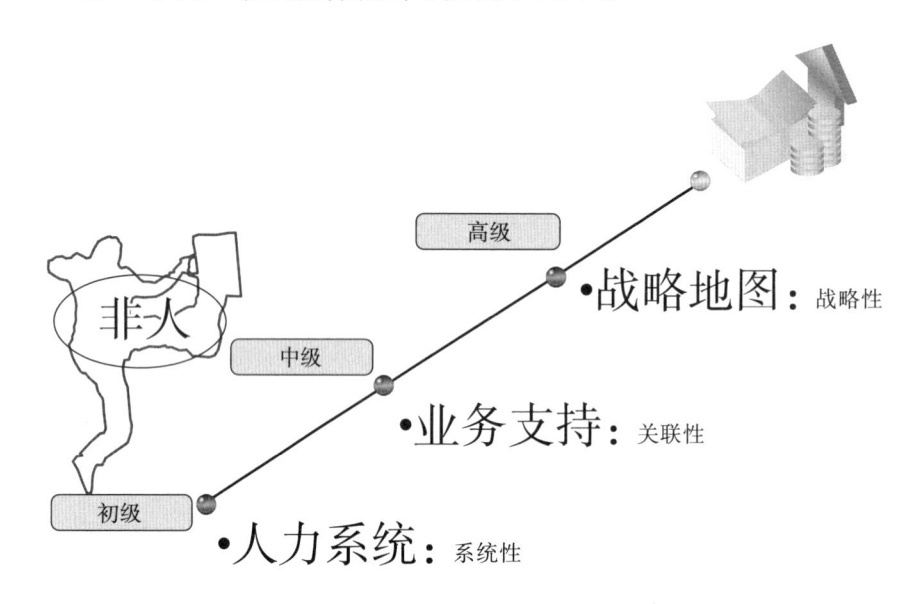

图3-20 "非人"培训教材规划

③"人"与"非人"培训架构体系（见图3-21）。

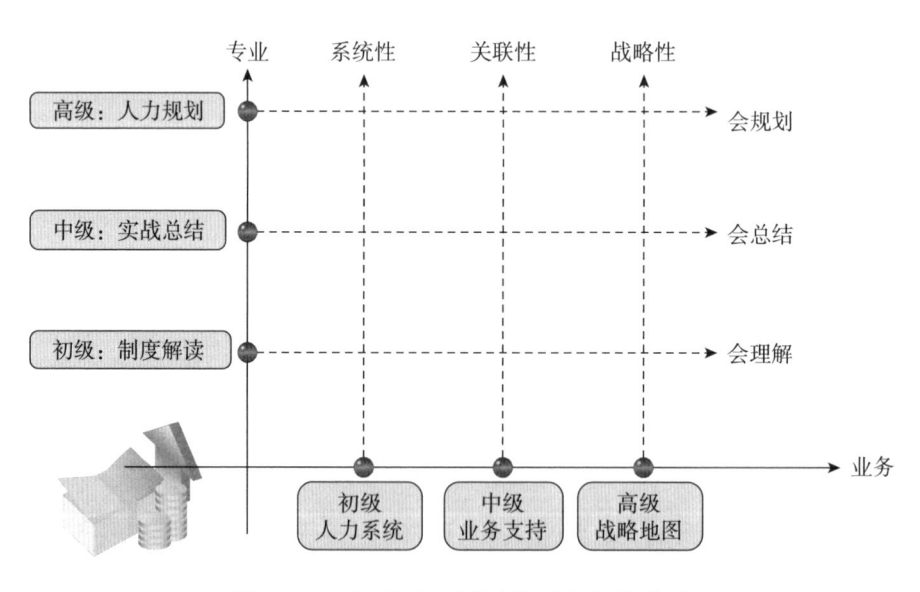

图3-21 "人"与"非人"培训架构体系

第三章 我们的工作：人有事情做，事情有人做

④ "人"中级版本教材示例（见图3-22）。

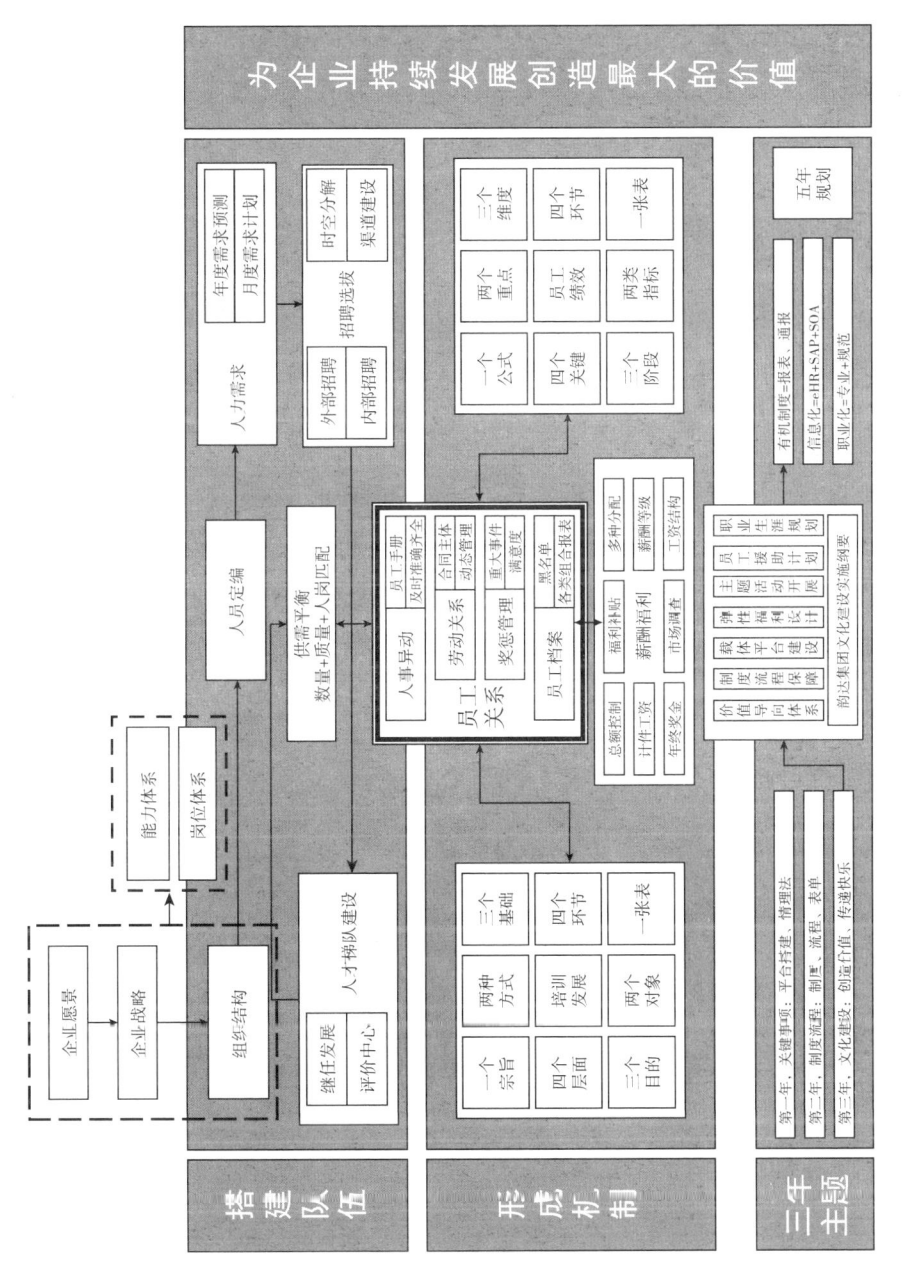

图3-22 "人"中级版本教材示例

⑤ "非人"中级版本教材示例（见图3-23）。

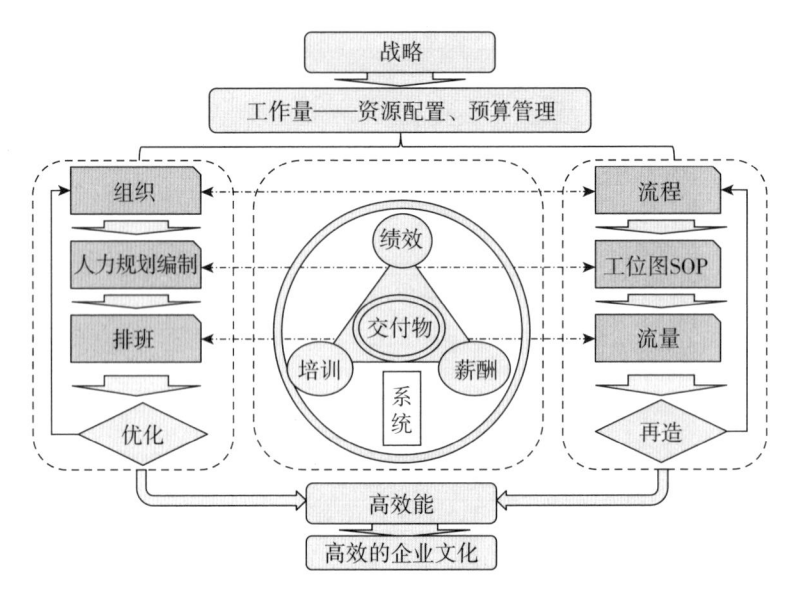

图3-23　"非人"中级版本教材示例

3）具体工作计划目录三（见图3-24）。

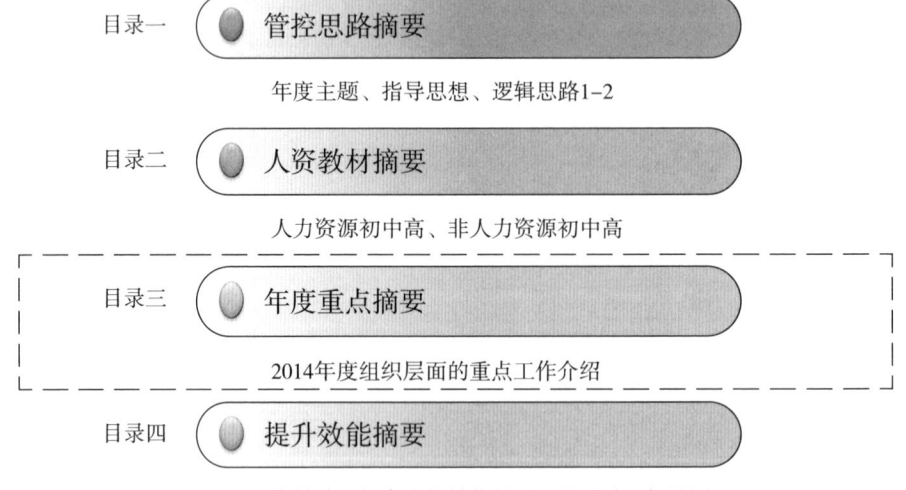

目录一　管控思路摘要
年度主题、指导思想、逻辑思路1-2

目录二　人资教材摘要
人力资源初中高、非人力资源初中高

目录三　年度重点摘要
2014年度组织层面的重点工作介绍

目录四　提升效能摘要
当前关于提高人均效能的重要性和总逻辑导图

图3-24　具体工作计划目录三

第三章 我们的工作：人有事情做，事情有人做

① 重点工作来源（见图 3-25）。

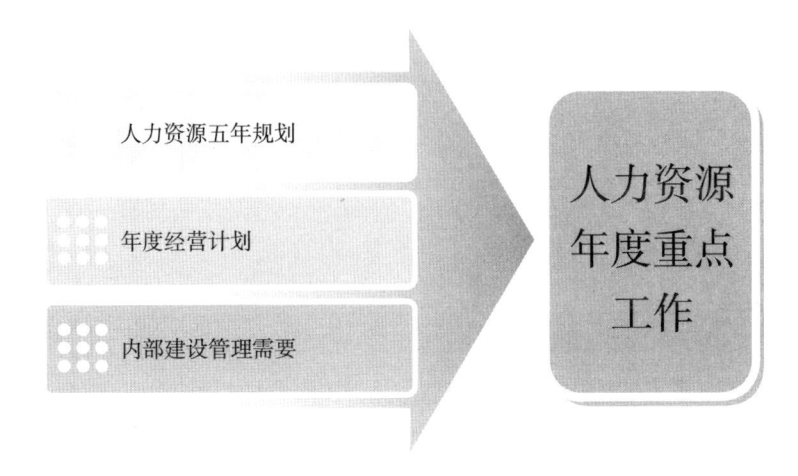

图 3-25 重点工作来源

② 重点工作方向（见图 3-26）。

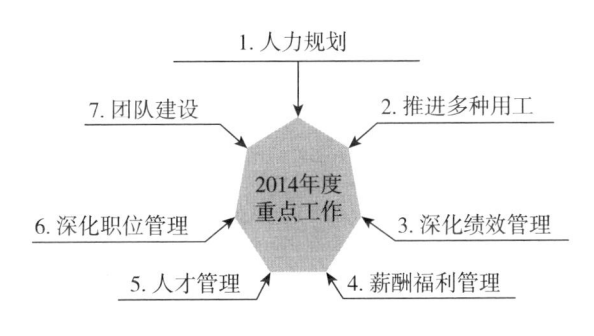

图 3-26 重点工作方向

③重点工作描述（见表3-12）。

表3-12 重点工作描述

中心	序号	重点工作/项目名称	内容与范围	方向、目的、目标、要求	实施策略措施与步骤	（详细工作计划、方案、成果等）关键交付物	计划起止时间	责任人(R)	执行人(A)
人力资源中心	1	人力规划	人力供需平衡	人力资源编制表日清日毕	1.成立人力资源规划部门；2.编制人力资源规划体系；3.开发应用人力规划系统；4.做好人力成本预算；5.完善人事基本政策	1.人力规划部职能、职责；2.人力资源规划制度；3.人力资源编制与规划表；4.人力资源预算及偏差分析；5.人事基本政策纲要；6.年度招聘计划	20140101-20141231	綦军	张
	2	推进多种用工	推进用工多样化	降低人力成本；规避用工风险；满足业务发展需求	1.确定各种用工形式比例；2.制定和完善相应管理制度与流程；3.规范设计单价及数据来源；4.深化装载外包；5.尝试流水线外包；6.推广非全日制用工方式推广；7.重视实习就业一体化；8.坚持日清日毕	1.各种用工比例的报批文件；2.多种用工制度、流程；3.单价用工合同、业务外包合同、台账；5.各种用工合同模板；6.实习生管理台账	20140101-20141231	綦军	待定
	3	深化绩效管理	建立有竞争力的评估机制	提高能效	一.指导思想：1.绩效模型——利润=收入-成本-费用×个人能力，注两方面：从过程（质量）到结果（数量）；3.三个境界：与自己比进步、与兄弟中心比好、与行业市场比有竞争力。二.做法：1.优化指标：岗位职责、公司战略、管理需求，寻找多元化。（1）指标来源多元化，从四个方面挖掘。（2）指标改善方向，优化工作质量。2.完善过程辅导、改善方向：建立评估数据来源真实性；（1）保证考评程序公正公开（3）强调沟通反馈（4）完善申诉渠道、考评、应用；（1）注重多评估方式；（2）多种分配形式；按岗位层级、类型设立不同的分配方案	1.指标库；2.每月排名汇总表（台账）；3.月度绩效变通报；4.绩效体系项目；5.管理者绩效管理培训全套资料	20140101-20141231	綦军	杨
	4	薪酬福利管理	建立有特色的分享机制	实现按劳动成果分配收益	一.指导思想：（一）薪酬3P理论——岗位价值、贡献价值、个人能力；（二）薪酬原则：年底奖金池运用到25分位，绩效奖金达到50分位，年底工资达到75分位。二.做法：1.建立积分单价制；2.实施阿米巴；3.细化工作量制；4.薪酬调查；5.岗位价值评估；6.奖励合理合法；7.多种分配方案；8.中高层激励方向	1.中高层人员薪酬优化方案；2.集团类人员薪酬优化方案；3.销售中心人员薪酬优化方案；4.职能中心薪酬优化方案；5.分/子公司薪酬优化方案	20140101-20141231	綦军	李
	5	人才管理	对关键岗位和经理级以上管理层单独管理	对管理岗形成门门体系	1.对关键岗位立任模型；2.人才盘点；3.对管理岗形成能力模型；4.完成关键岗位能力模型；5.轮岗机制；6.回避制度；7.储备机制；8.接班人制度；9.启故性机制	1.关键岗位盘点表；2.人才盘点；3.职位序列；4.职位价值评估数；5.任职资格汇编	20140101-20141231	綦军	丁
	6	深化职能管理	全公司职能体系全面优化	夯实人力资源管理的基础	1.引进外部咨询机构；2.将智力成果进行转化应用	1.职位现状盘点；2.职位说明书汇编；3.职位价值评估数据；5.任职资格汇编	20140101-20141231	綦军	游
	7	团队建设	团队成员思想、知识、业务三个方面展开	打造高效能职业团队，成为业务战略伙伴	1.完善学习成长体系；2.继续推动人资系统人员培训；4.内查外引	1.人资系统成员；2.新人上岗培训；4.测试计划；5.人才储备计划；6.培训计划	20140101-20141231	綦军	翟

212

第三章　我们的工作：人有事情做，事情有人做

④ 关键事项列举（见图 3-27）。

7	组织层面	人力规划	人才管理	职位管理	制度建设	阿米巴	素质过硬
		绩效深化	薪酬优化	人才库	评价中心	考勤管理	求真务实
13	部门层面	保姆计划	赛马机制	击鼓传花	加盟培训	集团活动	自信专业
4	个人层面	团队建设	多种用工	工伤管理	流失率	满意度	业务伙伴

图 3-27　关键事项列举

4）具体工作计划目录四（见图 3-28）。

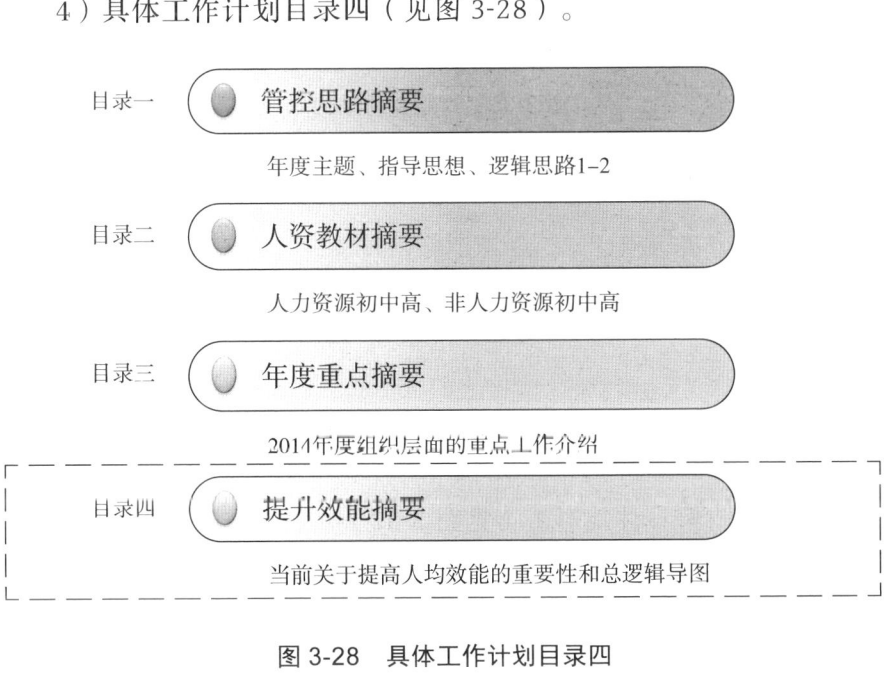

目录一　　● 管控思路摘要
年度主题、指导思想、逻辑思路1-2

目录二　　● 人资教材摘要
人力资源初中高、非人力资源初中高

目录三　　● 年度重点摘要
2014年度组织层面的重点工作介绍

目录四　　● 提升效能摘要
当前关于提高人均效能的重要性和总逻辑导图

图 3-28　具体工作计划目录四

① 成功企业公式（见图3-29）。

$$成功 = 战略（正确的方向） \times 组织能力（合适的）$$

图3-29　成功企业公式

② 持续发展动力（见图3-30）。

$$利润 = 收入（单价 \times 数量） - 成本（车线+场地+人员） - 费用$$

图3-30　持续发展动力

③ 竞争力关键在效能（见图3-31）。

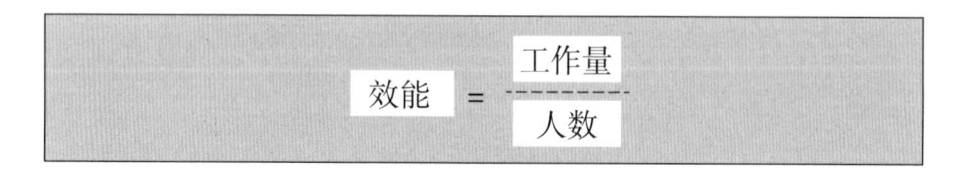

$$效能 = \frac{工作量}{人数}$$

图3-31　竞争力关键在效能

A. 效能（第一种情形）（见图3-32）。

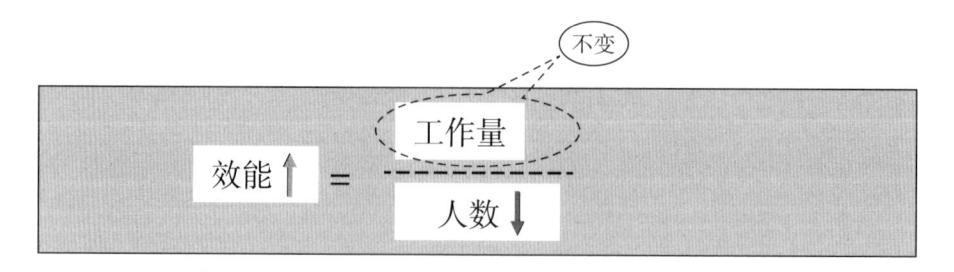

$$效能\uparrow = \frac{工作量（不变）}{人数\downarrow}$$

图3-32　效能（第一种情形）

B. 效能（第二种情形）（见图 3-33）。

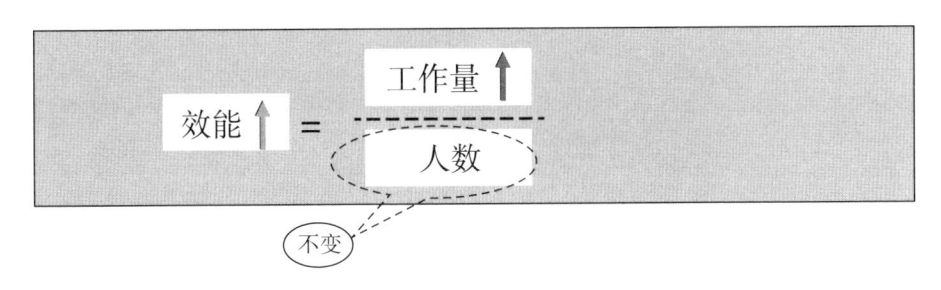

图 3-33 效能（第二种情形）

C. 效能（第三种情形）（见图 3-34）。

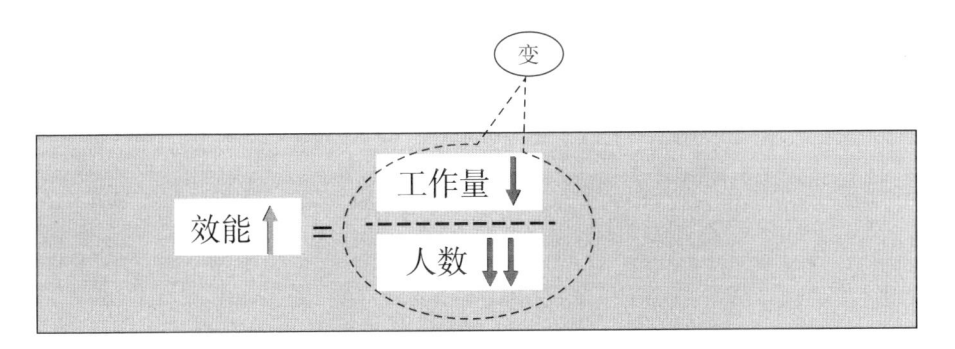

图 3-34 效能（第三种情形）

D. 效能（第四种情形）（见图 3-35）。

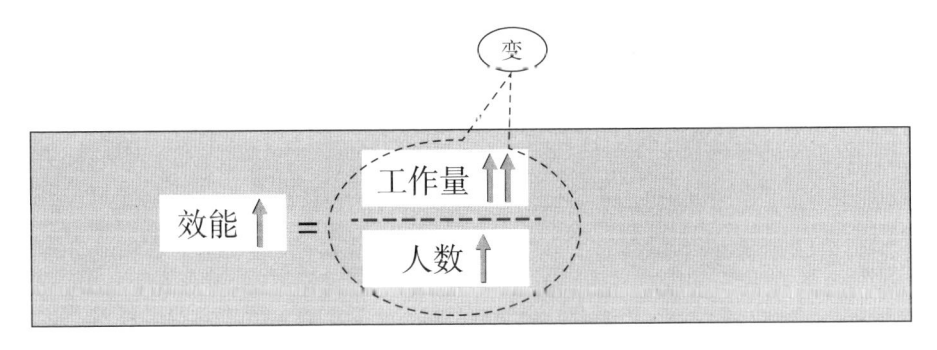

图 3-35 效能（第四种情形）

E. 效能（第五种情形）（见图3-36）。

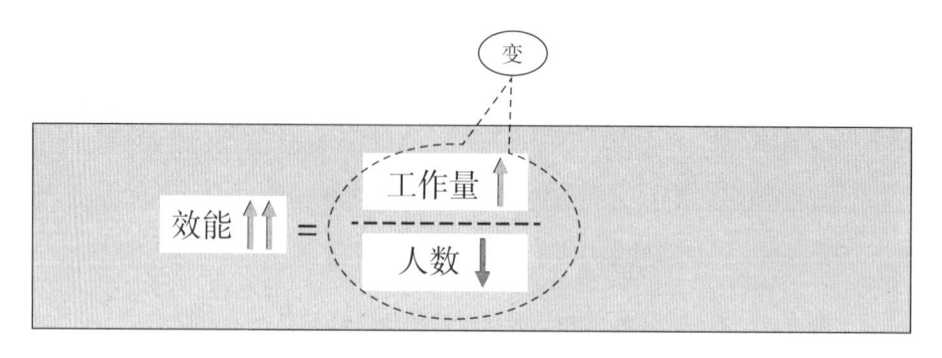

$$效能\uparrow\uparrow = \frac{工作量\uparrow}{人数\downarrow}\ (变)$$

图3-36　效能（第五种情形）

在一个尚待成熟的行业中，选择规范是要付出代价的。

一切事实证明，大道当然，是勇敢者和能者必然的抉择。

四、第七年人力资源规划2016—2017

2017年年初上市,所有工作围绕上市开展,成立001项目组,我作为项目组核心成员,主要负责人力资源管理和行政管理的合规工作。

外部环境描述:①国家越来越重视快递,从关注快递小哥到行业集体上市,无不彰显实际性支持;②电商继续发力,互联网盛行;③上市全面合规工作量巨大;④企业在2012年曾经有过上市计划,因为条件不成熟而搁置,这次属于第二次计划。

内部团队建设:①部门被重视的峰值已经过去;②个人因为搭建了整个体系和参与了企业规范、快速发展、组织变革阶段而带有明显的个人魅力;③虽然部门被重视的峰值已过,但是很多工作还是根据个人专业和兴趣设计和开展。

所以,年度人力规划是基于过去沉淀、创始人个性、未来发展相结合而设计的。它具有明显的公司特色和个人性格倾向,总体上有较好的逻辑和实战意义,上市是最近的目标,中期目标是行业竞争,远期已经着眼持续发展。

公司上市——合情合理合法;

竞争上游——效率效益效能;

持续发展——战略业务伙伴。

1. 基于历史与现状的人力资源基础工作

（1）目的。

合情、合理、合法。

（2）目标。

公司上市。

（3）宗旨。

循序渐进，夯实基础工作，满足上市要求，保障内部稳定。

（4）重点。

A. 多种用工形式。

B. 规范社保管理。

C. 规避人事风险。

D. 加强 HR 信息化建设。

E. 推进 EAP 计划。

F. 坚持内部管理。

G. 完善制度建设。

（5）分工。

A. 劳动关系组（合同档案）。

B. 人事关系组（人事异动）。

C. 人际关系组（全员参与）。

2. 基于现状与创始人个性的人力资源技术工作

（1）目的。

效率、效益、效能。

（2）目标。

竞争上游。

（3）宗旨。

科学创新，突出公司特色，行比进步一点，保持外部竞争力。

（4）重点。

A.工位图与排班表结合。

B.人力规划表与供需平衡。

C.人均效能与精英政策。

D.单位人力成本与定价模型。

E.薪酬调查与奖金池完善。

F.战略地图与一表通落地。

（5）分工。

A.招聘选拔组。

B.薪酬福利组。

C.绩效改善组。

3.基于创始人个性与未来的人力资源战略工作

（1）目的。

战略、业务、伙伴。

（2）目标。

持续发展。

（3）宗旨。

挑战自我，营造良好氛围，缩短服务差距，保持持续发展。

（4）重点。

A.组织管理创新。

B. 人才梯队建设。

C. 企业文化深化。

D. 人力资源战略规划。

E. 职业设计与生涯发展规划。

F. 胜任力模型与评价中心技术。

（5）分工。

A. 企业大学。

B. 达标管控组。

C. 文化建设组。

五、第九年人力资源规划2018—2019

上市之后,竞争越发激烈,大家的热情也很高,在顺势而为的基础上,希望乘势而上,目标是千亿元市值。对于2019年年底解禁是一个非常实惠的奋斗目标。

外部环境描述:①市值管理最后一年;②新的竞争对手极兔入局;③电商增速放缓;④稳坐第二势头不错;⑤人力成本行业第一。

内部团队定位:①自我创新,探索个体户;②自我革命,部门公司化。

极兔入局具有"天时、地利、人和"优势。"天时"指的是有拼多多的货源保障,创始人都是同门师兄弟;"地利"是原来OPPO手机有一个线下的网络,该网络末端已通到每个社区或每个乡镇,仓储物流都有现成的基础;"人和"是"通达系"都是2019年底上市解禁,人才可能松绑流动,这些人才对于极兔都是很好的来源,经验丰富,针对性强。

对于人力资源管理,上市之后趋于稳定,工作回归常识,返璞归真。由于看似稳定的局面背后需要强大的竞争力,人力资源管理在成本优势上需要进一步探索内包转外包、外包转灵活用工等众创众包模式,并且在此基础上开创行业先例,以及对比社会具有场景优势的基础上进行部门职能公司化。

提出的创新模型大致是：做一家人力资源公司，解决目前的外包问题、社保问题、成本问题、管理问题、合法问题，甚至给公司承诺：第一年实现人力行政部门零成本用工的概念；第二年争取赚2000万元；第三年争取营收超过主业营收，可能性很大，这些承诺是可以计算出来的。奔着这个目标开展自我革命，实现自我价值。

所以在这两年的人力资源规划中，会看到众创众包的模型、发包方与接包方的过渡模型、人力资源公司的搭建框架等，具体如下。

1. 2018年人力资源规划：摘要

（1）回归常识。

什么是管理？

① 是创造客户。

② 是创造价值。

③ 是调集资源达成目标。

④ 是让平凡的人做出不平凡的事情。

⑤ 是关注过程，得到结果。

⑥ 是人际关系处理。

⑦ 是管人理事。

⑧ 是计划、组织、领导、控制。

⑨ 是战略、组织、人才、绩效、文化。

（2）战略常识。

1）常识。

① 有多少活？

② 要多少人？

③花多少钱？

④有多少投入产出？

2）工作计划一（见图3-37）。

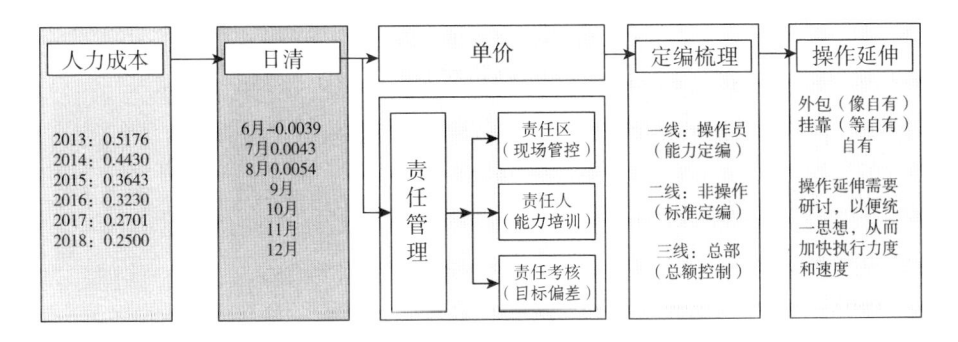

图 3-37　工作计划一

（3）组织常识。

1）常识。

①组织：承上启下，上是战略目标，下是人才匹配。

②组织一词：静态上理解为一种结构形式、职能职责、名词；动态上理解为一种运行机制、责权对等、动词。

③组织中的交叉点：岗位。具体事情，体现价值，是人的定位，是我们的"房子"。

④2018年集团架构思路。

2）工作计划二（见图3-38）。

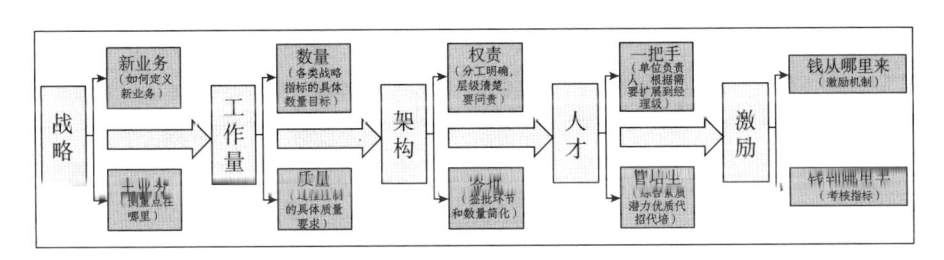

图 3-38　工作计划二

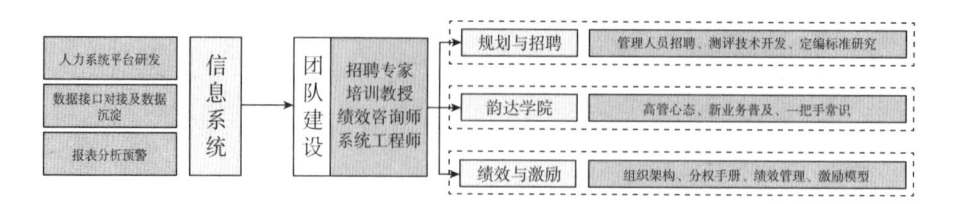

图 3-38 工作计划二（续）

（4）人才常识。

1）常识。

①首先是招兵买马；要有人，是最低境界。

②然后达到供需平衡：数量、质量、匹配。

③人岗匹配的是价值。

④贡献价值与效能管理。

⑤单兵作战能力提升。

2）单兵作战能力（见图 3-39）。

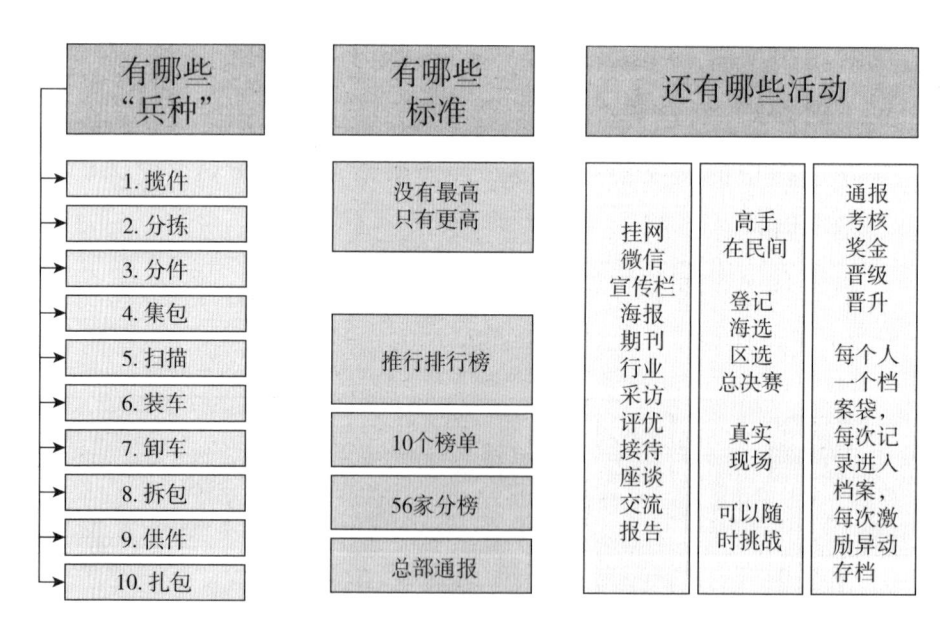

图 3-39 单兵作战能力

（5）绩效常识。

1）常识。

①绩效是管理工具。

②管理的深处是激励，可以正，也可以负。

③激励是平台，考核是"赛马"。钱从哪里来是激励，钱到哪里去是"赛马"。钱从哪里来与数量有关，钱到哪里去与质量有关。数量要快，质量要好。

④绩效管理环节：选择、指导、考评、应用。

⑤管控三要素：目标、偏差、纠偏。

⑥组织绩效分析。

2）组织绩效分析（见图3-40）。

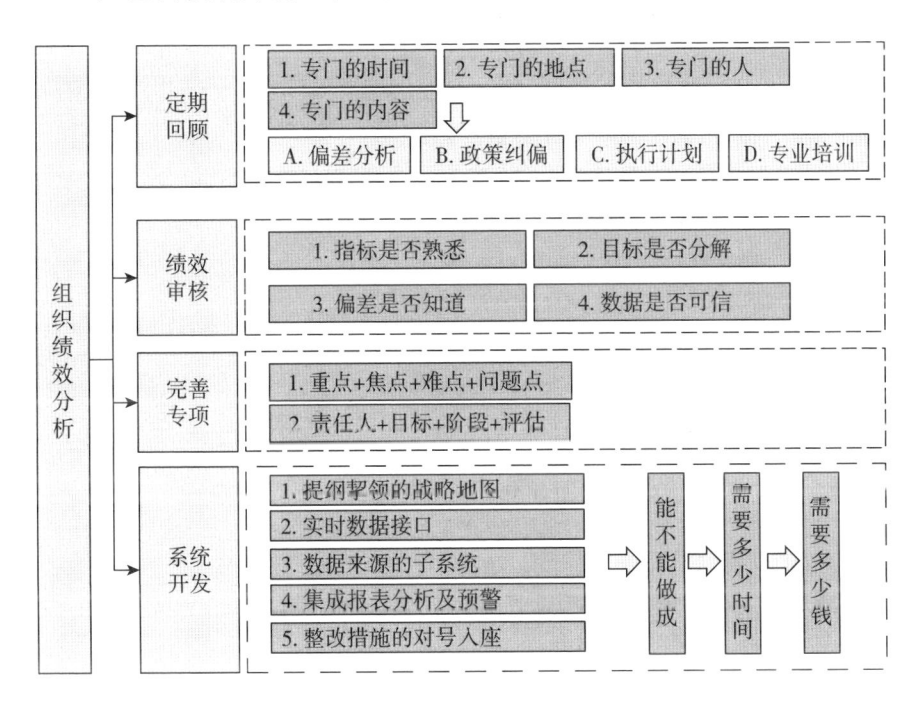

图3-40　组织绩效分析

（6）效率常识。

1）常识。

①效率。

A. 人有关的（心态与技能）。

B. 组织有关的（安排+绩效）。

C. 现场有关的（硬：设备；软：流程）。

②效果。

A. 量本利。

B. 团队建设。

2）工作计划三（见图3-41）。

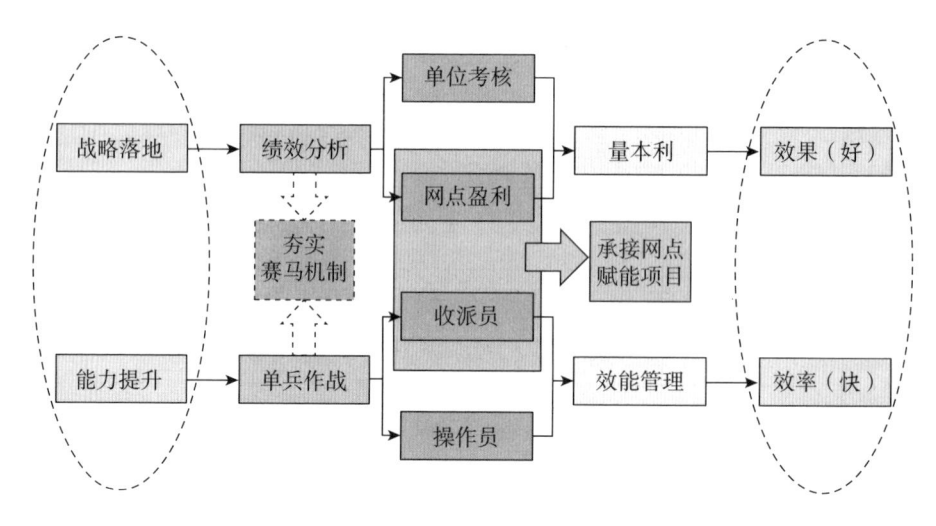

图 3-41 工作计划三

（7）文化常识。

1）常识。

①做好每一项活动。

②影响每一个人（宣传）。

③让所有常规工作更进一步。

④ 让任何异常情况得到彻底解决。

⑤ 2018年的文化融合。

2）工作计划四（见图3-42）。

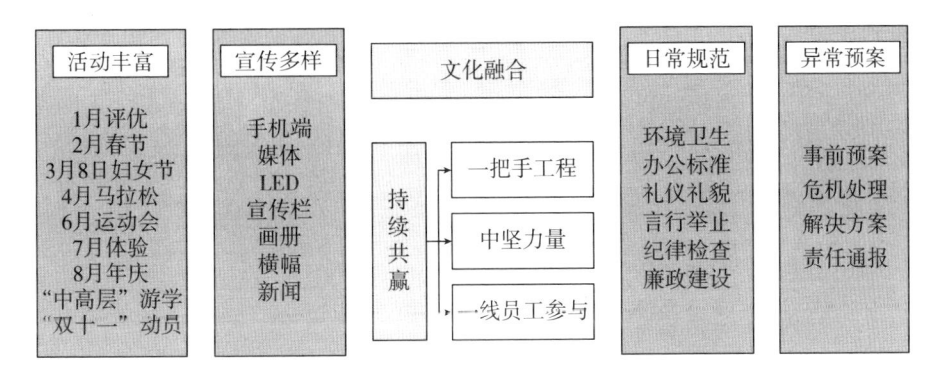

图3-42　工作计划四

（8）人力资源常识。

1）常识。

① 人事档案。

② 人力资源。

③ 六大模块。

④ 三支柱。

⑤ 人力资源公司。

⑥ 人力资源相转而化。

2）人力资源公司（见图3-43）。

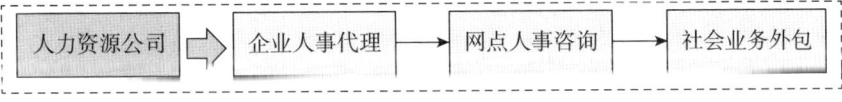

图3-43　人力资源公司

方案二

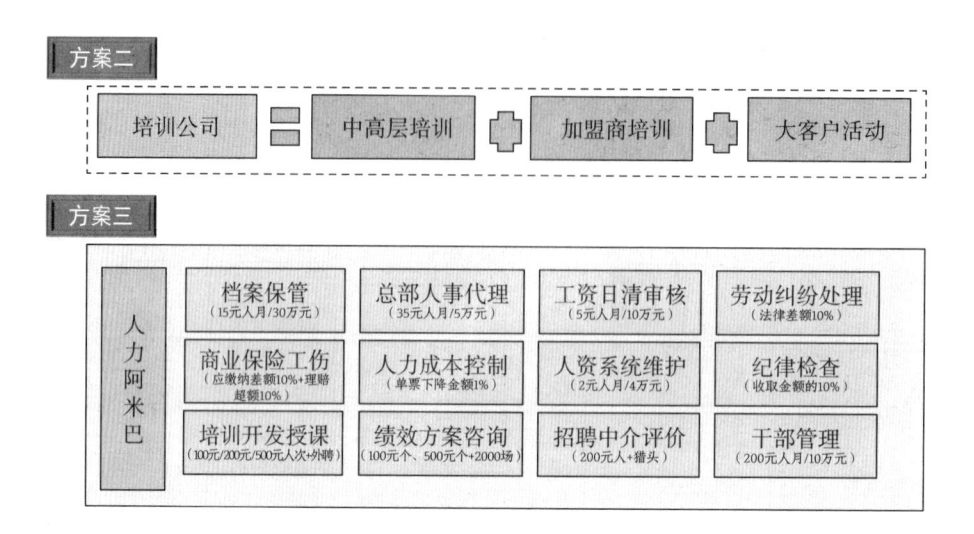

培训公司 ＝ 中高层培训 ＋ 加盟商培训 ＋ 大客户活动

方案三

人力阿米巴	档案保管 (15元人月/30万元)	总部人事代理 (35元人月/5万元)	工资日清审核 (5元人月/10万元)	劳动纠纷处理 (法律差额10%)
	商业保险工伤 (应缴纳差额10%+理赔超额10%)	人力成本控制 (单票下降金额1%)	人资系统维护 (2元人月/4万元)	纪律检查 (收取金额的10%)
	培训开发授课 (100元/200元/500元人次+外聘)	绩效方案咨询 (100元个、500元个+2000场)	招聘中介评价 (200元人+猎头)	干部管理 (200元人月/10万元)

图 3-43 人力资源公司（续）

（9）人事文化（见图 3-44）。

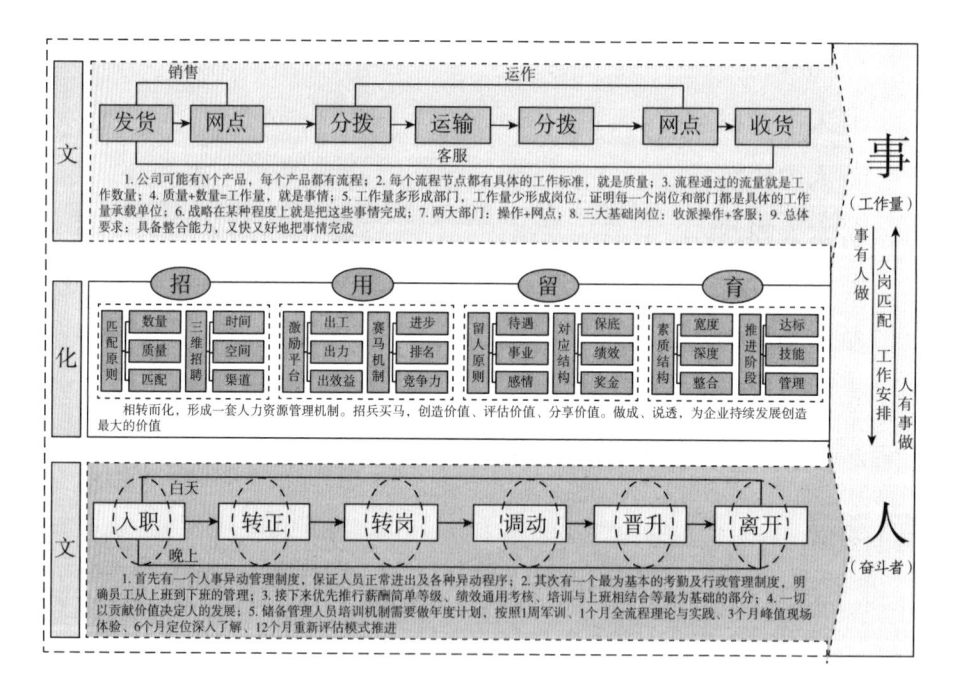

图 3-44 人事文化

（10）以奋斗者为本。

不要人夸颜色好，

只留清气满乾坤。

顺势而为，砥砺前行；乘势而上，又快又好。

（11）2018 年激励考核。

1）三重境界。

① 三重境界内容（见图 3-45）。

图 3-45　三重境界内容

② 三重境界责任区（见图 3-46）。

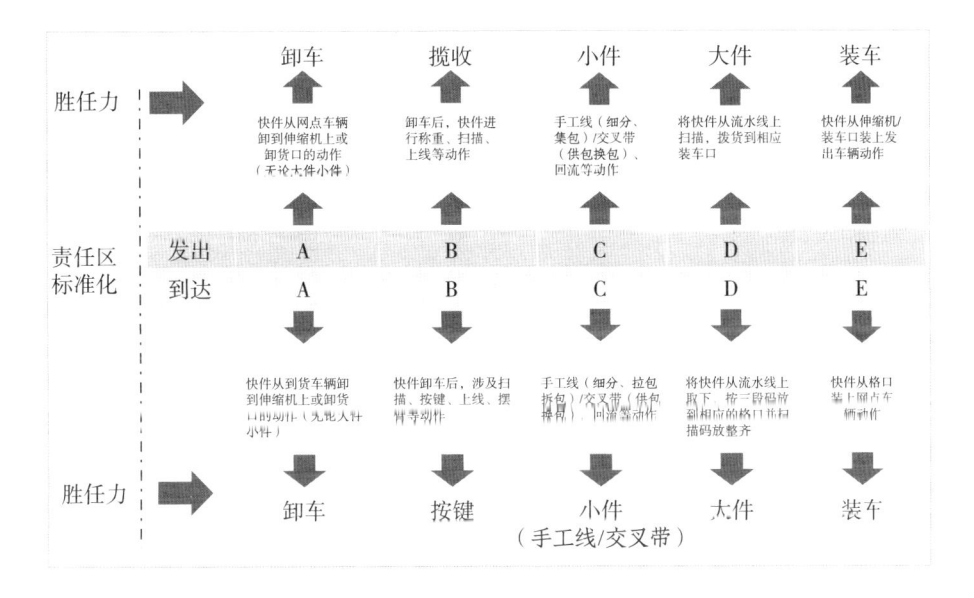

图 3-46　三重境界责任区

③三重境界责任人（见图3-47）。

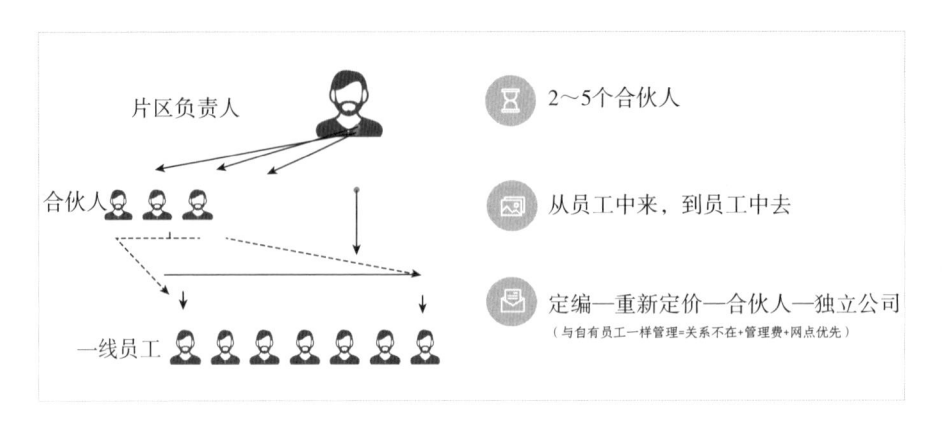

图3-47　三重境界责任人

④三重境界责任考核（见图3-48）。

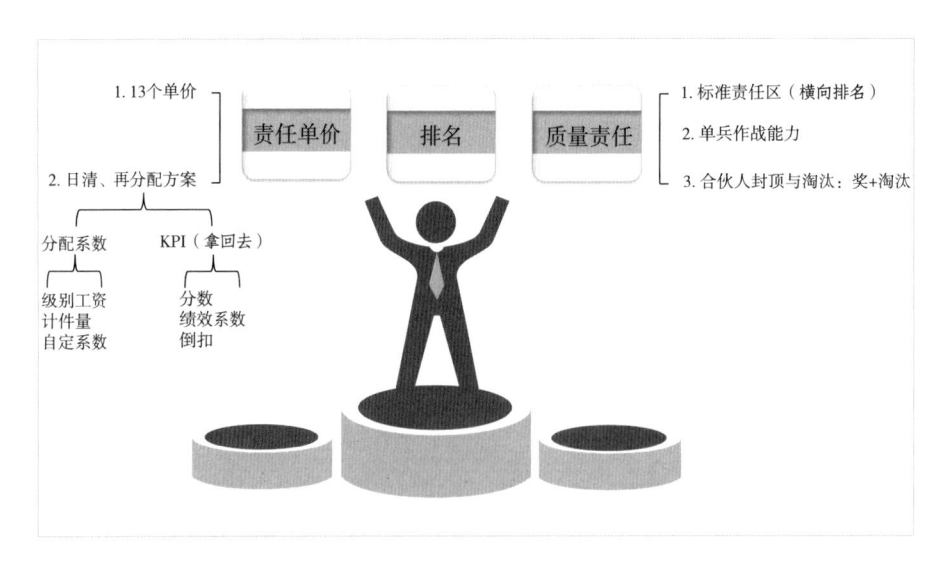

图3-48　三重境界责任考核

2）省总绩效。

①省总绩效模型（见图3-49）。

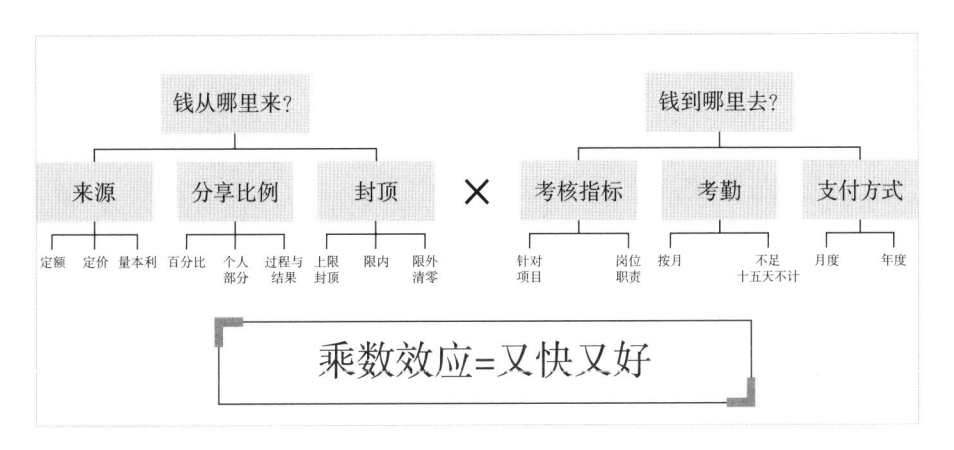

图 3-49　省总绩效模型

②省总绩效过程考核（月度）（见图3-50）。

指标类型	序号	指标名称	计算公式	考核周期	最差值（0分）	保底值（50分）	目标值（100分）	挑战值（120分）	考核权重	占年度收入比例	数据来源
过程监控指标	1	全程时效提升率	2018年当月全程时效的实际值	月度	2017年实际值×103%	2017年实际值	2017年实际值×97%	2017年实际值×96%	10%		客服中心
	2	省内今发明至时效	2018年当月今发明至签收率的实际值（备注：考核方式有两种，其一是与2017年实际值相比，其二是与各地最高标准相比，两者取其高）	月度	2017年实际值减少2个点	2017年实际值	2017年实际值加2个点	2017年实际值加2.5个点	10%		
	3	破损短少率	破损短少量（网点+分拨）/[（揽件量+派件量+操作量）/3]×10000	淡（4月~11月）	0.5	—	0.3	0.15	2%		
				旺（12月~次年3月）	0.6		0.4	0.2			
	4	遗失率	遗失量（网点+分拨）/[（揽件量+派件量+操作量）/3]×10000	淡（4月~11月）	0.7		0.5	0.4	6%		
				旺（12月~次年3月）	1		0.7	0.5			
	5	12305申诉率	申诉量（网点+分拨）/[（揽件量+派送量+操作量）/3]×1000000，考核补充说明：通过韵达在标杆公司（韵达、天天、中通、申通、圆通、百世）中的排名月调号核，集团排名第一，挑战值（120分），排名第二=目标值（100分）	集团排名第一	集团当月实际值加3.5个点		集团当月实际值加1.3个点	集团当月实际值	2%		
				集团排名第二	集团当月实际值加2个点	—	集团当月实际值	集团当月实际值减少1.5个点			
				集团排名第三及以下	集团当月实际值		集团当月实际值减少2个点	集团当月实际值减少3.5个点			
	6	省内业务量占比	2018年当月省内业务量占比的实际值	月度	2017年实际值×90%	2017年实际值	2017年实际值×110%	2017年实际值×112%	10%		客服中心

图 3-50　省总绩效过程考核（月度）

231

③省总绩效结果考核（年底）（见图3-51）。

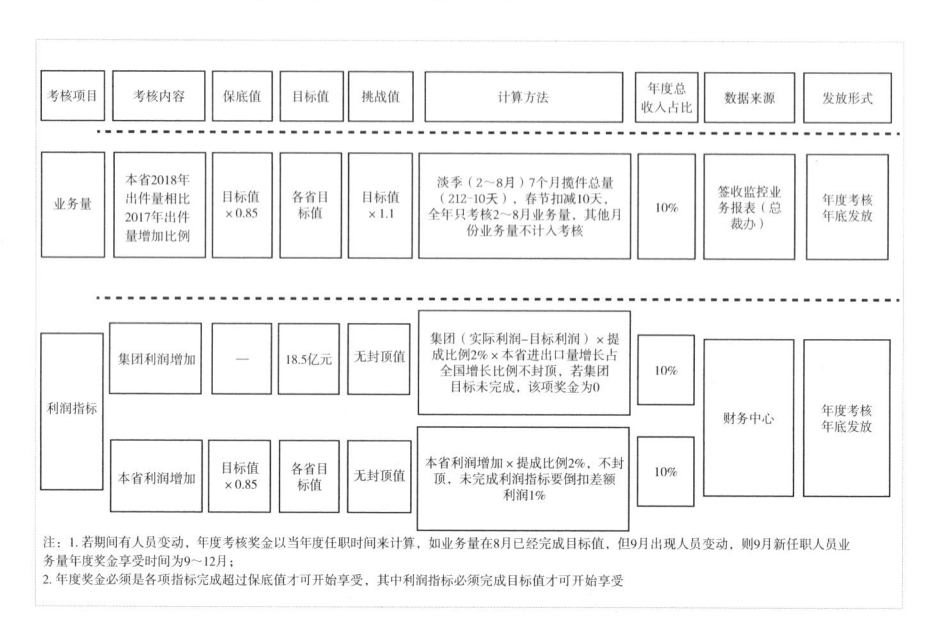

考核项目	考核内容	保底值	目标值	挑战值	计算方法	年度总收入占比	数据来源	发放形式
业务量	本省2018年出件量相比2017年出件量增加比例	目标值×0.85	各省目标值	目标值×1.1	淡季（2~8月）7个月揽件总量（212-10天），春节扣减10天，全年只考核2~8月业务量，其他月份业务量不计入考核	10%	签收监控业务报表（总裁办）	年度考核年底发放
利润指标	集团利润增加	—	18.5亿元	无封顶值	集团（实际利润-目标利润）×提成比例2%×本省进出口量增长占全国增长比例不封顶，若集团目标未完成，该项奖金为0	10%	财务中心	年度考核年底发放
利润指标	本省利润增加	目标值×0.85	各省目标值	无封顶值	本省利润增加×提成比例2%，不封顶，未完成利润指标要倒扣差额利润1%	10%	财务中心	年度考核年底发放

注：1.若期间有人员变动，年度考核奖金以当年度任职时间来计算，如业务量在8月已经完成目标值，但9月出现人员变动，则9月新任职人员业务量年度奖金享受时间为9~12月；
2.年度奖金必须是各项指标完成超过保底值才可开始享受，其中利润指标必须完成目标值才可开始享受

图3-51 省总绩效结果考核（年底）

3）赛马机制。

①增量赛马（见图3-52）。

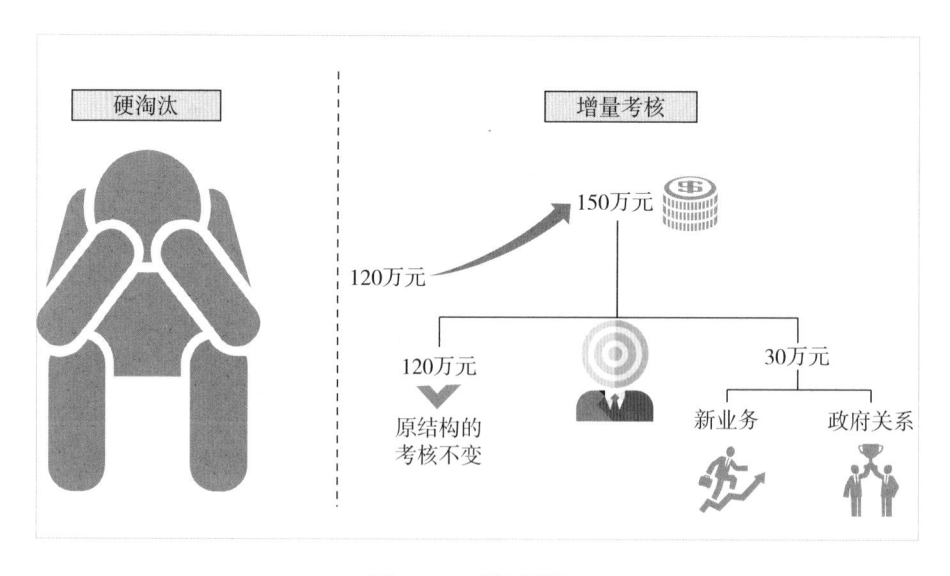

图3-52 增量赛马

第三章 我们的工作：人有事情做，事情有人做

② 省总赛马（见图 3-53）。

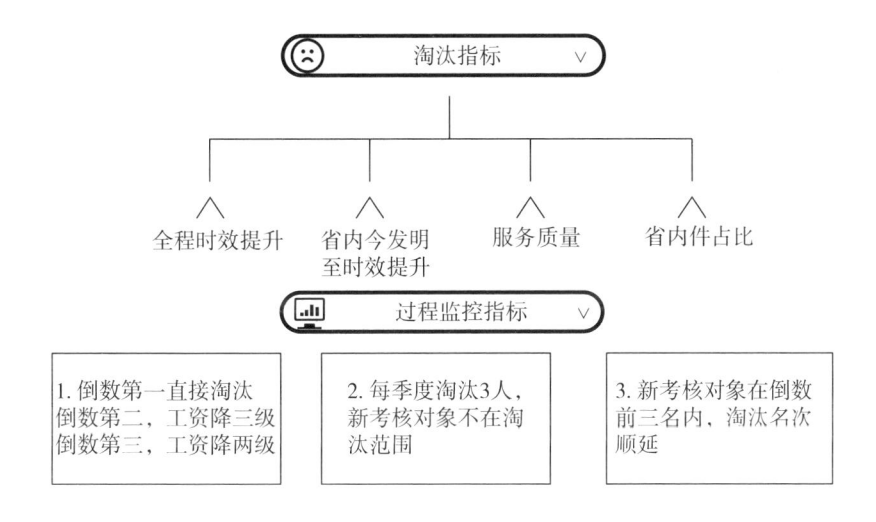

```
                            淘汰指标
      ┌──────────┬──────────┼──────────┬──────────┐
   全程时效提升  省内今发明    服务质量   省内件占比
                至时效提升
                            过程监控指标

┌──────────────┐  ┌──────────────┐  ┌──────────────┐
│1.倒数第一直接淘汰│  │2.每季度淘汰3人，│  │3.新考核对象在倒数│
│ 倒数第二，工资降三级│  │ 新考核对象不在淘│  │ 前三名内，淘汰名次│
│ 倒数第三，工资降两级│  │ 汰范围          │  │ 顺延            │
└──────────────┘  └──────────────┘  └──────────────┘
```

图 3-53　省总赛马

③ 单兵作战能力赛马（见图 3-54）。

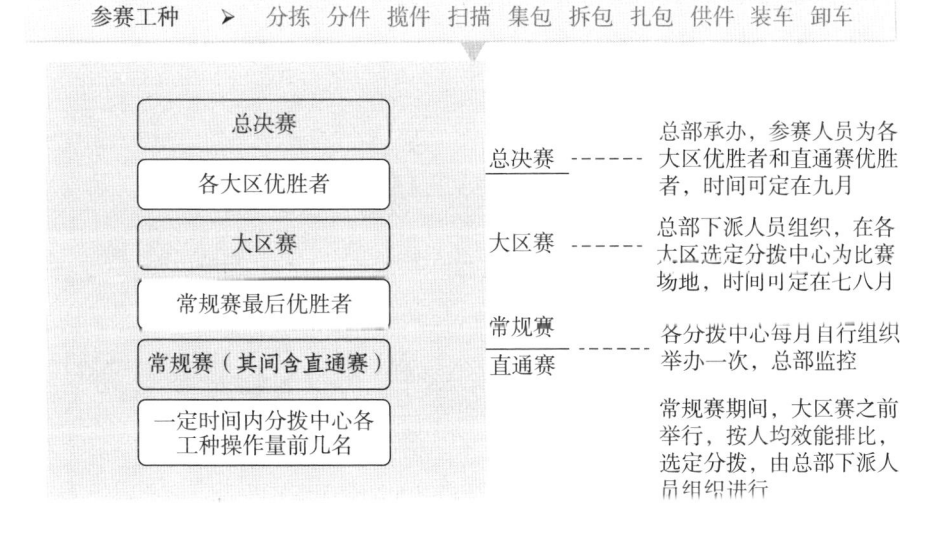

参赛工种　▶　分拣　分件　揽件　扫描　集包　拆包　扎包　供件　装车　卸车

```
┌─────────────┐
│    总决赛    │      总决赛 ------  总部承办，参赛人员为各
├─────────────┤                      大区优胜者和直通赛优胜
│  各大区优胜者  │                      者，时间可定在九月
├─────────────┤
│    大区赛    │      大区赛 ------  总部下派人员组织，在各
├─────────────┤                      大区选定分拨中心为比赛
│ 常规赛最后优胜者│                      场地，时间可定在七八月
├─────────────┤
│常规赛（其间含直通赛）│  常规赛          各分拨中心每月自行组织
├─────────────┤      直通赛          举办一次，总部监控
│一定时间内分拨中心各│
│工种操作量前几名  │                  常规赛期间，大区赛之前
└─────────────┘                      举行，按人均效能排比，
                                     选定分拨，由总部下派人
                                     员组织进行
```

图 3-54　单兵作战能力赛马

233

④ 五大系统赛马（见图 3-55）。

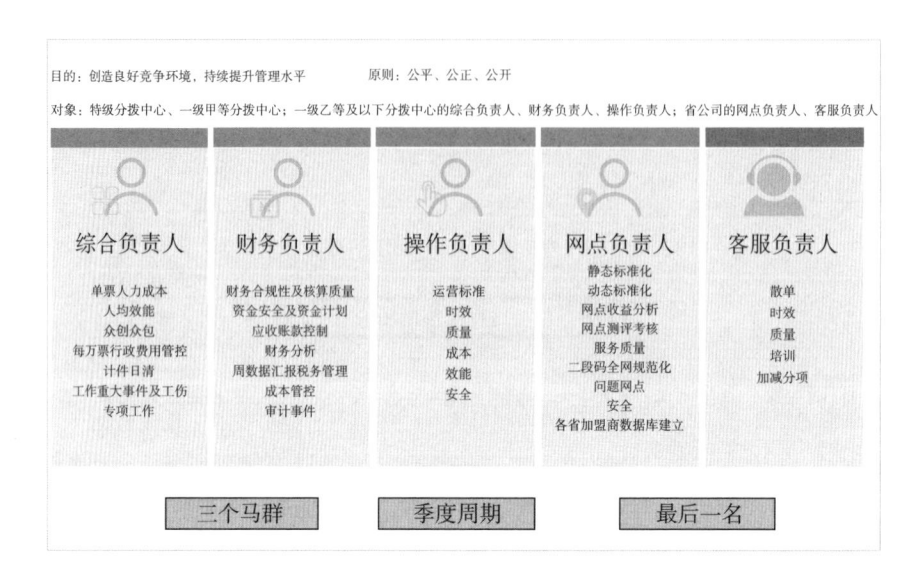

图 3-55 五大系统赛马

4) 创新人才。

① 创新人才定义（见图 3-56）。

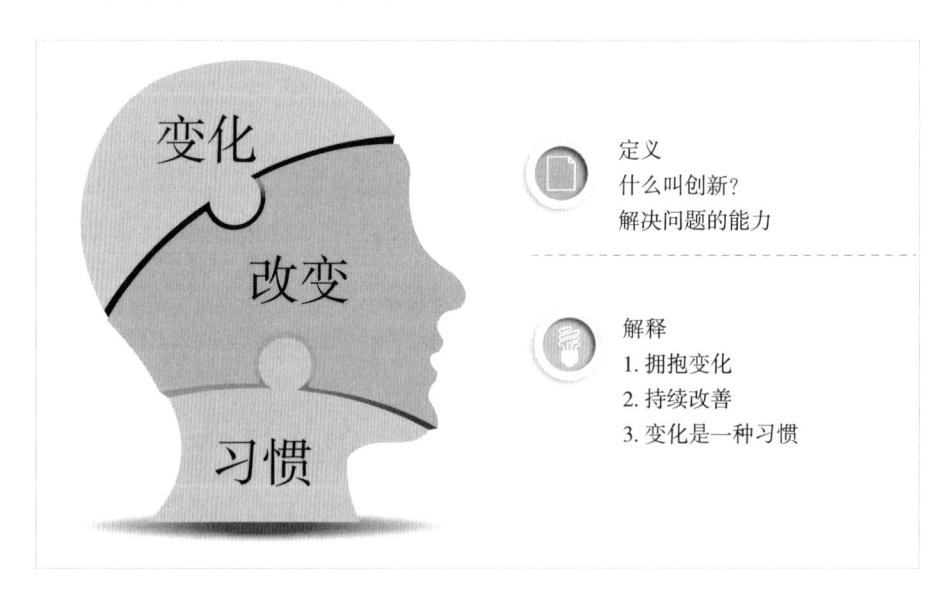

图 3-56 创新人才定义

②众创众包（见图3-57）。

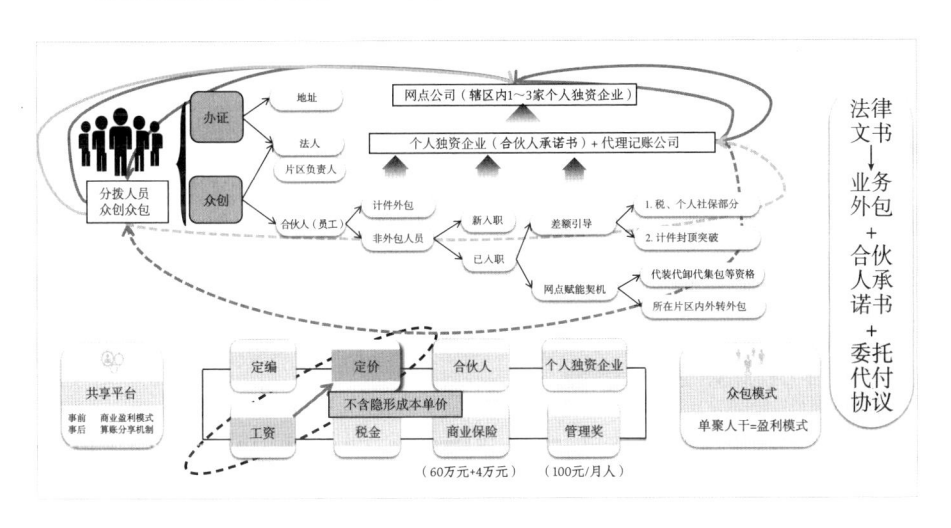

图3-57 众创众包

5）效能文化。

激励绩效模型（见图3-58）。

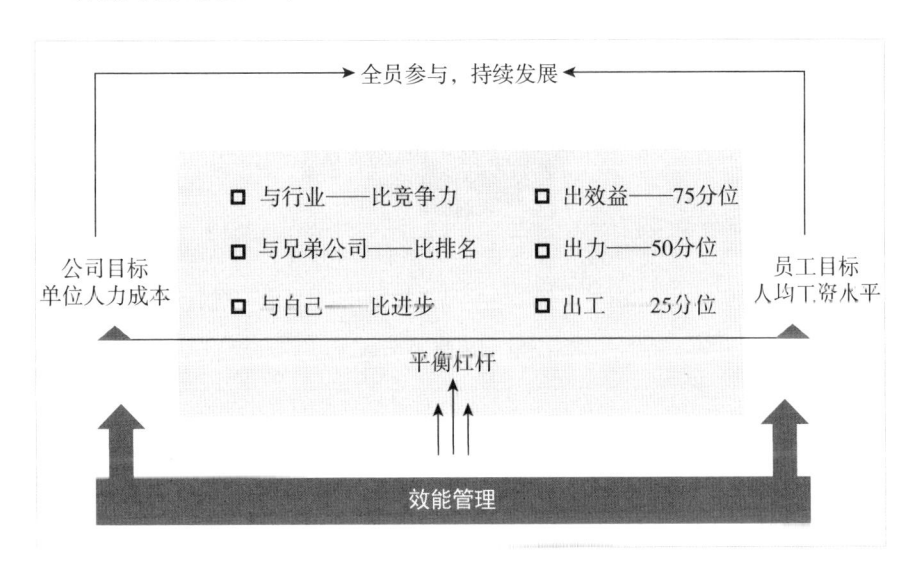

图3-58 激励绩效模型

何谓奋斗者？
- 愿意付出时间且任劳任怨的人！
- 哪里有需求就到哪里去且愿意服从调动的人！
- 保持强劲的生命力且敢于接受赛马机制的人！
- 愿意接受变化创新且具备解决问题能力的人！
- 以客户为中心、以价值为目标、以奋斗者为本的勤俭进取的人！

2. 2019 人力规划：年会

（1）2019 年人力行政重点工作。

1）单票人力成本（见图 3-59）。

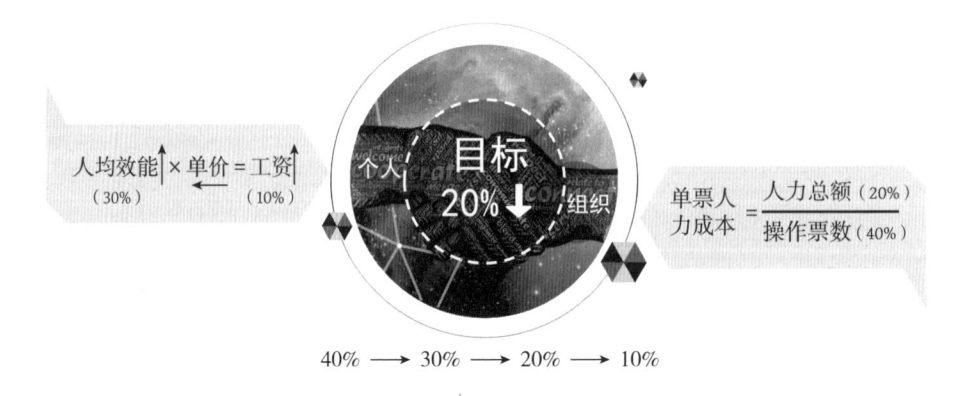

图 3-59 单票人力成本

2）人才储备（见图3-60）。

6 六个人才池
- 大区总
- 省总
- 分拨经理
- 操作经理
- 质控中心待定人才
- 管理培训人才

8 八个维度
- 揽件
- 收件
- 派件
- 卸车
- 装车
- 分拣
- 供件
- 客服

2 两个重点
- 分拨中心量本利
- 网点量本利

3 三个阶段
- 实操
- 目标
- 场景

图 3-60　人才储备

3）培训赋能（见图3-61）。

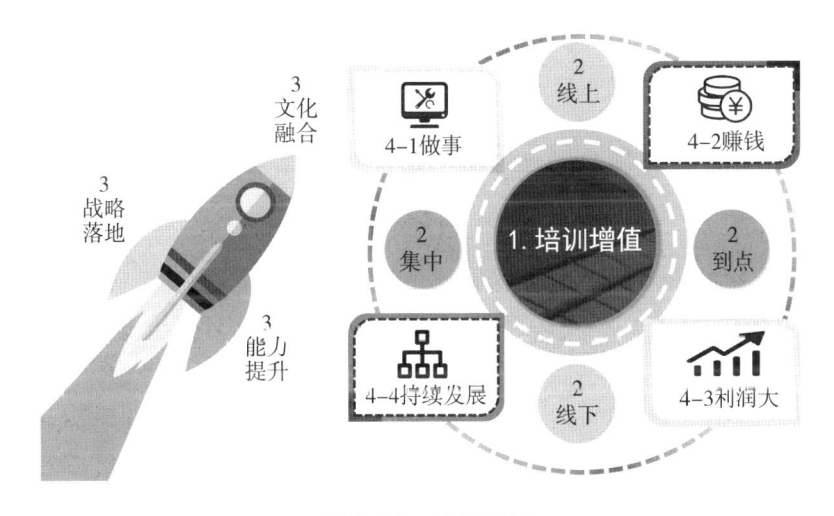

3 文化融合
3 战略落地
3 能力提升

1. 培训增值
- 4-1 做事
- 4-2 赚钱
- 4-3 利润大
- 4-4 持续发展
- 2 线上
- 2 集中
- 2 到点
- 2 线下

图 3-61　培训赋能

4）众创众包。

① 过去：2018（见图 3-62）。

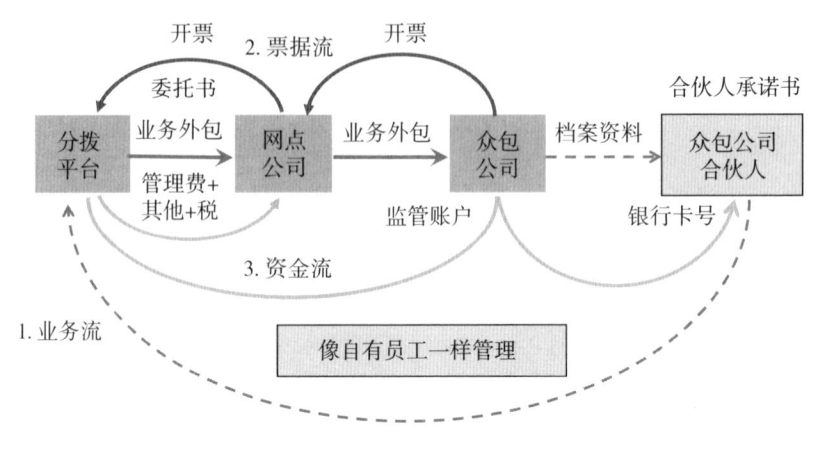

图 3-62　过去：2018

② 现在：2019（见图 3-63）。

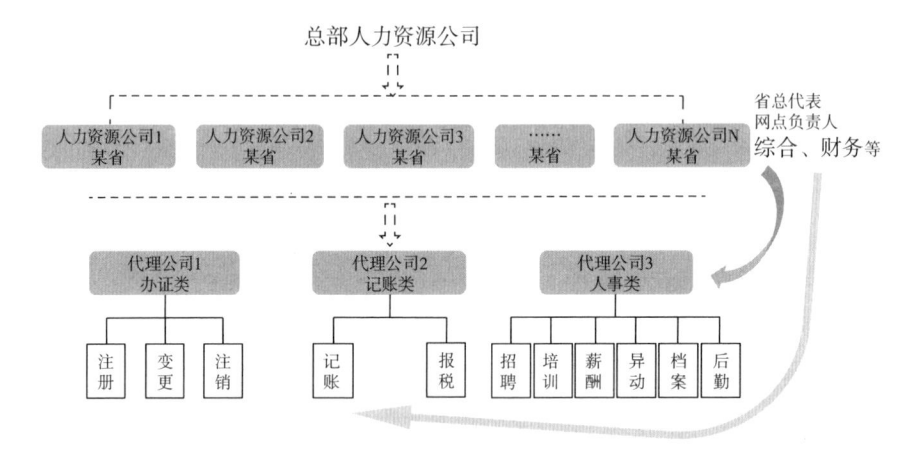

图 3-63　现在：2019

③未来：2020（见图3-64）。

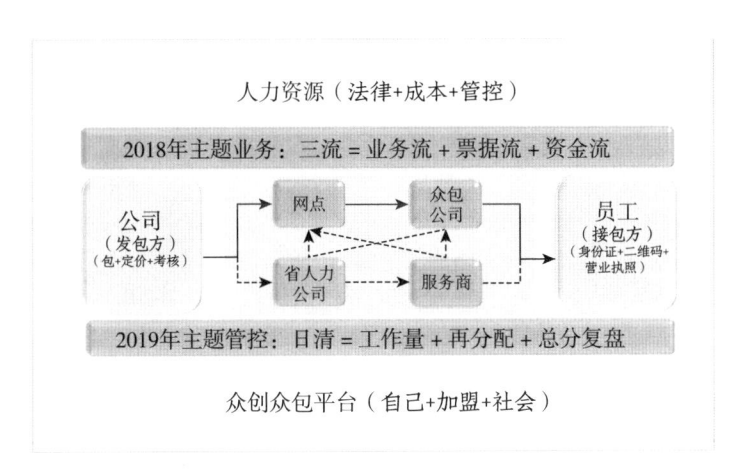

图3-64　未来：2020

5）行政创收（见图3-65）。

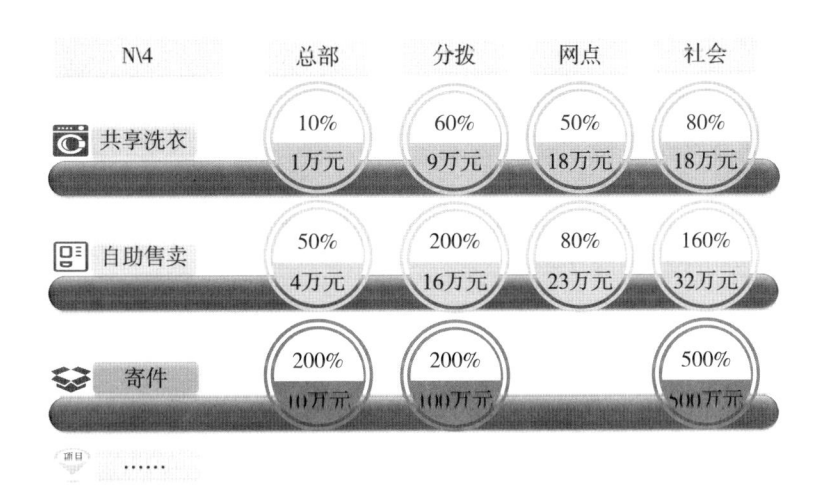

图3-65　行政创收

6）日清复盘（见图3-66）。

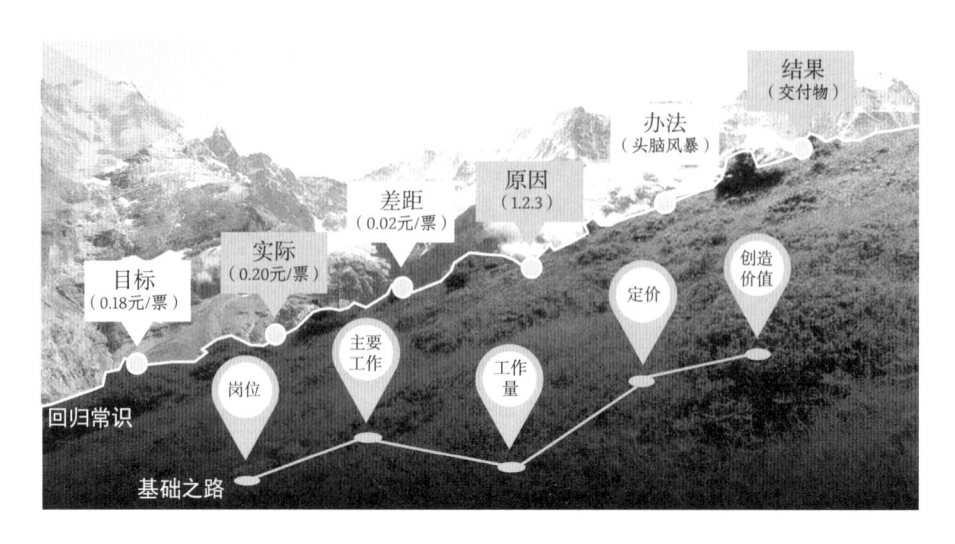

图3-66 日清复盘

（2）年会总结。

1）温故而知新：回顾。

① 新业务（袁泉）（见图3-67）。

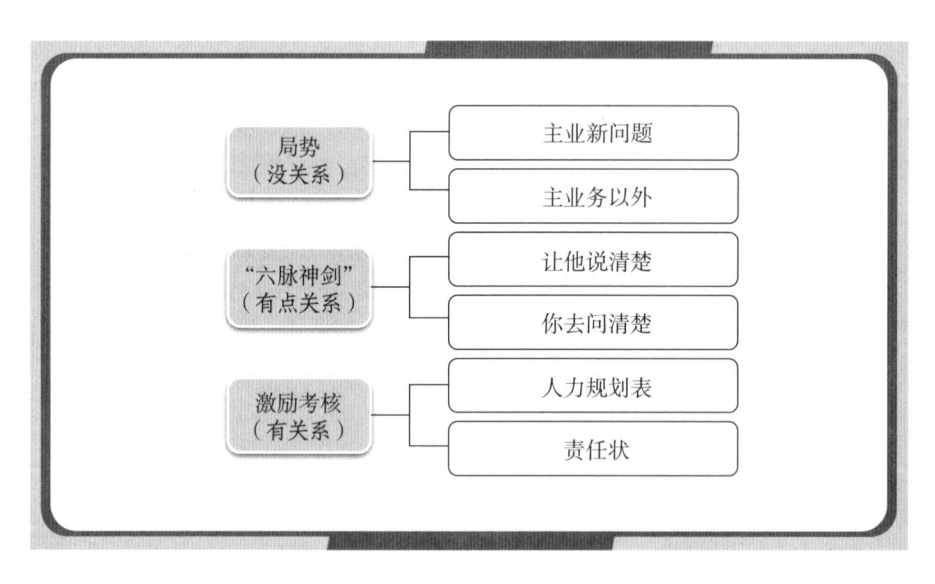

图3-67 新业务（袁泉）

② 快运（罗成）（见图 3-68）。

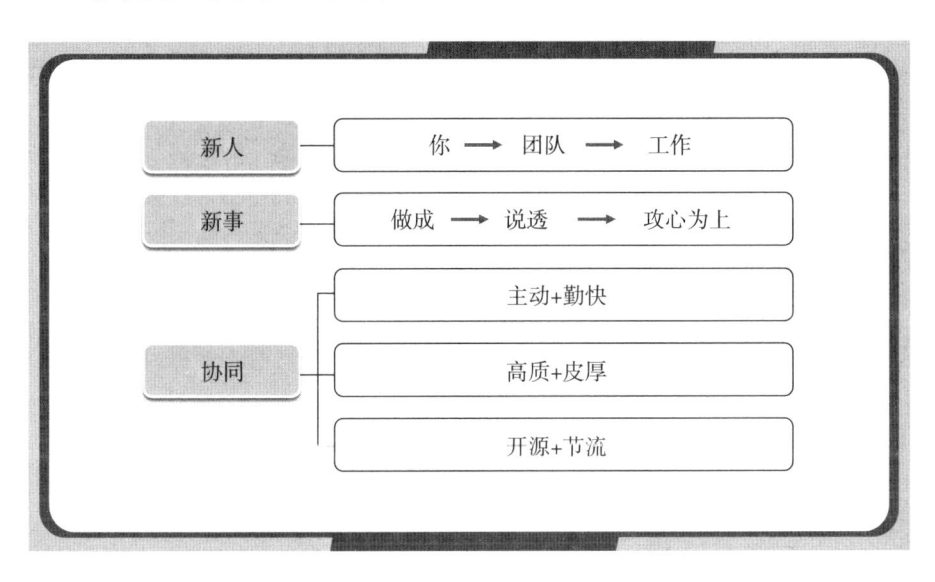

图 3-68　快运（罗成）

③ 单票人力成本（东生统）（见图 3-69）。

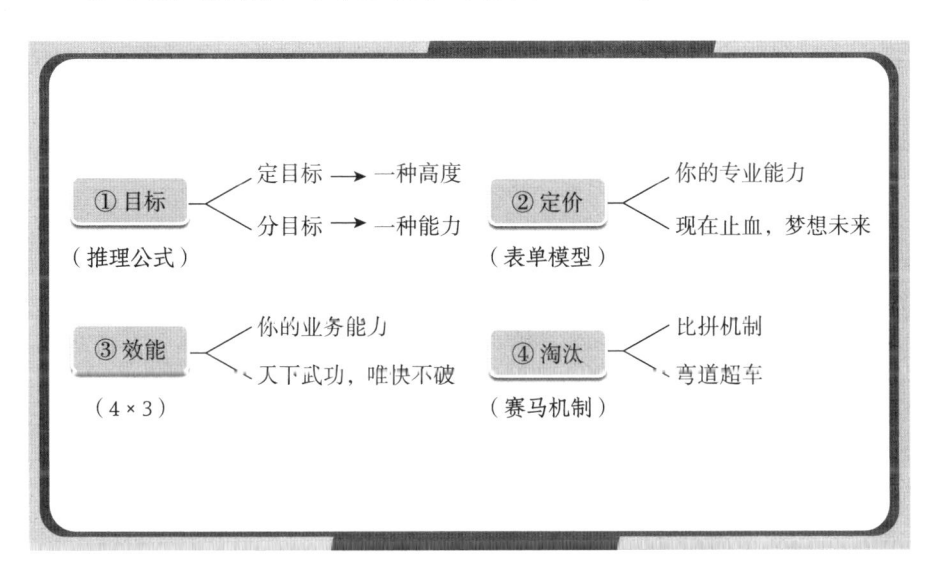

图 3-69　单票人力成本（东生统）

④培训增值（东生统）（见图 3-70）。

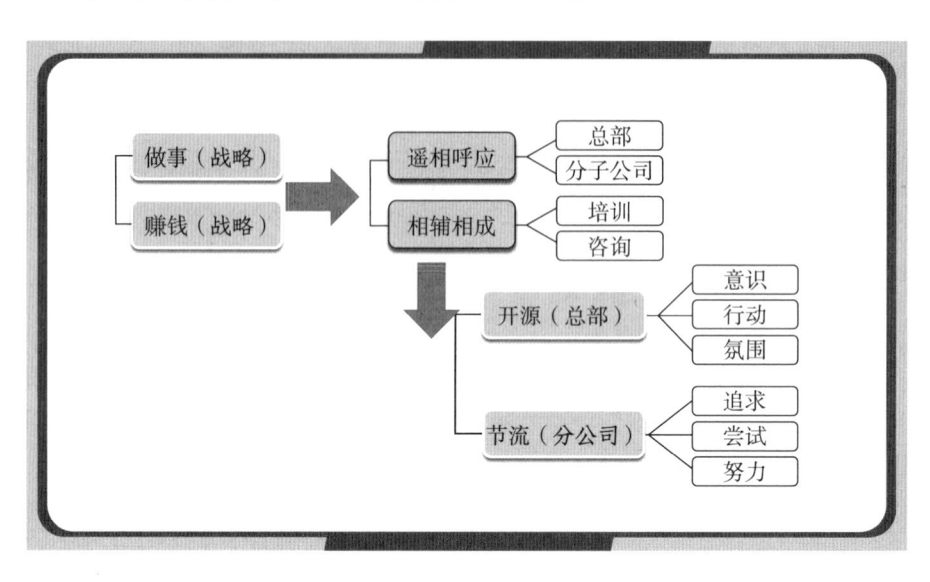

图 3-70　培训增值（东生统）

⑤行政创收（翟风清）（见图 3-71）。

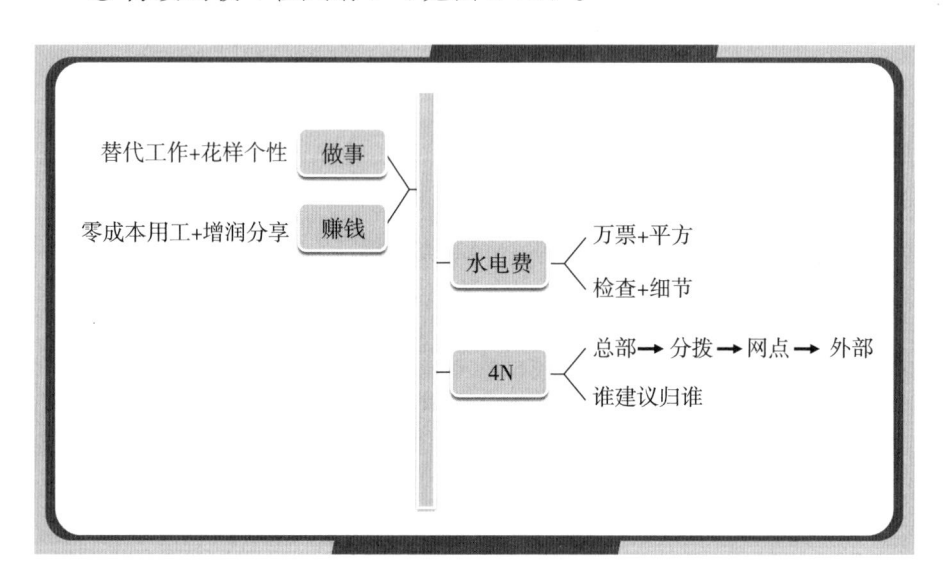

图 3-71　行政创收（翟风清）

⑥ 日清复盘（翟风清）（见图 3-72）。

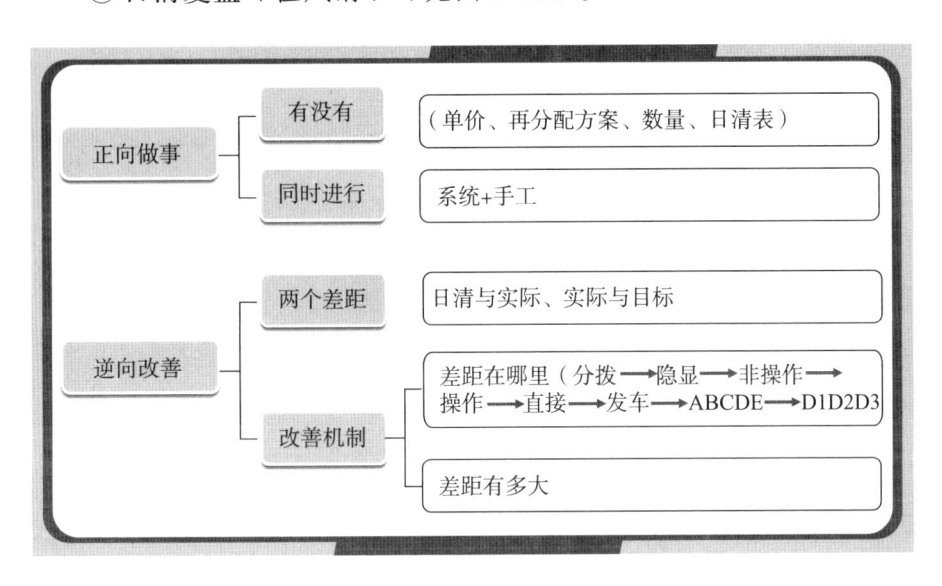

图 3-72 日清复盘（翟风清）

⑦ 众创众包（阚超）（见图 3-73）。

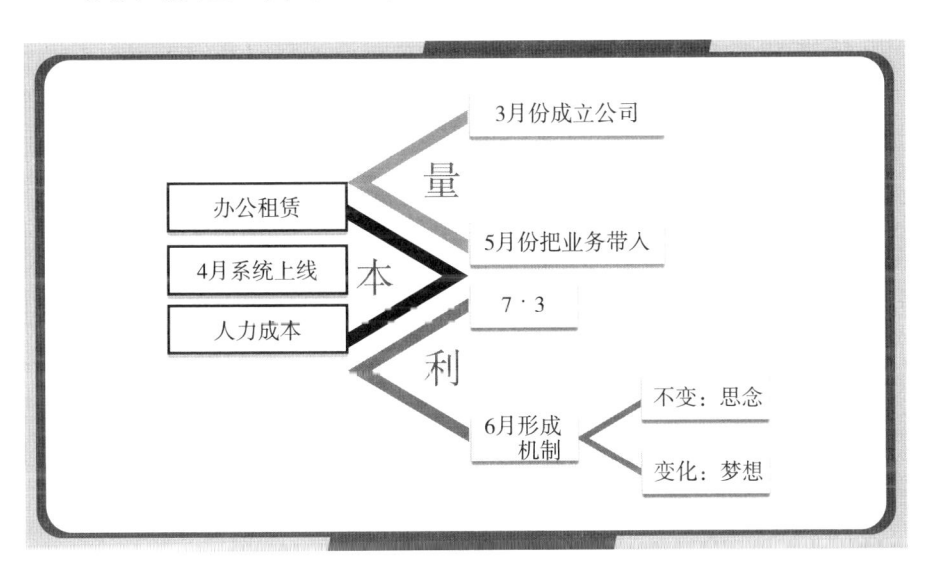

图 3-73 众创众包（阚超）

⑧ 人才储备（阙超）（见图 3-74）。

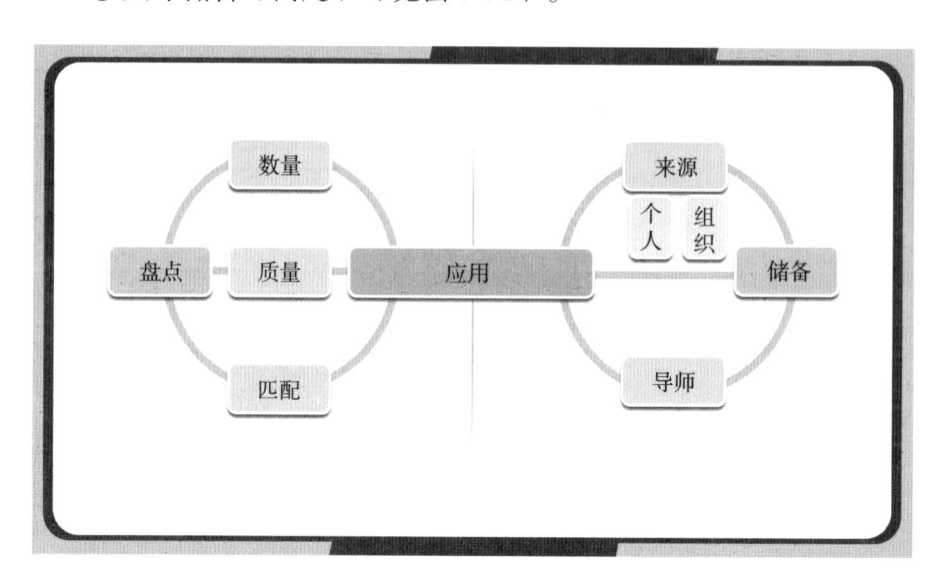

图 3-74　人才储备（阙超）

2）单兵作战能力模型（见图 3-75）。

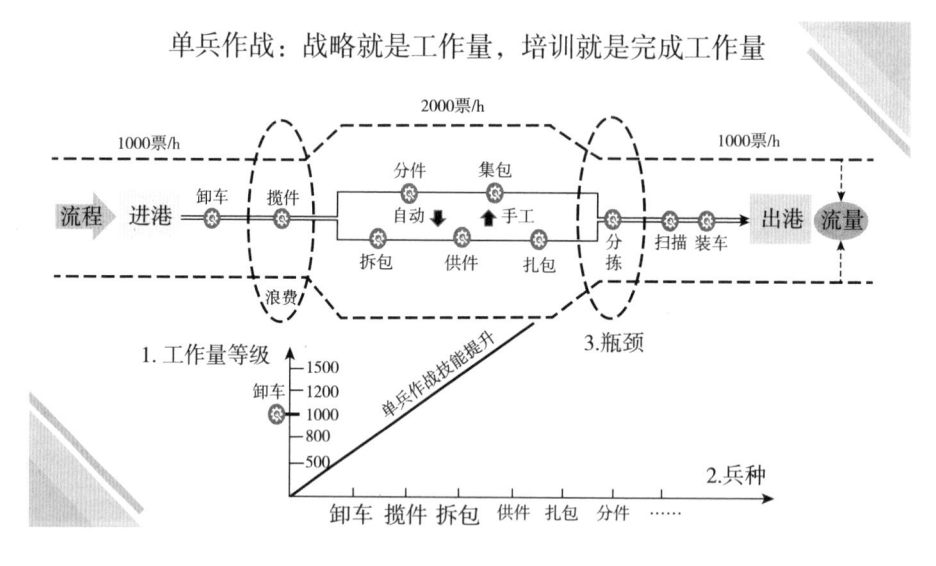

图 3-75　单兵作战能力模型

3）人力系统开发。

① 战略目标（见图 3-76）。

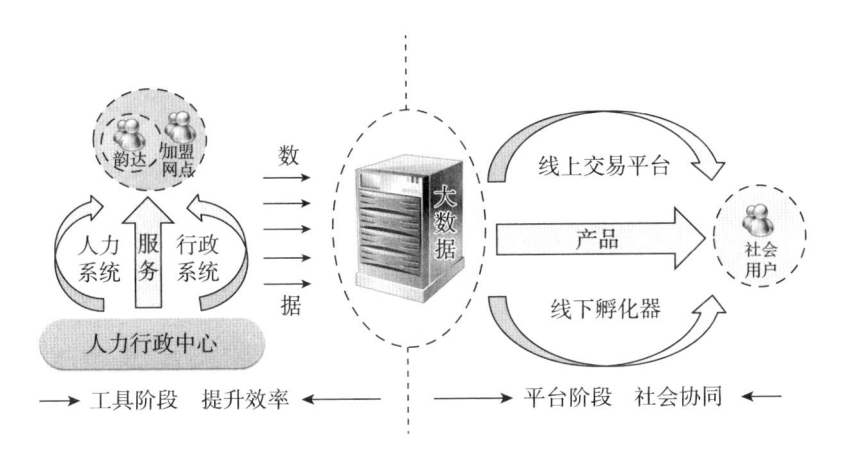

图 3-76　战略目标

② 目标客户（见图 3-77）。

直属
- 各业务单元结构复杂——平台化事业群运营，厘清关系
- 距离远，沟通不便——联合办公，提升效率，节约成本
- 共用公司账户——注册公司，设立账户独立核算
- 创新业务市场化较慢——引入外部竞争，优化资金配置

网点
- 产品单一，利润不可控——丰富产品，增加额外收入
- 人员短缺，人力成本逐年上涨——代理招聘，灵活用工
- 经营管理水平较低——多形式、多种类培训，提升效率
- 投资大、运营成本高——多维度降低运营成本，增加利润

社会
- 工商税务烦琐，耗时耗钱——代理服务，省时省钱
- 办公场地成本高——联合办公，按天/月灵活收费
- 创业经验匮乏，失败率高——专业人力服务，资源加持
- 融资难——组建孵化基金，培育创业黑马

图 3-77　目标客户

③运营模式（见图 3-78）。

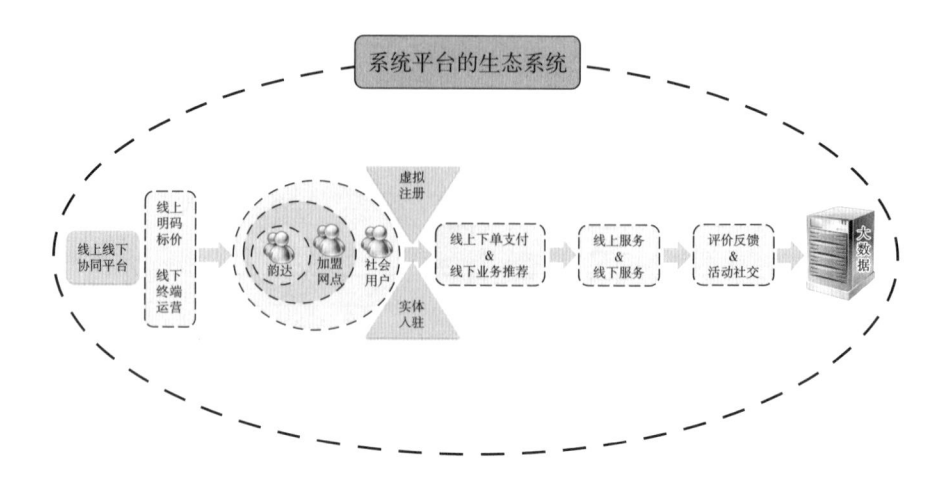

图 3-78　运营模式

④工作计划—软件工具（见图 3-79）。

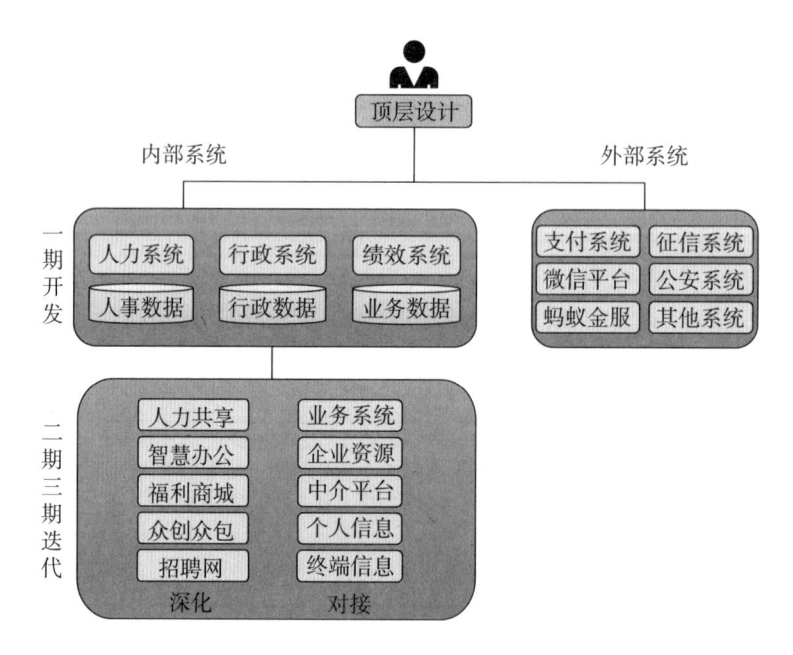

图 3-79　工作计划—软件工具

4）不忘初心：业务链。

业务链模型如图 3-80 所示。

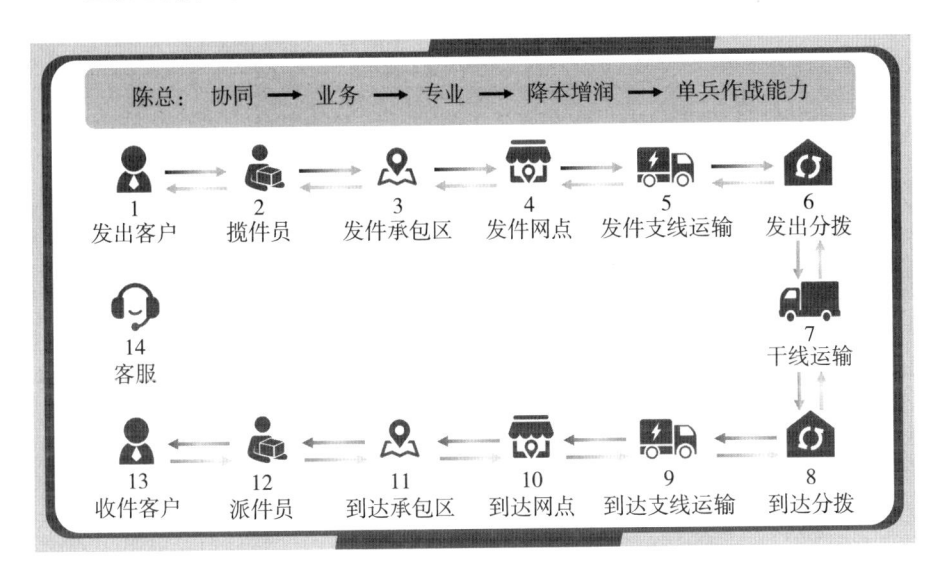

图 3-80　业务链模型

5）相转而化：人事文化。

① 人事文化模型（见图 3-81）。

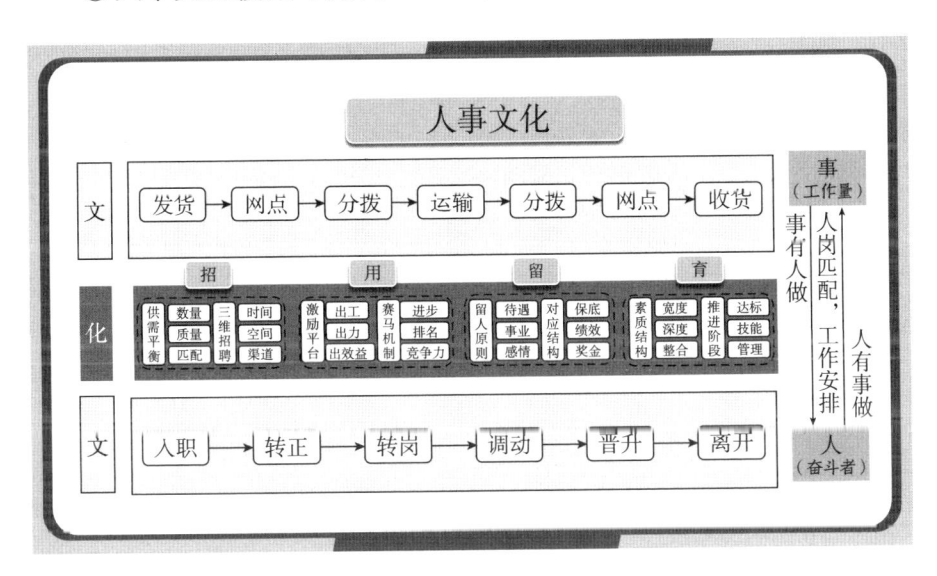

图 3-81　人事文化模型

6）人事管控模型（见图3-82）。

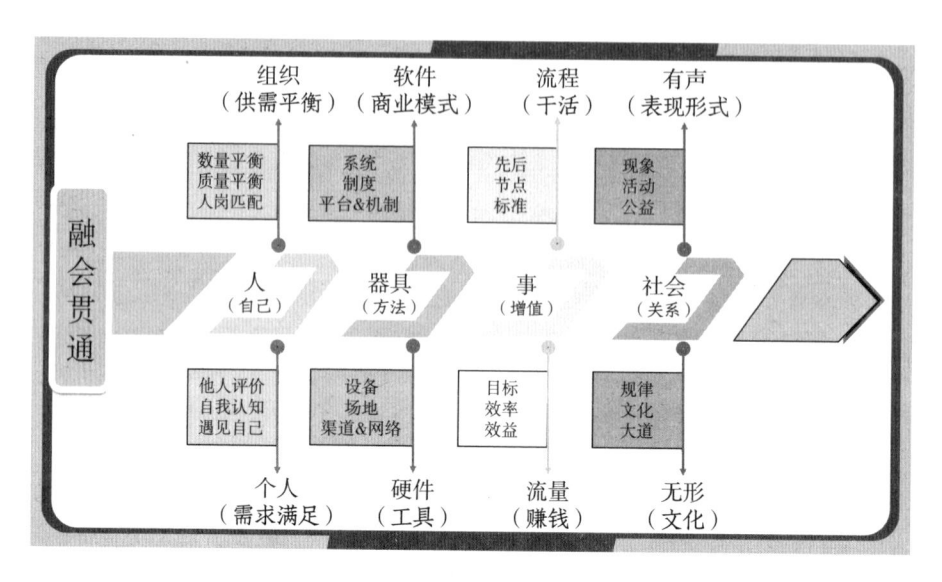

图 3-82　人事管控模型

第四章

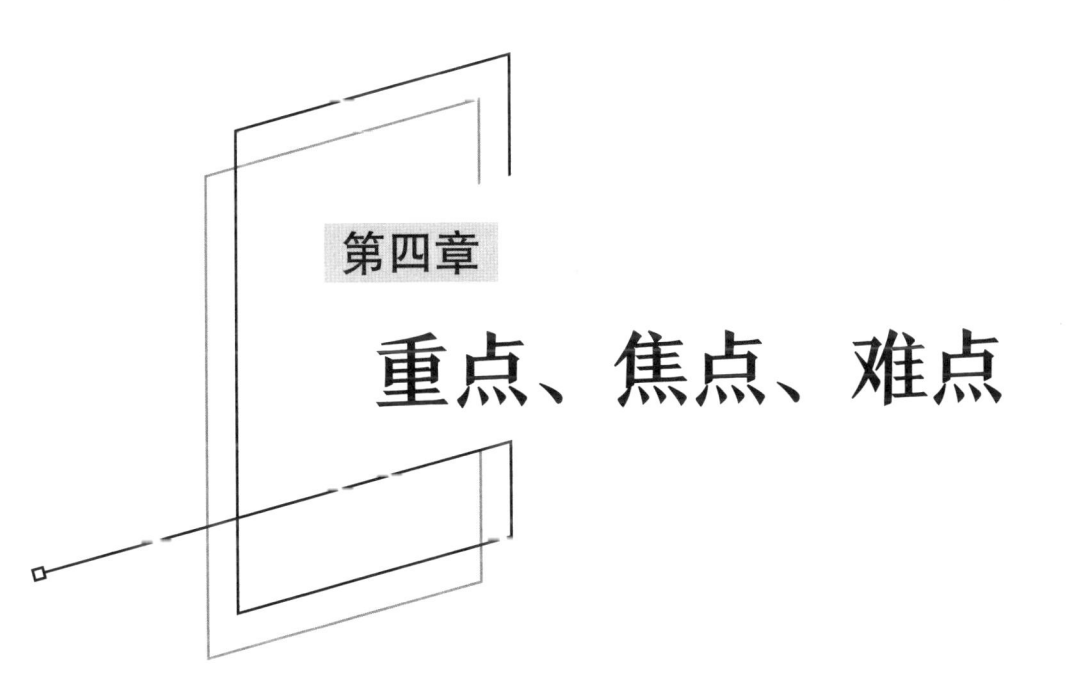

重点、焦点、难点

一、入职工作计划

每个人进入一家企业，最好能够做一份将要开展工作的计划。这不仅是对这份工作的重视，也是进入工作场景的思路沟通。

每个老板都需要员工做工作计划，这属于人才验证的一种方法，每个人要做到心中有数，包括人力资源部门、包括老板，也包括你自己，也能为工作开展打下前期基础。下面是进入一家快速发展企业的工作计划，仅供参考。

1. 人力资源系统执行平台建设（12个月）

（1）组织架构建设。

A.集团管理层面（定位、数量、质量）。

B.业务支持层面（支持内容、人员来源、如何分权）。

（2）明确岗位职责。

A.岗位说明书。

B.分工联络单。

C.工作操作流程。

D.岗位考核指标设计。

E.值班及巡查安排。

（3）沟通平台建设。

A.通讯录建立。

B.邮箱建设。

C.网络聊天工具建设。

D.投诉信箱建立。

E.办公OA平台建设。

（4）工作表单制作。

1）招聘管理表单。

人力需求表、人员扩编报告、履历表、面试通知单、录取通知单、劳动合同、保密合同、实习协议、新员工派遣单、人力供需平衡一览表、招聘台账。

2）培训发展表单。

培训花名册、课程一览表、签到表、培训需求调查表、培训申请表、企业文化、培训纪律、入职行为规范、课程研发费用申请表、讲师授课费用申请表、培训档案表。

3）绩效管理表单。

考核指标备忘录、绩效考核表。

4）员工异动表单。

（试用、转岗、晋升）转正表、转岗表、晋升（降职）表、晋级（降级）表、离职申请表、离职结算表、工作交接表、述职报告、调令、任命。

5）薪酬福利表单。

请假条、考勤表、加班申请单、工资表、提成一览表、社保一览表、人员定编表、人力成本分析表。

6）员工关系表单。

员工申诉表、提案建议表、满意度调查表、分工一览表、通讯录、离职证明、自动离职通知。

（5）会务管控。

A.早会。

B.日重点汇报。

C.周例会。

D.月系统电话会议。

E.季度系统考核评比。

F.半年集中技能培训。

G.年度总部工作会议。

（6）周期。

A.1～3个月完成组织架构建议和部门人员调整。

B.3～6个月完成部门工作表单制作和会务管控。

C.6～9个月完成沟通平台建设和部门岗位职责明确。

D.9～12个月完成部门人员优化和制度学习。

2.人力资源管理制度建设（24个月）

（1）分类。

A.人力资源规划管理制度。

B.招聘管理制度。

C.培训发展管理制度。

D.绩效管理制度。

E.薪酬福利管理制度。

F.员工异动管理制度。

（2）结构。

A.制度。

B.流程

C.表单

（3）周期。

A.1～3个月收集所有原有的老制度。

B.3～6个月根据新要求的统一格式整理出新制度。

C.6～9个月广泛讨论并进一步修订这些整理的制度。

D.9～12个月培训（自己学、组织学、签到考试）。

E.12～24个月执行（位移和纠偏）。

F.12～24个月反馈（标记和书面）。

G.24个月后完善（年度修订）。

3.企业文化建设（36个月）

（1）通过自身素质影响系统团队（原则、风格）。

积极推行和应用组织架构，明确层级管理和管理幅度，贯彻上级以身作则、下级绝对服从的精神，养成持久落实即管理的良好习惯，打造一支过硬的执行队伍。

（2）通过团队工作影响全体员工（专业、规范）。

1）从事人力资源工作的人——专业。

A.形象不错。

B.懂礼仪。

C.善于表达自己。

D.熟练使用各种办公设备设施。

E.掌握一些电脑操作处理能力。

F.具备不同环境的应变能力。

G.培养各自独当一面的能力。

H. 每个人身边必须有两本以上对应工作的专业书籍。

I. 取得行业资格证。

2）人力资源工作人员所做的事——规范。

A. 分工明确，考核量化。

B. 定期轮岗，减少人事风险。

C. 严格学制度、执行制度、完善制度。

D. 建立每件事的操作流程。

E. 细化每个环节的具体标准。

（3）通过全体服务影响客户评价（态度、技能）。

A. 周期性开展心态培训，营造工作氛围。

B. 制定实战的激励机制。

C. 根据企业现状，加强管理人员的知识、技能培训。

4. 人力成本费用控制（36个月）

（1）人员定岗、定编、定员、定薪控制。

A. 根据组织架构，使所有人找到自己的归属部门、岗位，并明确上下级关系。

B. 在没有找到合适的定编依据的情况下，统计某一时点的实际人员数量（1月份正好），作为后期人力需求的参考依据。

C. 任何人员异动都要办理人事手续，严格控制人员的调动、转岗、晋升、入职和离职等。

D. 在没有薪酬等级制度的情况下，根据统计某一时点的实际人员数量，计算当时的实际工资总额，同样作为每月工资发放的参考依据。

E. 根据不同部门或不同系统寻找定编依据和标准，根据难易程度逐步实现。

（2）行政人事费用预算管理。

A.根据历史数据，选择标的大的费用作为预算管理项目指标，比如生活费用、住宿费用、水电费用、通信费用、工资、社保、办公用品费用、差旅费用等。

B.每项指标的定义与财务一致，保持数据统一和来源稳定。

C.根据历史数据制定费用发生的标准，进行标准控制或定额控制。

D.进行考核奖惩，节约的部分可以按照一定比例奖励，超额部分按照一定比例责任到部门第一负责人即可。

E.人事费用重点在工资、社保、招聘、培训、绩效奖金等费用，建议规范预算，计划使用，定期进行偏差分析。

（3）定额标准和标准费用。

5. 集团管控模式（36个月）

（1）签批制度。

A.费用签批权限和流程。

B.日常事务签批权限和流程。

C.凡事先批后做，严禁先斩后奏。

（2）单位级别评估。

A.对大区、分公司、孙/子公司、加盟网点进行定期评比考核。

B.可以选择营业额、利润、业务量、运作质量等评比指标。

C.根据考核结果给予荣誉和物质奖励。

D.结果必须与单位、部门、员工个人三者挂钩进行绩效考核。

（3）信息化建设与法人治理结构。

A.OA 办公系统。

B.eHR 人力资源系统。

（4）梳理法人治理结构。

二、早会

1. 早会流程与内容总结

A. 选择地点、规定时间、锁定参与人员。

B. 集合："军训"要求。

C. 点名。

D. 企业文化背诵。

E. 问候。

F. 核心内容：培训内容、重大事件、知识分享、工作安排。

G. 结束鼓掌。

2. 军训的管理道义

（1）早会"军训"要求。

专业教官；教材具体见《"军训"教材》。

（2）"军训"效果评估。

每个人都要做一回早会主持，主持人集合点名，严格按照"军训"要求执行。

（3）"军训"中的道理。

A. 主动素养：寻找队形＋高矮次序。

B. 角色转换：教官＋顾客。

C. 执行力：口令。

D. 沟通：问好，达成一致。

E. 重复：最好的训练。

F. 团队：慢一点，快一点，喜欢与不喜欢，分工与合作。

G. 点名：参与不参与、主动不主动、统一不统一、空杯不空杯。

3. 第一次开早会

（1）言传身教。

（2）从上台礼貌鞠躬开始。

（3）从"军训"口令跨立开始早会内容。

A. 问候大家好进入预热：大家可能不回复，也可能有些人回复，声音不一致，而且很小很少。

B. 说清楚问候规则：我说"各位同事，大家早上好"，大家回复三个字"早上好"。

C. 开始操练：大家开始发声，表示大家都开始参与，因为大家的声音明显大了起来。但是，声音可能此起彼伏，也可能整齐划一，为什么？如果整齐说明个人的素质不错，职业经历丰富，培养的职业素养也不错；如果声音此起彼伏，说明大家还不是一个团队，快一点的慢一点，慢一点的快一点，团队成功取决于大家的分工协作，每一个环节都不能掉链子，每一个人都很重要。进入下一个训练。

D. 重复训练：三次或三次以上，直至达到理想的境界，声音洪亮，整齐划一。这就是训练的结果，也是培训效果评估，更是告诉大家，成功就是简单的事情重复做，分工越细，岗位就越平凡。应征管理有一种解释就是"让平凡的人干出不平凡的事情"。

　　E.集合整队：要求见"军训"。

　　F.点名：要求见"军训"。

　　G.企业文化：结果模式，即主持人说"我们的愿景（后续××替代）是"，大家齐声回答对应的内容。

（4）这个早会讲什么？

①讲解今天早会的内容。

②具体解释为什么每个人都要主持早会。

　　A.锻炼胆量、提供平等机会、培养学习力。

　　B.延伸到绩效考核中的"为难你"的指标和管理的短板原理。

　　C.余下就是坚持。

（5）结束鼓掌三下。

注意不是马上解散，而是口令回归立正之后说"解散"。

4.某年的早会

（1）20140105早会。

针对大家在工作中遇到的各种非议，可能来自上司、外部、同事，表现形式为叮嘱、牢骚、劝诫等好心或关心，结果导致不敢开展工作、有所顾虑、形成不好的风气。为解决这个问题我认为有三个境界可以去应对。

　　A.中策是：这个事情对公司是否有利？有利就可以去做，坚定不移地去做。

　　B.下策是：对自己的专业负责。你的能力有没有提升，你能不能保持自己的职业优势，离开之后能不能找到更好的工作，这份工作需不需要你的能力？

C.上策是：对社会负责。表现为职业道德。你出勤了吗，出力了吗，出效益了吗？在这个社会形态之中，你遵循游戏规则和传播美德了吗？

（2）20140107早会。

A.新员工的三个阶段：从不会到会，需要的是多付出；熟能生巧，需要乐于帮助别人；巧能生花，需要主动创新。

B.老员工的境界：严格要求自己，积极按照规矩办事，对异常保持好的处理心态。

（3）20140705早会。

A.昨日25位校长谈坚持，他们对自己和学生，以及社会的传道、授业、解惑。

B.上周中午在食堂吃饭听到收派网点中心一位同事谈论我们部门的早会影响很大。结合刚开始做早会强调"军训"和精神面貌，并戏说：你在这里开早会，看风景的人在看你。源自坚持。

C.想想我们的工作：有一些困难、困惑，都要坚持。

D.我们常开导别人：坚持就是胜利！

E.今天送给大家还是两个字：坚持。

（4）20140814早会。

A.信息系统更改：签批、BQQ、组织架构。

B.下午办公室搬迁：集中办公。

C.重点工作：中秋晚会。

D.明天全国视频会议：《关于集团行政管理职能与人力资源管理职能整合的通知》，有几个说明如下。

a.合并的意义：精简高效（配合公司业务改革、保障公司战略实现；改变管控模式）。

b. 人员任免（工作）强调：分工与放权。

c. 工作指导思想：认识到位、责任心到位、专业到位、服务意识到位。

d. 放权手册梳理：天天要，有了却不知道怎么用。

e. 资产清理：以资产管理部数据为基准，盘点、盈亏分析、日常管理。

E.《关于进一步提升效能的通知》。

F. 补偿的终止强调。

（5）20140815早会。

A. 分拨中心转型2件事情：人员如何分流、资产如何处理。

B. 管理放权2件事情：申请砍节点、报销划责任。

C. 工资发放：只能提前，不能滞后，否则薪酬负责人严惩不贷。

D. 半年总结：干了什么，花了多少钱，有什么问题，有什么建议。

E. 视频会议：你们来讲。

（6）20140818早会。

A. ××同志的事情通报。

B. 厦门、东莞、曲阜、江都转型，资产清查和人员遣散。

C. 工作总结还有部分人员未交，请抓紧时间。

D. 美世发票寄过来了，处理。

E. EMBA课程或总裁班之类培训价格收集。

（7）20140917早会。

A. 昆明事情：没有协议的补偿。

B. 资产管理：转变方式工作，关注盈余、闲置、破损。

C.人事方面的人与成本。

D.工作总结。

E.中秋晚会。

（8）20150203 早会。

A.传达总办会议：江浙沪次日达、继续关注车线人员场地、计件内包与 200 个猎头公司、管培作用。

B.发心：出发点，如心正，可能有福报。如何对于业务部门形成战略性支持。

C.工作总结发给陈总：修正。

（9）20150209 早会。

A.人员补充：广州、杭州、南昌。

B.春节值班上限 5%：回家摸底、春节后上班摸底。

C.工资、奖金，准备好。

D.重庆交接：建岗、资产交接、离任审计、人员交接。

E.计件内包。

F.行政：费用标准、办公室清理。

三、周例会

1. 模型

A. 归口人员主持。

B. 总结上周。

可以统一格式,见工作总结与计划表。

C. 下周计划。

可以统一格式,见工作总结与计划表。

D. 需要协调和帮助的问题。

E. 老板总结和强调重点。

2. 周例会示例

(1)×年×周例会:《数据安排》。

1)招聘数据。

今年招聘多少人,以及分别的结构(总部与分拨、行政级别分类、业务与非业务),与计划相差情况,招聘满足率是多少,根据动态表制作有数据以来的动态分析。

2）薪酬数据。

今年总成本多少，分别结构（按照工资结构项目、各单位、各系统、行政级别），与预算相差多少，出勤多少，人均多少，日均多少，有数据以来月度数据制作动态分析。

3）绩效数据。

参加数据人次，分别结构（集团各分数比例，各系统比例），绩效工资多少，各系统平均多少，单位负责人分数单独分析。

4）劳动数据。

劳动合同、用工结构、社保费用、人力结构（工龄、学历、年龄、性别、籍贯、单位、系统、行政级别）。

5）人事数据。

异动数据（转正、转岗、晋升、晋职、转岗、任命）、合理化建议、奖惩、会议、人事系统人员结构、制度。

6）文化数据。

技能比赛、宣传栏。

7）达标数据。

培训人数、课时数、平均数、达标汇总、新训汇总、干部汇总、项目汇总。

8）企业学院。

七表通、项目数据、课程数据。

（2）×年×周例会：《日常工作》。

1）实践达标工作。

文化手册、员工手册、人力制度、年度评优、培训总结（工作总结、教材评估、讲师评定、项目总结）。

2）人力资源部工作。

总部绩效考核梳理（绩效）、日清日毕工作梳理（薪酬）、人力规划工作梳理（招聘）。

3）员工关系部工作。

业务外包、工伤、SOA流程梳理、制度修订、内部建设资料整理。

4）组织与人才发展项目。

A.组织工作（架构图、单位评定、部门职能、岗位设置、职称评定、岗位职责、人员定编标准与依据、法人治理）。

B.人才工作（人才盘点、人才匹配、人才培养、人才考核；人才储备、人才胜任素质、人才测评、领导力）。

5）峰值应对。

每日汇报、外包、散工、支援、排班、加班报告。

6）总部绩效方案项目。

A.进行定编的依据和寻找定编的标准。总部定编一直很难。

B.为阿米巴做铺垫，实行单价控制和思维习惯。

C.完善激励机制，工资结构性进一步优化。

D.数量与质量挂钩，实现双层考核特色。巩固以往模式。

E.实现成本总体控制和授权灵活结合管控模式。

F.建立具有企业特色的行业薪酬绩效体系。

G.涨薪是必然趋势，增加公司管理要求是上上策。

H.年度普调，以考核部分增加为好。

（3）×年×周例会：《分拨中心管理优化》。

1）分拨整合的相关事项。

总结原则（减少不增加，分流不晋升，维持不加薪）。工作融合（新负责人责任）、人员分流（省拿出建议）、申请流程（经办人跟进）。

2）考核推进及夯实的重点事项。

省总考核、核心团队确定、操作经理计件奖金、操作主管取消20%、合并奖金考核说明、计件奖金分配方案等。

3）人员现状分析要逐一控制。

人效（分子件量+分母人数）、单件人力成本（所有的科目）、杜绝暑假工（空饷+不作为+闲散+反面）。

4）计件奖金逐步过渡。

从原来操作单价到将来的单件人力成本（单件人力成本已经达到、IBM项目需要、没有计件奖金；时间从9月份开始；保持良性循环）。

5）高峰要提前准备。

提示单位负责人（支持）、商议具体应对办法（靠自己）、铺垫前期工作（7～8月份+供应商）、夯实业务外包（装卸+流水线）、准备加班标准（小时单价、控制办法）、协调结算流程文件等（财务认可与操作对量+正常结算和运作风控）。

（4）×年×周例会：《考勤专题会议——日清日毕》。

A. 严格施行考勤系统。

B. 彻底优化考勤系统（问题书面对接签字存档）。

C. 考勤系统直接对应工资制作。

D. 考勤清理做到日清日毕。

E. 排班系统与排班对接。

F. 特殊人员考勤：单位负责人的前半夜、操作人员的全夜班、收购公司副职的考勤、总监级考勤修订。

G. 出差与假务制度的严格执行。

H. 每人采集信息（右手、食指、脸谱）、每日日清（核对、当地当天补迟到早退、总部当天补旷工)、全国每日报表(总部专人)、每月报表通报(总部专人)。

  I. 质控每天对管理人员巡查。

  J. 部门专人抽查。

四、月度视频会

1. ×年2月视频会议：《如何提高人均效率会议》

（1）培训分享。

A. 供需平衡三个词：数量（三条线，即警戒线、目标线、安全线）、质量（早期人员结构，即籍贯、性别、年龄）、匹配（人事任命，即通知、格式、流程）。

B. 提高效能三个词：出工（对应考勤）、出力（对应排班表）、出效益（操作阿米巴）。

C. 人力成本三个词：人力规划编制表、预算、薪酬调查。

D. 人员稳定三个词：8%、36条、沟通。

E. 人才梯队三个词：带2、储备、轮岗。

F. 内部建设三个词：负责人、梳理、操作。

（2）提高人效安排。

A. 组织管理优化方面：合并一二级部门，清理分拨中心非操作岗位，总部管理幅度按照8人执行，多余主管保持原待遇，取消行政级别。

B. 人员结构优化方面：严格控制18～50周岁、亲戚回避制度、籍贯5%与10人分流、一二级分拨中心10%外包、男女比例不低于6∶4、中专以上人员不低于10%。

C.员工福利优化方面：落实六天工作制，华北、东北、华东社保试点，提高住房外宿标准，非操作人员新员工7天达标时间培训，管理人员1个月实践达标17个工种。

D.人员排班优化方面：人力规划表动态控制。

E.考核管理优化方面：兼职人员考核工资享受、三条定编线考核奖惩放到警戒线以下、实践达标不合格予以优化、绩效考核末位淘汰制。

2.×年5月电话会：《月度工作计划》

（1）6月总部工作重点。

A.员工达标：深度培训、广度达标、重新开始、重点突出。

B.战略储备：发第一批、训第二批、招第三批、增职能方案。

C.考勤系统：系统本身完善、制度完善、管控完善（薪酬计算、推进方法、上班时间）。

D.基础工作：岗位分析、人员定编、排班调研、阿米巴排演。

E.薪酬管理：项目开展、制作时间、计件奖金、考勤系统。

F.社保管理：流程及系统制定、社保完善推进方案、成本分析及报批。

G.提高效能：人均效能、流失率。

（2）5月系统电话会议。

A.如何做好常规性工作：依据（制度通知指示）、执行（力度、速度、应变）和结果（张贴、报告、存档）。

B.如何应对突发事件：突发事件（如天津、广州、东莞）；工作冲突（北京、广州）；沟通矛盾（武汉、无锡）。

C.如何面对高峰期的前奏：达标培训、业务体验、劳务外包、合理排班。

D.考核指标存在哪些问题。

E.考勤系统执行存在哪些问题。

F.内部建设：配置储备、同级评比、考核分析、周期学习。

G.社保改革。

3.×年9月视频会：《10月份招聘视频会议》

（1）明确考核线。

A.10月份安全线，低于处罚、高于奖金，储备线为上浮10%，达到11月份数据的给予双倍奖。

B.计件奖金与加班费用不低于300元，目标尽量不低于500元。

C.人员考核以自有员工和业务外包为准。

（2）重点区域承诺。

北京、武汉、东莞、西安、上海、杭州、成都。

（3）新动态。

新租场地意味着增加2班人员。

（4）"1+1"的概念。

首先有2个班。然后看营业时间是"8+8"还是"12+12"；再然后看人员数量，是"1+0.3""1+0.5"还是"1+1"。

（5）业务外包概念。

单位合作、发票结账、经济关系。财务结账与入账日清日结（培训、人事开单点、操作安排确认量、人事复核）。

（6）散工。

临时工方式结算。

（7）叮嘱。

目标值，最好是自有员工；提倡实习生短期工；周边的4小时临时工。

4. X年12月份视频会：《部门系统高峰值复盘及年底安排会议》

（1）感谢大家。

感谢大家没有一起说"严重缺人"。肯定大家努力的结果；认同外包整合的结果。

（2）听取高峰值期间的意见。

A.总体人员充足，偶尔无法满足急剧增长。

B.散工工作效率比较低下，主要码货，但是装载不好。

C.管理人员管理意识比较薄弱，管理过程没有很好监控。

D.自有员工和临时员工不能平等对待。

E. 合同来不及签订。

F. 有员工协助外包计件装车。

G. 无小票。

H. 男女比例不协调。

I. 需求计划性与处理及时性协调问题。

J. 结款周期因为压力过大需要调整为提前结账。

K. 备用金和资金申请。

L. 人员闲置与浪费。

M.派工单签字。

N.结款周期过长。

O.没有培训。

P.更换太频繁。

Q.外包与自有沟通少。

R.无法过称，无法日清。

S.不服从管理，派工难。

T.派工单收取不及时。

U.外包人员吃住问题：夜宵。

V.上班不准时。

W.财务：地税、国税票内容叫法，结款周期，一次性备用金，单位负责人、财务、人事操作签字即可，五天工作制。

X.单价异常、单价高、人员不稳定、达不到承诺线、应急不良、计划性不强、安排不合理、管理效能不到位、派工单不重视、结款周期长。

（3）定编调整。

经过"双十一"验证人数确实不需要调整，以12月份为基础核对，周末确定。

（4）外包优化。

散工撤掉（及时性）；合作单位异常换掉（诚信）；单价高的降低（成本）；计件倾向（效率）。

（5）日清工作。

工作量大、没有证件、工作安排不合理、工作效率低、结账不及时。

（6）关于"双十二"。

A.安排一定要合理：晚白班、各片区、各时段、新老调配、工种调配。

B.外包：责任状、稳定性、应急能力、培训讲解、单价高低、异常问题。

C.效率：有没有人讲解、有没有人带领、有没有人流动监控、有没有人结款、有没有人日清。

D.成本：上人快，下人也要快、定编合理、效率过低。

E.意识：从上到下，这样到下面就会不可收拾。

（7）注意事项。

A.汇总"双十一"不清楚的账，注意清理。

B."双十二"不明白的、再犯的提醒注意。

C.年度考核分达不到目标值且没有理由的，年终奖评估必须低于80分。

D.评优工作。

E.制度评选。

F.只见有人被罚，不见有人忙。

G.我们的工作理念是：时效保障，创造价值；忠于职守，创造价值；群策群力，创造价值。从行业关联到个人。

H.年前总结为主；年后系统年会—计划为主。

I.杜绝工作行为：不会、不愿意、不行、不作为。

J.注意共赢：个人、团队、公司。

五、人事系统年会

《2010年度全国人事行政会议记录》

（记录人：沈）

1. 人力资源规划

（1）组织结构。

1）总部一级部门和二级部门。

①总部一级部门共7个：总裁办、审计部、监察中心、人事行政中心、财务中心、工程采购及信息中心、营运中心。

②总部二级部门共26个。

A.总裁办：秘书处、企划部、档案部。

B.审计部：IT审计部、流程审计部、财务审计部。

C.监察中心：监察部、质检部。

D.人事行政中心：人力资源部、行政后勤部。

E.财务中心：会计部、预算管理部、投资部。

F.工程采购及信息中心：工程部、采购部、信息部、车线车辆采购部。

G.营运中心：网络开发部、网点管理部、中转站管理部、客户服务部、汽运部、航空部、市场营销部、质控部、政策与价格审核部。

③省经理隶属于营运中心副总经理直接管理，编制在总部营运中心。

2）中转站。

①一级中转站：001上海。

②二级中转站：002杭州、008南京、009无锡、019广州。

③三级中转站：004宁波。

④四级中转站：0033台州、0055义乌、006温州、007嘉兴、010南通、011泰州、013淮安、016沈阳、017武汉、018郑州、020中山、021深圳、025南昌、027济南、028北京、029天津、031青岛、032成都、034长沙、037重庆、012常州。

⑤五级中转站：046绍兴、014芜湖、015蚌埠、036合肥、022厦门、023福州、024晋江、026潍坊、030石家庄、033南宁、038临沂、040沙县、041徐州、042西安、043贵阳、035惠州。

3）中转站部门及岗位，岗位的规范名称及各个岗位定编的标准。

①中转站共有5个部门：人事行政部、财务部、客服部、操作部、项目组。

②每个部门岗位设置（以下均为规范的岗位名称）。

A.人事行政部：人事行政经理、人事行政主管、人事行政助理、行政专员、电脑维护员、调度主管、站点调度、厨工、勤杂工、清洁工、电工、保安、门卫等。

B.财务部：财务经理、财务主管、出纳员、结算员等。

C.客服部：话务班长、话务员等。

D.操作部：中转站长、中转副站长、操作主管、操作组长、操作班长、扫描员、司磅员、贵重物品处理员、大货处理员、操作员等。

E.项目组：航空项目组包括操作主管、操作组长、操作班长、客服员、操作员；业务项目组包括业务主管、业务副主管、收派员等。

③定编标准。

A.人事行政人员配置。

a. 40人以下由财务人员兼职人事行政管理工作，兼职补贴100元每月。

b. 40人以上配置专职人事行政助理。

c. 每增加100人增加配置人事行政助理1人。

d. 15人以上必须配置厨工1人。

e. 每增加50人增加配置厨工或勤杂工1人。

f. 100人以上配置清洁工，每增加100人增加配置清洁工1人。

g. 人事行政工作人员人数达到5人时配置人事行政主管1人。

h. 人事行政工作人员人数达到10人时配置人事行政经理1人。

B.电脑维护员配置。

a. 50台电脑和电子秤以下配置1人。

b. 每增加50台电脑和电子秤增加1人。

c. 电脑维护员工作不饱和情况下必须优先兼职调度工作，兼职补贴100元每月。

C.调度配置。

a. 进出管理车辆20台以上配置调度。

b. 20~50台进出车辆管理配置站点调度1人。

c. 每增加50台进出车辆管理增加站点调度1人。

d. 100台进出车辆管理以上配置调度主管1人。

D. 财务部人员配置。

a. 每个中转站必须配置出纳员1人。

b. 具有收费功能时必须增加结算员1人。

c. 每100个结算网点增加编制1人。

d. 财务人员达到3人以上时配置财务主管1人。

e. 财务人员达到8人时配置财务经理1人。

E. 客服部人员配置。

a. 1万票以下配置1人。

b. 每增加2万票配置增加1人。

c. 直营公司，每增加2000票增加1人。

d. 3人以上配置话务班长1人。

e. 话务员工作不饱和情况下，可以兼职其他工作，具体由站长根据需要安排，无兼职补贴。

F. 操作部人员配置。

a. 站长配置1人。

b. 副站长配置：每增加100人配置1人。

c. 副站长（储备）1人。

d. 操作主管配置：每增加50人配置1人。

e. 操作组长配置：每增加25人配置1人。

f. 操作班长配置：每增加15人配置1人。

g. 扫描员配置：每2000票配置1人。

h. 操作员配置：8000票以下每250票配置1人；15000票以下每300票配置1人；7万票以下每350票配置1人，12万票以下每400票配置1人，20万票以下每450票配置1人；20万票以上每500票配置1人。

i. 低配置标准包括上一级配置，即配置副站长就要减少操作主管人员配置。

4）定岗、定编、定员、定薪。

①定岗：给工作定位，体现层级隶属关系，保证信息流对称和流畅。岗位名称要规范，隶属关系要清晰，在日常工作或书面资料中不能任意更改。通过绩效考核巩固和加深层级隶属关系。

②定编：属于数量问题，一般被称为"定编上限"，人力资源部统一发布，每季度调整一次，操作人员具体定编标准参照《中转站定编依据和标准（试行）》，各中转站根据定编上限数和实际在编人数得出人力需求数，政府具体参照《各中转站招聘管理办法（试行）》。

③定员：把合适的人放在合适的岗位。通过日常人事异动，体现人事匹配。

④定薪：根据所担当的岗位享受对应岗位工资，岗位发生变化，薪酬发生变化，之后实现工资总额总体考核。

（2）组织结构理念。

1）公司实行一把手负责制。

①公司：总裁负责制。

②部门：部门负责人负责制。

③中转站：站长负责制。

2）层级管理。

逐级汇报，逐级指挥，不能越级汇报、指挥，只能越级投诉、检查。

3）对岗位负责。

工资是发给岗位的，不是发给某个人的，任何人必须以公司利益为中心。

4）全局意识。

当个人利益和组织利益或公司利益发生冲突的时候，个人利益小于后者，必须以公司利益为重。

5）管理幅度。

管理人员管理幅度平均不低于15人。

2. 招聘选拔模块

（1）招聘渠道。

①中介公司：开发三家以上经常合作的中介公司。

②分布广告：定期（每周一次或下雨后）粘贴在流动人员较多的场所。

③活动广告牌：制作专门的招聘广告牌，放在中转站门口。

④劳务市场：了解并参与当地低端劳动力市场。

⑤人才市场：了解当地较有规模的人才市场的定位、收费情况、周期等信息。

⑥网络招聘：了解并尝试利用当地具有代表性的人才网，如赶集网、百姓网、同城网等招聘网站。

⑦网点推荐：发挥周边加盟网点的推荐和宣传作用。

⑧校园招聘：向总部招聘选拔组推荐当地有合作意向的院校联系人和联系电话。

（2）招聘选拔模块表单反馈要求。

1）人力需求表。

①提交时间：每月25日至月底递交次月人力需求表。

②填写要求：中转站名称、部门名称、岗位名称等填写要规范。

③签批流程：中转站站长（经办人），总部主管部门领导，人力资源部等签字审批。

④结果反馈：次月 5 号反馈审批结果、人员补充时间（以终批人签字时间为准）。原则上普通员工两周内补充到位，管理人员一个月内补充到位。

2）内部推荐表。

①适用范围：仅限操作员的内部推荐。

②激励金额：100 元 / 人。

③发放时间：被推荐人入职满三个月，推荐人和被推荐人仍然在职，一次性给予推荐人 100 元。

④操作流程：入职时必须填写《推荐表》，并经相关人员签字，随员工档案寄到总部员工关系组存档。

3）人员动态表。

①提交时间：每周四 12 点至周五 12 点。

②提交要求：严格按照各中转站人员动态表的标准格式填写，数据务必真实有效。

4）招聘台账。

①填写要求：参照《招聘台账》的要求填写。

②汇报时间：每月 3 日前提交上月数据。平时做好数据登记，总部招聘组随时抽查。

（3）招聘管理定义。

1）三条定编线，以及操作人员和非操作人员（岗位）。

①警戒线：根据系统三个月日平均票数，按照既定标准算出警戒线人数（不包括人员休息）。

②安全线：根据警戒线的人员基础，按照每人每月休息两天配置。

③发展线：根据公司战略规划，结合中转站所在位置、枢纽程度，按照安全线15%～20%的标准储备人员，这些人员可随时调动支援其他中转站。

④操作人员：站长、副站长、操作主管、操作组长、操作班长、扫描员、司磅员、交接员、操作员等岗位（定编表上操作部人员）。

⑤非操作人员：财务部、人事行政部、客服部、项目组等部门员工（以定编表上为准）。

2）入职手续办理流程。

①办理时间：员工试工三天后必须办理入职手续。

②入职填写内容：履历表，合同两份，内盗承诺书两份，保密和竞业禁止协议两份，照片四张，身份证复印件正反面，相关证书复印件。

③填写规范：参照人事行政培训教材《入职手续填写规范》。

④递交时间：必须在一周内将以上档案寄到总部人力资源部员工关系组存档。

3．薪酬管理

（1）薪酬等级。

1）等级制度：公司薪酬等级制度分为9等，每等7级，共63个等级。

2）等级确定。

①根据岗位价值计入薪等。

②根据个人价值计入薪级。

③根据个人在岗位上的贡献价值确定等级调整。

3）薪酬等级调整情况。

①试用期转正调整：员工转正必须办理转正手续，签批同意后方能享受转正待遇。

A.转正时间原则上为3个月，且前三个月平均考核分在70分以上方可转正。

B.转正时间以达标时间为准。

C.每月15号（含15号）之前入职的，达标起始时间为当月1号；每月15号之后入职的，达标起始时间为次月1号。

②根据考核分调整：每半年1次（每年的1月和7月），结合公司的经济效益，按照一定的比例，根据平均分的高低次序予以晋（降）级。

③岗位变动调整：因公司管理需要或个人申请，通过签批程序同意后，按照新的岗位进行薪酬套级（职务升降、转岗）。

④特殊情况调整：因特殊贡献或重大过错等原因，并通过签批同意后，予以调整薪酬等级。

（2）工资结构。

工资总额＝级别工资＋工龄工资＋学历工资＋津补贴＋奖金－应扣工资。

1）级别工资＝基本工资＋绩效工资。

级别工资根据岗位确定，不同岗位对应不同的级别工资；基本工资和绩效工资成比例分配。

①一、二、三等基本工资和绩效工资比例为8:2。

②四、五、六等基本工资和绩效工资比例为7:3。

③七、八、九等基本工资和绩效工资比例为6:4。

2）工龄工资。

①入职满一年，工龄工资为100元，次月开始享受。

②此后每满一年，工龄工资加100元，三年封顶。

3）学历工资。

①大专或初级职称，学历工资为50元。

②本科或中级职称，学历工资为100元。

③研究生或高级职称，学历工资为200元。

④学历工资自办理转正手续后开始享受，试用期无此项工资。

4）津补贴：主要是夜班补贴和兼职补贴。

①夜班补贴仅限上夜班的人员，为50元/月。

②兼职补贴仅限电脑维护员兼职站点调度、财务人员兼职人事行政助理，为100元/月，其余兼职补贴必须经过特批。

③行政费用：例如手机费、伙食补贴等不列入工资表，以付款凭证的方式支付。

5）奖金：主要是全勤奖。

①满勤的一线操作人员（不含副站长、站长）、站点调度、兼职站点调度等享受全勤奖。

②全勤奖按基本工资（级别工资－绩效工资）的10%发放。

6）应扣工资（储蓄金＋社保＋所得税＋理赔款＋水电费＋工作服扣款＋其他扣款）。

①储蓄金于入职第四个月开始扣除，每人每月100元。

②办理劳务派遣的员工，每月须承担46.4元。

③所得税：按照国家规定，工资总额超过2000元的，由企业代扣代缴，按照国家统一标准执行，计算方法如下。

A.超额500元内的按超额的实际数×5%缴纳。

B.超额500元～2000元的按超额的实际数×10%－25缴纳。

C.超额2000元～5000元的按超额的实际数×15%－125缴纳。

D.超额5000元～20000元的按超额的实际数×20%－375缴纳。

④理赔款：按照每人分摊金额扣除。

⑤水电费：实行定额管理，超过部分由宿舍人员分摊。

⑥工作服。

A.第一次领用工装，两件以内可以享受半价。

B.两件之外全额付款。

C.自领用之日起，半年内离职的，差额部分须补回。

D.所有员工上班时间必须穿工作服并佩戴工牌。

⑦其他扣款：主要为迟到、早退、旷工等异常情况扣款。

（3）考勤表注意事项。

①人事行政助理须认真填写并审核考勤表，确保考勤表真实准确。

②考勤表须于每月5日前寄到总部薪酬绩效组。

③满勤定义：根据中转站目前情况，操作人员每月休息两天，满勤天数＝自然月天数－2天。

④出勤定义：实际在岗上班的天数，不含休息、工伤、事假等。

⑤工伤七天内按出勤计算，超过七天的，发放基本工资，实际出勤天数按正常计算。

⑥加班定义。

A.临时加班：由于班车晚点或人员低于警戒线，按照每小时10元加班费计算，原则上不得超过3个小时。

B.人员短缺加班：由于人员低于安全线或公司经营需要，无法休息的，按照每天50元支付加班费。

C.节假日加班：如遇法定节日（春节、元旦、国庆、中秋、端午、五一、清明），因工作需要无法休息的，另给予双倍工资（基本工资/满勤天数×2）。

D.以上加班情况仅限于操作人员（不含站长、副站长），非操作人员实行每周六天工作制，原则上不产生加班费。

（4）离职结算。

①按照上月工资表内对应的基本信息，结合实际出勤天数结算工资。

②满勤须发放全勤奖。

③试用期员工按照试用期工资结算。

④不允许无故克扣离职员工工资。

④正常产生的水电费、工服费、理赔等必须扣除。

4.绩效考核

（1）绩效考核的积极作用。

1）考核意义。

培养考核意识，熟悉考核流程，完善考核制度，为日后量化考核做铺垫。

2）考核分数的用途。

①当月绩效工资增减的依据。

②年度薪资异动的依据。

③职位晋升的依据。

④人事异动的依据。

⑤储备干部选拔的依据。

⑥年终评选先进的依据。

⑦其他需要考核分的活动的依据。

（2）绩效考核流程。

1）推广流程。

绩效考核推广分为两个阶段。

①第一个阶段：通用指标考核，培养员工绩效考核意识，熟悉考核流程。

②第二个阶段：量化指标考核，针对岗位性质不同、工作内容不同等因素制定量化考核指标，并不断完善绩效考核制度，通过公司年利润合理分配，提高员工工作积极性，不断提高员工和公司的绩效，最终达到双赢的目的。

2）考核流程。

总体思路：被考核人自评→被考核人直接上级初评→初评人的直接上级复评。

各部门考核流程如下。

①人事行政部。

A.人事行政主管自评→站长初评（复评栏为空）。

B.人事行政助理自评→人事行政主管初评→站长复评。

C.电脑维护员自评→人事行政助理/主管初评→站长复评。

D.站点调度自评→人事行政助理/主管初评→站长复评。

E.厨工/勤杂工/保安等自评→人事行政助理/主管初评→站长复评。

②财务部。

A.财务经理自评→站长初评（复评栏为空）。

B.财务主管自评→财务经理初评→站长复评。

C.出纳员/结算员自评→财务主管初评→财务经理/站长复评。

③客服部。

话务员自评→话务班长初评→站长复评。

④操作部。

A.操作主管自评→站长初评（复评栏为空）。

B.操作组长自评→操作主管初评→站长复评。

C.操作班长自评→操作组长初评→操作主管复评。

D.操作员/扫描员等自评→操作班长初评→操作组长复评。

3）绩效考核注意事项。

①中转站专职、兼职人事行政助理须汇总每月考核分数，在中转站内公布。

②绩效考核汇总表（电子档）和所有考核表必须在每月8日前寄至总部薪酬绩效组。

③人事行政助理和站长做好沟通工作，控制90分以上的人员在10%的范围内。

④考核分数90分以上人员须附述职报告，一并寄到总部薪酬绩效组。

⑤人事行政助理须认真分析每月绩效考核分数，及时发现问题，做好绩效面谈工作。

⑥站内无话务班长的，可由较资深的话务员为其他话务员做初评，站长做复评；也可以由站长做初评，复评栏为空。

⑦站内无人事行政主管的，由站长给人事行政助理做初评，复评栏为空。

⑧站内没有财务主管或财务经理的，如A和B都是财务人员，公司指定A为（临时）小组负责人，那么可由A为B做初评，站长做复评；也可以由AB两人自评后，站长做初评，再将评分表寄到大区财务经理处，由大区财务经理做复评，再寄到总部薪酬绩效组邓收。

5.培训发展模块

（1）劳动技能竞赛。

1）竞赛方案：每月劳动技能竞赛通知发布后，人事行政助理须配合。

① 主动和站长沟通，制订符合本站实际情况的竞赛方案。

② 在比赛开始前将该方案反馈至培训发展组李波处备案。

2）组织实施。

① 积极宣传，确保劳动技能竞赛宣传到位。

② 发动和鼓励中转站全员参与竞赛，确保比赛有序开展。

3）资料反馈。

① 所有参赛人员成绩汇总表（xls格式）。

② 比赛现场照片。

③ 获"技术能手"和"岗位标兵"员工的个人照片。

④ 以上三个资料须于比赛结束后三天内寄至培训发展组李波处。

⑤ 至竞赛截止日期仍未收到相关资料的，视为该中转站没开展劳动技能竞赛，奖品和证书不予发放，每人5元的竞赛活动经费不予报销。

（2）实习生培训。

1）后勤保障。

① 住宿。

② 吃饭。

③ 培训场地。

④ 交通不方便的地区要确保专车专人接送。

2）培训体系。

①入职培训：人事助理须协助并参与实习生的入职培训，帮助其能讲授部分课程。

②上岗培训：管理监督实习生辅导员，确保每一位师父都能认真、负责地带好实习生。

③达标培训。

A.培训形式：轮训为主。

B.培训时间：三个月。

C.培训要求：实习生要像老员工一样，达到岗位要求。

D.达标培训意义：实习生可以体验不同岗位；老员工可以有机会参加培训。

④评估考核。

A.考核时间：每三个月考核评估一次。

B.考核内容：出勤、心态、知识、技能、业绩。

C.考核结果：优秀、良好、合格、不合格。

D.考核应用：表彰、晋档、待遇不变、退回学校。

⑤配套薪酬。

A.第一档：900元/月。

B.第二档：1100元/月。

C.第三档：试用期待遇。

D.第四档：转正期待遇。

⑥日常沟通管理。

A.考勤管理：统计出勤、请假、旷工、离职等情况。

B.日常沟通：电话沟通、BQQ沟通。

C.跟踪实习生每周工作汇报。

D.跟踪实习生每月工作总结。

E.月座谈会。

编制：人力资源部　　　　　　　审核：綦军

六、《计件项目计划书》

某某集团计件制工资项目
2012 年项目方案

项目来源：计件工资项目指导委员会立项

项目名称：《基层员工薪酬体系之计件工资》

项目负责人：綦军

起止时间：2013 年 1 月 1 日—2013 年 12 月 31 日

填报日期：2012 年 12 月 18 日

某某集团人力资源中心

二零一二年十二月十八日制

目　录

一、项目概述

二、项目目标

三、指导思想

四、计件原则

五、项目技术方案

（一）票件量、票重量

（二）单价

（三）计件工资

（四）总额控制规则

（五）计件奖金

（六）分配方式

（七）年终奖

六、项目实施方案

（一）项目组织结构与职责

（二）项目阶段工作规划

（三）项目执行团队规划

（四）项目沟通管理

（五）项目风险管理

（六）项目变更管理

（七）项目奖金管理

一、项目概述

计件工资项目于2013年1月1日正式启动，试行阶段期限为2013年1月1日至2013年12月31日。试行阶段计件工资保持随业务量同步增长，且在总额控制下稳定发放。进一步完善了薪酬体系结构，规范了各站点的计件工资管理。在加强集团总部对各站点采取工资总额控制的同时，提升了各站点负责人的自主分配权限。为建立一套保障时效、提高人均效能、体现多劳多得的分配方式的绩效考核体系夯实了基础。

试行阶段项目工作已通过总部议题会进行项目结项。同时，会上作出决定，计件项目需在试行阶段基础上进一步深入研究并在全国分公司开展实施，由原项目组承担项目下一阶段工作，并提出具体工作计划进行报批。

本报告从项目概述、项目目标、指导思想、计件原则、项目技术方案、项目实施方案六个部分对计件项目下一阶段工作规划作整体说明。

二、项目目标

① 形成一套促进营运质量与人均效能提升的薪酬激励体系。

② 实现按劳分配、多劳多得的科学激励机制。

③ 激发员工潜能，提升现场管理，夯实授权管理体系，帮助公司实现战略目标。

三、指导思想

① 与自己比，比昨天进步有鼓励。

② 与兄弟单位比，比别人效率高有激励。

③ 与社会比，比同行贡献大有奖励。

四、计件原则

1. 总额控制与自主分配相结合。

① 随信息系统的完善，最终以信息系统为依托进行计件工资核算，以防人工干预。

② 系统数据只能精确到各分公司的，各分公司自报再分配方案申请，由总部审核。

③ 系统数据精确到岗位或个人的，各分公司可自报系统分配系数申请，由总部审核。

2. 底薪稳定与提成激励相结合。

① 员工保底工资正常发放，保障士气与队伍稳定。

② 计件奖金与操作业务量紧密挂钩，提升士气和人均效能。

3. 奖金预留20%与年终奖人员稳定相结合。

① 每月计件奖金的20%留在年底作为年终计件奖金统一发放。

②中间离职人员将不享受年终计件奖金，促进人员稳定。

4.规范操作与整体利益相结合。

①通过实现计件到个人，促进流程的优化固化，界定流程节点和工作量。

②通过计件考核体系结构的完善，采取时效、质量考核扣减，促进操作质量提升。

③通过操作的规范、操作质量的提升、人均效能的提高，实现共赢。

五、项目技术方案

（一）票件量、票重量

①票件取数路径：运营结算系统/网上对账（按始发）/中转进出票件和重量统计/进出中转票数（件）。

②票重取数路径：运营结算系统/网上对账（按始发）/中转进出票件和重量统计/中转进站所有整车地磅称重重量（KG）。

（二）单价

①票件单价 = 2012年（1月～12月）操作员工保底工资总额÷2012年（1月～12月）票件量总额（剔除异常月份，如1月、2月等）

②票重单价 = 2012年（1月～12月）操作员工保底工资总额÷2012年（1月～12月）票重量总额（剔除异常月份，如1月、2月等）

③单价调整：原则上单价实行后保持一年不变，一年变更一次。

④票件与票重比重：在总额控制阶段，票件与票重的比重为50%：50%。随着精确计件的深入，依托信息系统核算到岗位或个人时，票件与票重的比重会因岗位特点而调整。

（三）计件工资

①计件工资 = 当月操作票件量 × 票件单价 + 当月操作票重量 × 票重单价

试行阶段以及 2014 年上半年将采取此种计件模式。

② 计件工资 =（当月操作票件量 × 票件单价 + 当月操作票重量 × 票重单价）– 操作质量扣款

随计件工资项目深入开展，加强对操作质量的考核，形成一套促进操作质量提升的管控机制，在计件工资报表中增加"操作质量监控绩效扣款项"，此项工作分两个阶段深入研究开展。

A. 第一阶段：对整个分公司进行操作质量整体监控评估并扣款。

B. 第二阶段：对组或个人进行操作质量监控评估并扣款。

（四）总额控制规则

① 原始人均计件奖金 ≤ 200 元。

实发计件奖金总额 = 原始人均计件奖金 × 操作人数

② 原始人均计件奖金 >200 元。

调控后人均计件奖金 = 200+（原始人均计件奖金 – 200）× 20%（调控系数）

实发计件奖金总额 = 调控后人均计件奖金 × 操作人数

③ 调控系数会随计件项目的深入、业务量的增长逐步上调。

（五）计件奖金

① 当月计件奖金 = 计件工资 – 当月操作人员保底工资

② 当月操作人员保底工资 = 级别工资总额 + 工龄工资总额 + 学历工资总额 + 加班工资总额 + 津补贴总额

③ 以上计算得出的当月计件奖金并非当月最终实际发放奖金，当月实际发放奖金须按总额控制规则进行发放。

（六）分配方式

总部核算各分公司计件总奖金，各分公司提报奖金再分配方案，根据审核通过的再分配方案，将计件奖金分配到员工个人，由薪酬组进行发放。详见《关于计件工资再分配方案提交规定》《再分配方案表格模板》。

（七）年终奖

再分配奖金=当月实际发放奖金总额（占80%）+年终奖金池总额（占20%）。每月发放当月计件总奖金的80%，剩余20%部分统一放入年终奖金池，留在年底作年终奖由集团统一进行发放，中途离职人员不享受年终奖金。

六、项目实施方案

（一）项目组织结构与职责

项目组织结构与项目组职责分工遵循计件工资试行阶段相关文件规定，其中相关岗位有人员变动的，由最新在岗人员承担相应职责。《基层员工薪酬体系之计件工资》项目推进相关部门工作协同说明如表4-1所示。

表4-1 《基层员工薪酬体系之计件工资》项目推进相关部门工作协同说明

协同单位	工作内容	负责人	对接人/执行人
计件项目组	1. 制定项目总体实施方案，确定项目实施计划和实施范围，并对项目实施计划、项目进度和质量进行跟进监督控制	綦	胡
	2. 协调项目组与其他部门的工作关系及资源的协调配置等问题		
	3. 负责提出项目业务需求，并确保需求实现		
	4. 项目推进过程中计件工资技术方案的研究与优化、制度流程的建立		
	5. 组织相关部门对项目进行阶段性验收		
	6. 确保项目目标实现，对项目进行结项总结（经验总结，文档归总存档，汇报会等）		

续表

协同单位	工作内容	负责人	对接人/执行人
运营中心	1. 协助项目组组长落实方案并提供业务、人员方面的全力支持	李	各分公司负责人
	2. 从整体方案与执行上提出合理化的建议并落实执行		
	3. 配合项目组组长落实并执行好培训推广工作		
	4. 配合项目组组长与项目组做好项目意见收集与改进工作		
	5. 服从项目组组长的安排，执行项目组组长或项目组达成共识交办的工作		
	6. 负责编写培训资料与进行推广培训		
	7. 配合提供精确计件的软件开发需求		
人力资源支持组	1. 向项目组提供必要的基础数据	綦	中心各组经理
	2. 负责分公司人力资源的协调与资源调配		
	3. 人力资源系统人员配合项目组进行相关制度的执行落实		
信息中心	1. 按照项目组的要求，落实IT系统支持，实现需求功能目标	邹	王
	2. 配合项目计划进行试点岗位、试点分公司信息系统的开发与优化，并逐渐实现全国分公司计件工资核算的信息系统支持		
	3. 保障IT支持系统质量		
	4. 确保IT提供的业务数据真实可靠		
	5. 其他项目组组长或项目组要求协办的IT方面的工作		
总办	1. 提供项目管理方法与工具，支持项目组的项目管理工作	余	/
	2. 在项目组无法协调或作决策的时候，组织相关部门进行沟通决策，并可直接请总裁作决策		
	3. 企发办人员不作为项目组成员，但须提供公司层面的支持，确保项目目标与战略目标的达成		

(二)项目阶段工作规划(见表4-2)

表4-2 项目阶段工作规划

阶段	子阶段	成果描述	开始时间	结束时间
一 成果巩固与深入	组建第二阶段项目执行团队	按岗位说明书新增2人	2013年1月1日	2013年3月31日
	总额控制稳定巩固	每月计件工资正常发放	2013年1月1日	2013年3月31日
	原试点方案规范统一	青岛、杭州、宁波、台州4分公司按现行计件工资制发放	2013年2月1日	2013年3月31日
二 单价双轨制	华东计重	华东大区分公司计件工资按票件与票重核算,并顺利发放	2013年4月1日	2013年6月30日
	全国所有分公司计重	全国各分公司计件工资按票件与票重核算,并顺利发放	2013年5月1日	2013年6月30日
三 单价调控回归稳定	计件单价双轨推行稳定	由单一的票件单价制转变为票件单价与票重单价双轨制。票件、票重单价稳定;总额控制稳定;再分配稳定	2013年6月1日	2013年6月30日
四 精确再分配深入试点	试点一个岗位/组(实现信息系统支持)	试点对象员工计件工资能通过信息系统量化考核并顺利发放,能精确反映员工实际工作量	2013年4月1日	2013年6月30日
	试点一个分公司(实现信息系统支持)	试点对象员工计件工资能通过信息系统量化考核并顺利发放,能精确反映员工实际工作量	2013年6月1日	2013年8月31日
	试点 个大区(实现信息系统支持)	华中大区各站推广落实	2013年9月1日	2013年12月31日
五 试点方案全面推广	西南、西北大区	该大区各站推广落实	2014年1月1日	2014年1月31日
	华南大区	该大区各站推广落实	2014年2月1日	2014年2月28日
	华北大区	该大区各站推广落实	2014年3月1日	2014年3月31日

续表

阶段		子阶段	成果描述	开始时间	结束时间
五	试点方案全面推广	东北大区	该大区各站推广落实	2014年4月1日	2014年4月30日
		华东大区	该大区各站推广落实	2014年5月1日	2014年6月30日
六	项目推行总体优化	项目问题分析与应对（信息系统优化）	精确计件到人或岗位为主、总额控制为辅，票件、票重双轨制	2014年7月1日	2014年7月31日
七	项目收尾	项目总结并正式结项	提交项目总结报告、召开正式结项汇报会	2014年8月1日	2014年8月31日

（三）项目执行团队规划（见表4-3）

表4-3 项目执行团队规划

项目组成员	主要工作职责
项目经理	1. 在项目组组长带领下，对第一阶段项目成果进行巩固和稳定 2. 对下一阶段项目工作进行整理规划、执行、监控，并做好项目整体收尾工作 3. 对项目目标负责，并进行项目过程中重要节点的项目总结汇报
项目专员1	1. 需经常随项目经理出差至各分公司，实地考察，收集信息 2. 协助项目经理进行分公司业务流程梳理，进行IT系统的流程设计规划，实现计件到个人 3. 负责计件信息系统需求分析与整理规划，与信息中心做好工作对接 4. 完成项目日常事务性工作，如项目会议准备，与各分公司事务性沟通、资料收发等
项目专员2	1. 负责每月各分公司再分配方案的提报、审核指导与计件奖金的发放工作 2. 负责每月计件工资总额动态控制报表的编制 3. 针对各分公司历史数据按项目要求进行数据整理与分析，提供项目过程中的各类测算报表 4. 对项目文档进行科学的分类管理

（四）项目沟通管理

1.周例会。

每周汇报项目进度、计划和总结。

2.月通报。

每月对计件工资进展情况进行总结并挂网通报。

3.重要事项沟通会。

针对项目执行过程中重要事项召开项目沟通会进行讨论决策。

4.阶段工作汇报会。

对项目各阶段工作进行总结，召开项目汇报会，如不能召开汇报会，则制作阶段项目工作简报送各相关领导批阅。

（五）项目风险管理

1."新建分公司"与"新独立的分公司"计件工资核算。

（1）"新建分公司"定义。

指最新成立运营的分公司（包含新收购直营的分公司）。

（2）"新建分公司"计件。

原则上须正常操作运营3个月，且具备3个月完整的基础数据后开始实行计件。特殊情况由分公司经理提出申请，经区总签字，报总部人力资源中心。

（3）"新独立的分公司"定义。

指以前从属于某一上级分公司，因业务发展需要，从上级分公司剥离而独立核算的分公司。

（4）"新独立的分公司"计件。

原则上次月开始实行计件，计件单价参考原上级分公司的计件单价。

2.奖金再分配过程中腐败现象的防范。

（1）再分配方案制订程序。

方案制订要求分公司管理层与员工代表开会讨论敲定，通过的方案需全员签字且在分公司公示，相应纸质资料提交总部人力资源中心备案。方案中分配方式若变更，以上程序须重新开展。

（2）奖金发放程序。

各分公司每月须提交员工计件奖金分配明细表，员工信息由薪酬部进行审核，分配形式由计件项目组根据提交的分配方案进行审核，明细表最终稿由分公司经理签字后进行计件奖金发放。

（3）问卷调查与走访。

每季度做一次计件工资问卷调查或实地走访，形成相应的调查分析报告。

（六）项目变更管理

①由于项目具有独特性和变化性的特点，项目执行过程中由于各方面因素影响，允许项目发生变更，并以提出申请进行审批的形式进行管理。

②项目变更需要有书面的变更申请说明，通过口头汇报沟通或在重要事项沟通会上做出决策的形式汇报，由相关领导签字审批通过。

③变更申请得到审批后，项目经理须对因此变更而受影响的工作做好评估，并对项目计划作进一步调整。如有影响项目相关目标达成的，须对考核指标进行修订。

（七）项目奖金管理

①总额：100万元。

②发放对象：项目执行团队成员。

③发放形式：项目阶段结束后次月随工资一同发放。

④发放依据。

A.按项目阶段进行分配,奖金阶段分配规则如表4-4所示。

表4-4 奖金阶段分配规则

阶段		开始时间	结束时间	奖金发放比例	组织验收标准
一	成果巩固与深入	2013年2月1日	2013年3月31日	0	
二	单价双轨制	2013年4月1日	2013年6月30日	0	
三	单价调控回归稳定	2013年6月1日	2013年6月30日	10%	阶段验收报告
四	精确再分配深入试点	2013年6月1日	2013年12月31日	30%	阶段验收报告
五	试点方案全面推广	2014年1月1日	2014年6月30日	40%	阶段验收报告
六	项目推行总体优化	2014年7月1日	2014年7月31日	0	
七	项目收尾	2014年8月1日	2014年8月31日	20%	项目结项报告

B.按阶段目标达成度绩效考评发放奖金,以阶段内月均绩效考核分设置奖金发放比例,实际按考核分发放,低于60分为零。

七、《20××年度培训计划》

1. 自有员工

（1）新员工。

实习生：校企合作（实习就业一体化）+ 入职培训（文化 + 行政 + 人事 + 岗位）。

① 新社招：入职培训。

② 管培生：入职培训 + 军训 + 组织管理（架构 + 人 + 职能）。

（2）老员工。

① 师带徒：生活（行政）+ 工作（现场）。

② 达标：技能积累（岗位数量 = 微信分解视频 + 实操效能达标 = 积分积累兑换）。

③ 职业化：快递全生命周期 = 揽件 + 网点 + 分拨 + 运输 + 分拨 + 网点 + 派件。

（3）管理培训。

① DDP：主管 + 三重境界（责任区 + 责任人 + 责任考核 = 工位图与责任区、工作内容与质量标准、责任人与四项基本要求、责任单价与测算模型、质量考核指标与日清、人力成本与工资合法结构、效能管理模型与参与管理）。

②MDP：经理+非人（非业务部门的业务管理、非财务部门的财务管理、非人力部门的人力管理）。

③EMP：总监+战略（战略就是盈利=量本利模型、战略就是方向=公司产品介绍、战略就是工作量=目标确定及任务分解、战略就是绩效管理=N83介绍）。

（4）接班人培训。

①应急小组（员级）：不同岗位、不同场地、不同班次、不同单位的紧急预案教材。

②击鼓传花（管理级）：你来我往，内容网点的仲裁内容+操作的质量内容。

③继任者计划（发展级）：6个环节+一表通内容。

2. 加盟商

（1）初级。

利益+仲裁与结算=省内执行，业务部门+人力部门参与。

①教材可以统一。

②传授方式可以多样。

③具体解释可以针对性进行。

④只收讲师和场地费用。

⑤原则上以天为时间，以月为周期。

⑥采取积分卡管理=12月×仲裁×结算×实施（新业务、新通知、信任介绍）

（2）中级。

战略+683=全国分片区集中执行；加盟商部、大客户部、中高层参与。

① 教材紧紧围绕年度战略主题。

② 精英荟萃分组轮值。

③ 鼓舞人心总监级以上授课。

④ 统一的费用标准，有适当盈利。

⑤ 原则上一年只做一次，一次2天，大公开课形式，必须集中在酒店进行。

⑥ 融入积分管理，一次6分，相当于初级的半年积累分数。

⑦ 增加沙龙交流、效果评估、问题网点整改案例分析、培训需求调查等形式。

（3）高级。

文化、军训与参观交流；人性需求＋产品设计＝外部参与。

① 增加军训内容，部分管理融入军训之中。

② 内容包括针对性主题、企业文化讲解、现场参观、拓展培训、标杆游学。

③ 原则上在总部进行，设立专门的培训场地。

④ 老板参加讲课和交流。

⑤ 原则上每月2期以上，每期3到5天（7天则考虑游学）。

⑥ 总部参照国外企业设计供参观的操作现场、网点现场、文化馆等。

⑦ 费用根据成本分层次设计，原则上在五千元、一万元、三万元、十万元间选择，必须有服务费用和盈利。

⑧ 也可以采取积分形式，鼓励参加培训和推动培训。根据金额设置分数，不超过常规的一倍，只是一种有益的补充。

3．培训的基础工作

（1）讲师。

①分享。

②兼职。

③专职。

④外请。

（2）教材。

①PPT。

②教案。

③视频。

④素材。

⑤考评。

（3）激励机制。

①积分。

②老师与学员。

③激励与发展。

八、改善恳谈会

1.《全国班组长集训：第一批恳谈会》

（前奏）

人都到了，五花马，千姿百态；心血来潮，来自天南地北；已是人间四月芳菲尽，群贤毕至，少长咸集。

但都到位了吗？

我指的是认识到位（政策高度公司要做很多事情、达标重要性你们都很重要）、心态到位（企业生存危机、形成能上能下机制）、执行到位（服从）、功夫到位。

高度认识，认识达到一定的高度。比如战略目标数字与所在单位每天的峰值，年度经营重点工作——质量、门店、仓储；比如倒数第二、正数第五与三年上市、百年企业的荣辱与共；比如如此匆匆密集培训与累计奖惩不如开年高度集中，优胜劣汰，刻不容缓，打一场二次创业的攻坚战，有你有我有他，有起有落有压力，你都认识到位了吗？

能力都有，关键是心态。愿意把自己的能力拿出来为公司创造价值吗？能把心态归零，不断学习与公司共同成长吗？能够心胸开阔，心静如水，宠辱皆忘吗？努力创造价值是你价值的体现，能够接受掌声与鲜花，更需要承受嘘声与倒彩，一辈子没有一帆风顺的童话，只有酸甜苦辣的人生，而你，心态调整到位了吗？

需要绝对服从，需要对岗位负责，需要理解岗位化身的真正意义。教官军训需要服从，助教宣布纪律需要服从，理论讲解需要服从，现场操作需要服从，考试更需要自觉服从。不但要服从，还需要绝对服从。服从的基础是对岗位负责，你是岗位的化身，如果是，就是绝对服从，错了也要执行。你能够执行到位吗？无论是以身作则，还是身先士卒。无论是教官还是教练，都需要真功夫，才能言传身教。功能自然成，冰冻三尺非一日之寒，所以，"路漫漫其修远兮，吾将上下而求索"。

功夫到位才能学到东西，功夫到位才能体现成绩，功夫到位才能不虚此行。你功夫到位了吗？通过笔试、现场测试、交流面试来确定你的经验值和发展潜力。

（中间）

今天交流面试，在总结之前我提两点建议，大家今天晚上落实。

一是每个人对上海老大哥提一条合理化建议，以帮助老大哥改正，以完成样板工程。

二是测试一下每个人每小时的流量，以便养成一个习惯，回去学以致用，为排班奠定一个基本的基础。

（1）提高人均效能。

① 末位淘汰。

② 奖惩制度。

③ 减少重复。

④ 操作量要知道。

⑤ 人员负荷要积累。

⑥ 合理安排工作岗位。

⑦ 班前例会做前一天工作总结：好与差。

⑧ 岗位达标制（三值）。

⑨ 岗位工资等级制。

⑩ 加大宣传力度：LED，月之星。

⑪ 硬件好一点。

⑫ 流水线设计与工作强度。

⑬ 市场及产品结构。

⑭ 消极怠工，每小组无记名投票，最差2名降低工资。

⑮ 一专多能。

⑯ 分组分班计件。

⑰ 管理人员要在现场，还要懂，还要敢，还要方法。

⑱ 数据要及时分析。

⑲ 认同企业文化。

⑳ 业务培训。

㉑ 领取离岗证。

㉒ 网点业务提升，便利店与网点合作。

㉓ 人员与公司结构合理化。

㉔ 员工归属感，降低流失率。

㉕ 设施设备优化。

㉖ 哪些是专业岗位，哪些是辅助岗位。

（2）减少错发。

① 隔离栏。

② 网点写大笔和公司"写大笔"。

③ 公司的路由：每周有更新，看板公布。

④ 员工的责任心，培训。

⑤ 新员工转正前不拿扫描枪，带人传教。

⑥ 岗位变动频繁。

⑦ 不能靠人管人。

⑧ 错误特别多的地方定期跟车了解实际情况。

⑨ 面单修改，类似于填空，省、市、县，客户不知道怎么填，二维码。

⑩ 地名相似。

⑪ 网点责任区怎么划分，一条街，门对门，反复折腾。

⑫ 违规路由不少，中转特别能看出。

⑬ 专业的人做专业的事。

⑭ 承包区划分不太明确。

⑮ 称重员源头把关，层层把关。

⑯ 发出扫描把关。

⑰ 小件集包路由培训。

⑱ 网点集包培训，很多事网点记错包。

⑲ 岗位作业指示牌。

⑳ 网点填写不规范，称重也不一样。

㉑ 工号密码，追查责任，班前会检讨。

㉒ 重复利用存在隐患错发。

㉓ 体检，视力不良。

㉔ 员工与公司，网点与分拨中心利益管理关系解释责任心。

㉕ 退回件管理，信息不详细。

㉖ 网点交件时间，原来少，现在多，第一辆车与最后一辆车相距时间大。

㉗ 写大笔分组用不同颜色笔，这样责任到人。

㉘ 死角清理。

㉙ 面单打字看不清楚。

（后结束）

好了，通过大家今天 2 个小时的发言，体现了群策群力（时效保障，创造价值；群策群力，创造价值；忠于职守，创造价值），并让我越听越兴奋，对于下一步工作有了一些思路（素质模型、测评评估、培训教材、管理重点、储备人才）。

大家在谈如何提高人均效能、减少错发率等一系列问题中，很有创意，不亚于你的上司操作经理。比如说到与文化有关：形成什么样的氛围、倡导什么样的价值观念、要树立正气并勇于同不良行为作斗争、创业时期还有没有激情、是不是时刻保持一种创新的精神。比如说到与网点有关：一方面要求网点做什么、另一方面要帮助网点做什么；一方面在利益方面要分清原则、另一方面在发展上保证目标一致。比如说到与路由有关：网点业务员头道把关，层层把关，中转公布及时变更常考；比如说到与岗位有关：等级设置达标考核，专业深化多能妙处；比如说到与培训有关：技能、心态、方法、早会总结；与设备有关：设计、配置、检查、保养、应变能力；比如与绩效有关：工资计件、责任到人、摸底考核、管理考核、月度考核；比如与合理安排有关：合理的岗位、合适的人；比如与层层把关的系统工程有关：流程设计、错误检验、协调沟通、倒逼问责、违纪成本、融会贯通、全局意识。

你们作为现场管理者，在不在现场、懂不懂业务、敢不敢说真话、有没有一些方法。

作为班组长如何成长：①能不能做好一件事；②做好本职工作；③主动帮助别人；④融会贯通；⑤影响别人；⑥带领团队；⑦安排工作；⑧创新；⑨归零心态；⑩时刻保持激情。

你们要有更高的追求：知其然更知其所以然，挑战自己、挑战工作、挑战目标，以此为生、精于此道、乐此不疲。

2.《全国班组长集训：第二批座谈/恳谈会》

现场管理要求：在不在+懂不懂+敢不敢+有没有。

如何成为一个管理人员：一件事+岗位职责+帮助别人+融会贯通+领导团队+安排工作+创新+心态归零+保持激情。

怎样养成职业素养：职业形象+职业规范+职业心态+职业技能+职业精神。

针对时弊：一个团队能群策群力吗？有参与意识吗？有人去领导吗？你考虑过大家的感受吗？因为你代表大家了吗？你个性发挥之后给了大家时间吗？大家知道互补吗？有时效和质量的概念吗？

（1）如何提高人均效能？

① 排班。

② 氛围营造。

③ 计件工资。

④ 企业文化：认真、主动、快。

⑤ 管理人员带头作用。

⑥ 拦截：违禁品。

⑦ 评优公平：集中平衡。

⑧ 实行末位淘汰制：无锡。

⑨ 时段、流量进行排班。

⑩ 流动红旗激励方式。

⑪ 操作模式要考虑：南京。

⑫ 人员优化组合，合适的人放到合适的岗位：南京。

⑬ 资源共享：设备、分工协作。

⑭ 南京后勤占操作编制：调度4、综合部8。

⑮ 编制过多要清理。

⑯ 不重视老员工。

⑰ 不盲目招聘，根据业务量加人。

⑱ 要求网点开拓客户。

⑲ 提高工作饱和度。

⑳ 工作不饱和可以通过质量改善。

㉑ 外部资源。

㉒ 支援网点。

㉓ 每个岗位都有试卷考试，建立档案。

㉔ 流动培训队伍。

㉕ 交接班工作：遗留问题。

㉖ 哈尔滨直营经理有助理。

㉗ 重复劳动比较多。

㉘ 设备设施改进：场地、卸车、小件没有分开、双层设计。

㉙ 程序优化：拆包放到写大笔处，可以减少流量，减少人员劳动。

㉚ 管理改良：班次、合理配置标准、思维常规（违规操作、流水线设置）、原则问题（长痛不如短痛、但注意方法）。

㉛ 考核机制：扫描员考核细化、差异分析比较。

㉜ 技能创新：管理人员要听取意见、群策群力想办法。

㉝ 人员缺少规划，面对高峰招聘外包职能人员。

㉞ 劳务外包：济南省20%。

㉟ 竞争上岗。

㊱ 每个员工有量本利概念：袁竹昌。

㊲ 形成竞争态势：用表公布，比一比哪个班最牛。

㊳ 加强班长强势管理：工作安排强势服从性、业务知识强势管理、人员懂业务、体力强势。

㊴现场管理：在不在现场、懂不懂业务、有没有方法。

㊵协调配合。

㊶培训灌输。

㊷合理储备人员：分散储备网点根据业务量派人。

（2）如何减少错发。

①扫描员培训业务方面不理想。

②退回件没有贴标签。

③地名相近：看板重点提示。

④四道关：分拨、称重、扫描、码车，路由都要知道，层层把关。

⑤班前例会。

⑥承包区区域明确。

⑦包装问题。

⑧责任心不强。

⑨奖惩措施：无锡。

⑩大笔。

⑪路由。

⑫集包。

⑬轮岗，多技能。

⑭过路车。

⑮扫描枪定期检查。

⑯外包培训和要求。

⑰集包：路由要准确、更新不及时传达到位、随机抽查、会上讲解、落实奖征。

⑱发出：市内创新用几个颜色写大笔、错发退回窗口执行多次退回要单独重视。

⑲航空资源不够，武汉只有六条。

九、《公司管理人员轮岗管理办法（草案）》

1. 目的

①培养更多实战复合型中高级人才。

②落实内部竞争上岗的赛马机制。

③实现企业持续发展的人才战略储备机制。

2. 原则

①工作需要强制规定与职业发展自愿申请相结合的原则。

②单位层级交差与业务职能交叉相结合的原则。

③任职时间周期上限规定与工作需要临时调剂相结合的原则。

3. 适应范围

总部、省公司、分拨中心。

4. 职责

①人力资源中心：负责轮岗管理办法拟定、轮岗申请的审核、轮岗管理办法的监督，负责违反本管理办法行为的处罚及其他相关职责。

②总部分管负责人：负责轮岗流程审核。

③总裁：负责轮岗流程审批。

5. 内容

（1）跨单位轮岗。

①总部一级中心负责人，在本职岗位上工作3年，到一级中心或省公司单位对应岗位轮岗。

②省公司、分拨中心负责人，在同一单位本职工作2年，到省公司、分拨中心对应岗位轮岗。例如：甲担任总部某中心负责人超过3年，他应当申请轮岗至总部其他中心或省公司任职；乙担任某省会省经理超过2年，他应当申请轮岗至其他省公司或分拨中心任职；丙担任某分拨中心经理超过2年，他应当申请轮岗至其他分拨中心或其他省会任职。

（2）本系统轮岗。

在公司总部中心单位、省公司、分拨中心同一单位同一部门（二、三级部门）担任部门负责人职位超过2年的，应当申请本系统跨部门轮岗。如丁担任总部一个中心二、三级部门负责人超过2年，他应当申请至中心其他二、三级部门、省公司对应职能部门或分拨中心对应职能任职；戊担任某省公司某部门经理超过2年，他应当申请轮岗至其他公司对应部门、其他分拨中心对应部门或总部对应中心职能部门任职。已担任某分拨中心某部门经理超过2年，他应当申请轮岗至其他分拨中心对应部门、省公司对应部门或总部对应中心职能部门任职。

（3）跨系统轮岗。

所有管理人员根据工作和职业发展需要，可以去其他系统平级岗位轮岗。如庚担任总部二、三级部门负责人超过3年，他可以申请轮岗至其他中心二、三级部门、省公司各部门或分拨中心各部门任职；辛担任某省公司部门负责人超过3年，他可以申请轮岗至分拨中心其他部门、省公司其他部门或总部其他二、三级部门任职。壬担任某分拨中心部门负责人超过3年，他可以申请轮岗至其他分拨中心其他部门、省公司其他部门或总部其他二、三级部门任职。

6. 轮岗周期

轮岗时间至少1年，不足1年视为轮岗不成功。

7. 管理回避

经营单位负责人（省公司经理、分拨中心经理）必须异地任职。本市户籍人员不能担任所在市的分拨中心经理。

8. 工作移交

轮岗人员离开原工作岗位时必须进行有效工作移交，并有书面三方签字交接记录（接交方、移交方、监督方），一式三份，交接双方各一份、人力资源留存档案一份，确保工作平稳过渡。交接工作原则上3天，最多不超过7天。

9. 离任审计

轮岗人员需要离任审计的，必须积极主动配合审计部门进行离任审计。

10. 自愿申请

除5（1）、5（2）、5（3）情形外，其他员工在本职位工作满1年以上，均可以提出轮岗申请，轮岗申请批准后按照规定流程办理人事手续。

11. 注意事项

① 以上轮岗流程应当按照公司相关规定办理。
② 凡是未按照5（1）、5（2）要求申请轮岗，由人力资源中心予以限期申请，对于拒不执行的，由总部人力资源中心申报，提请予以转岗、降职、降级处分。
③ 本方案最终解释权归总部人力资源中心。
④ 本方案于2013年1月1日起执行。
⑤ 附件见公司轮岗申请表。

十、《关于落实分拨中心淘汰管理的通知（草案）》

为落实分拨中心人员淘汰管理，推进分拨中心三重境界工作，提升分拨中心操作效能和操作质量，降低分拨中心人力成本，特拟定本通知，具体如下。

1. 三重境界

（1）划责任区域。

根据分拨中心操作现场工位图，划分现场管理责任区，明确各责任区工作内容。

（2）竞聘责任人。

分拨中心组织班组长（主管）进行责任区负责人竞聘，竞聘通过才能正式上岗，并由责任区负责人主动挑选在自己责任区工作的员工。

（3）责任考核。

考核责任区的单价和质量达标情况，未达标要问责责任区负责人和问题员工。

2．淘汰规则

① 不能落实三重境界的操作经理淘汰。

② 没竞聘上责任区负责人的班组长（主管）淘汰。

③ 责任区负责人没挑选上的员工淘汰。

④ 责任区单价没达标的负责人淘汰。

⑤ 推行计件内包后效率低下的员工自然淘汰。

⑥ 责任区质量没达标的负责人淘汰。

⑦ 责任区内出现问题最严重的责任员工淘汰。

3．应急小组

（1）淘汰人员进入应急小组。

部分人员进入总部质控中心。

（2）应急小组工作。

① 临时需支援的责任区域（含不同场地、不同岗位）。

② 临时需支援的白班或晚班。

③ 临时需支援的网点。

（3）应急小组成员待遇。

基本工资+计件工资（按照应急工作的单价和工作量来计算）。

4. 淘汰管理导图（见图 4-1）

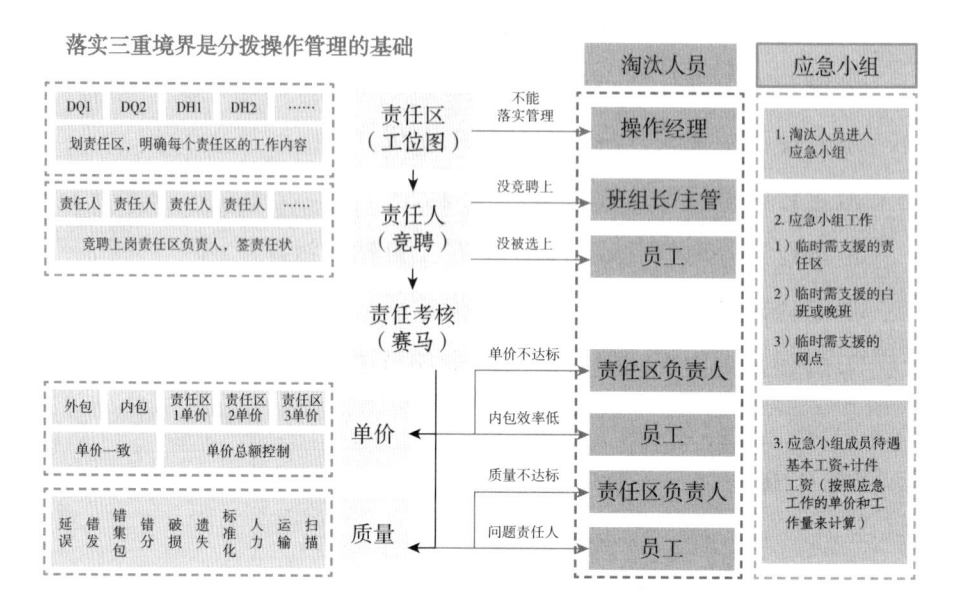

图 4-1　淘汰管理导图

5. 其他

本通知自下发之日起生效执行，全国各分拨中心须在六月份全面落实三重境界和淘汰管理。

十一、《带 2 接班人专项考核管理办法》

为行之有效地推进我司"带 2 接班人"专项计划及相应考核工作，以实现我核心管理团队梯队建设较好地服务与支撑公司事业持续、健康、快速发展，特制定本管理办法。

1. 定义

我司全体经理级及以上管理人员，责任带教不少于 2 名（本职位完全替代）接班人。

2. 考核对象

集团各中心 / 各部门第一负责人、各大区 / 各分拨中心第一负责人（第一批次暂定分拨中心负责人、大区负责人、总部职能中心负责人，其他人员待通知执行）。

3. 考核目标

保底值 1 人、目标值 2 人、挑战值 3 人。

4．考核维度

价值信仰、业务水平、管理能力。

5．考核原则

双层考核，即本部单位负责硬性达标指标，总部负责软性参考指标。

6．激励措施

①各中心／各大区负责人考核基数为每带1人900元／月，分拨中心负责人考核基数为每带1人450元／月。

②每月实际所得根据专项考核分确定，即考核基数×考核分。

7．执行环节

包括选人、带人、育人、评人、任人、管人六个环节，考核总分为10分。

（1）选人。

1）硬性达标。

中专以上学历、近三月考核平均分在80分以上、无重大违纪记录（奖惩管理制度规定的500元及以上条款），三项缺一不可。

2）软性参考。

经总部测评合格、满意度调查合格，公示。

3）操作流程。

本人申请、带教人审批、中心/大区审批、总部人力测评、总部审批录入SAP、建成长卡。

4）考核得分。

第一次完成上述操作当月得满分，此后恢复2分。

（2）带人。

1）硬性达标。

接班人随带教人常规会议、随客户拜访、随重大决策，即"随会、随访、随策"。

2）软性参考。

接班人代带教人签批、代带教人岗位、代带教人工作检查。

3）操作流程。

"随会"有会议记录，"随访"有拜访日志或报告，"随策"有SOA签批记录。

4）考核得分。

第一次完成上述操作当月得8分，此后恢复2分。

（3）育人。

1）硬性达标。

培训别人或接受培训，即参与授课或参与培训、学习。

2）软性参考。

业务体验。

3）操作流程。

参与授课有培训教材、授课风采，参与培训、学习有参训成绩，参与业务体验有业务体验卡。

4）考核得分。

第一次完成上述操作当月得6分，此后恢复2分。

（4）评人。

1）硬性达标。

每季度参加人力资源中心组织的述职考评、每月考核分参考（平均得分不低于80分）、每月奖惩记录参考（无重大违纪违规记录）。

2）软性参考。

组织测评或不定时民意（满意度）调查参考。

3）操作流程。

参与述职有述职报告，参与考核有评分表、考核分，参与调查有调查结果。

4）考核得分。

第一次完成上述操作当月得4分，此后恢复2分。

（5）任人。

1）硬性达标。

称职、转岗、晋升。

2）软性参考。

调动。

3）操作流程。

有任免建议、任免通知。

4）考核得分。

2分。

（6）管人。

1）硬性达标。

新岗位工作交接到位。

2）软性参考。

作为带教人身份启动"带2接班人"第一环节。

3）操作条件。

工作交接表、带 2 接班人成长卡。

4）考核得分。

2 分,到此步骤即可得专项考核分 12 分(以晋升当月为准)。

8. 附则

本办法解释权归属总部人力资源中心。

十二、《中高层股权激励方案（周二汇报）》

1. 激励目的

①健全公司价值体系（创造价值、评估价值、分享价值）。

②实现公司战略目标（短期目标、中期目标、长期目标）。

③保障公司持续发展（法人治理、人才储备、文化建设）。

2. 激励范围

全体中高层管理人员。

3. 激励原则

①遵循历史、面对现在、展望未来。

②综合积分决定进入门槛。

③数量与质量双重考核机制。

4. 激励对象

（1）第一批激励对象（侧重历史贡献，截止时间为2013年6月30日）。

①副总裁级（含副总裁、高级副总裁）。

②总经理级（含副总经理、总经理），并且担任总经理级岗位1年以上（任职时间为2012年6月30日之前公布）。

③总监级（副总监、总监、主任、总裁助理），并且入职10年以上（2003年6月30日之前入职）。

④总监级（同上），核心技术专家（网络规划、信息技术），并且入职1年以上（同上）。

其他特殊情况，由董事长确定。

（2）第二批激励对象（侧重2013—2015年对企业的贡献，截止时间为2015年6月30日。采取积分形式，综合前N名）。

①集团层面主管领导，每主管1个中心或事业部得10分。

②事业部或中心负责人得10分。

③一级分/子公司负责人得5分。

④二级分/子公司负责人得2分。

⑤集团层面的技术专家得5分。

⑥担任对应岗位时间：每年加20得分。

⑦从2013年1月1日起入职满一年得1分。

⑧从2013年1月1日起，每年实现业务目标值得1分，每年实现挑战值得2分。

⑨取前N名或积满12分（待定）。

（3）第三批激励对象（上市后统一确定调整，略）。

5. 激励来源和数量

①从公司总股本中提取1.5%作为本次股权激励的行权股份。暂定1500万股。

②第一批分配60%，即900万股，占比0.9%；预留40%作为第二批股权激励，即600万股，占比0.6%。

③由于总名额不能超过50人，预留30个名额作为第二批新增人员。

④如果增加股权激励（设想增股5%），分配时按照个人的占比对应统一分配。

6. 股权激励的授权价格

①第一批激励对象的授权价格为1元/股，即满足授予条件后，激励对象可以每股1元的价格购买公司向激励对象授予的股票。

②预留部分股票根据2013年、2014年利润及重新估价确定。按照估价的50%执行（待定）。

③本次认股权的购股资金由激励对象自行筹集。

7. 股份配置规则

（1）第一批积分设置（采取门槛入围和积分权重两个阶段，即入围人员采取积分形式，确定分配权重。），积分标准如下。

①入职时间，每年1分。

②担任岗位，总监级3分，总经理级6分，副总裁级12分。

③板块负责人，增加3分。

（2）第二批直接采取积分设置（入围门槛与积分权重一体）。

8. 激励考核机制（两个挂钩）

①增加股权部分与总体业务量挂钩。每超过目标值10%增加1%股权，最高不超过5%（假设有增股部分，与业务量挂钩）。

②个人每年分红金额实际所得与考核分数挂钩（考核分数以年度BSC和重点工作为主，具体见年度责任状）。

③个人每年未完成目标值，所持股票减少20%。连续三年未完成目标值，股权全部收回。

9. 锁定及解锁安排（共5年）

①锁定期5年。

②自第三年起可以解锁。解锁分三年进行。

③可解锁的股票数量占所获授股票数：第一年30%，第二年30%，第三年40%。

10. 退出机制

①行权后离开：激励对象在行权后离职，如果在离职1年内到与公司生产、经营同类产品或从事同类业务的、有竞争关系的其他用人单位，或者自己开业生产、经营同类产品或从事同类业务的，激励对象应当将其因行权所得的全部收益返还给公司。

②行权间离开：公司有权要求激励对象按任职岗位的要求为公

司工作。如激励对象不能胜任所任职的岗位或考核不合格，公司将回收并注销激励对象尚未解锁的选择性股票。

③行权前离开：因为违反国家法律或违反公司廉政公约。

④公司发生控制权变更、合并、分立。（不变）

⑤激励对象因工作需要调动转岗发生职务变更。（不变）

⑥岗位不胜任、考核不合格、违反法律、违反廉政公约、泄露公司机密、因失职、渎职行为损害公司利益或声誉导致职务变更。（变）

⑦激励对象正常提出离职或因公司原因离职。（变）

⑧因上述⑥原因离职。（变）

⑨因退休离职（变），但是返聘（不变）。

⑩因工作丧失劳动力而离职。（不变）

⑪非因工作丧失劳动力而离职。（变）

⑫死亡。（不变＋变）

⑬年度财务会计报告被注册会计师出具否定意见。（终止）

⑭年内重大违纪被证监会行政处罚。（终止）

11. 回购注销（变的价格）

①授予价格：因违法或违反企业廉政公约的，按照授予价格执行。

②交易日价格：因考核不合格或锁定期内离职（含辞退、开除、合同到期等）回收的，上市前按照授予价格、上市后按照回购实施日前一个交易日公司股票均价执行。

③利息：按照授予价格执行的利息由公司支付，按交易价格执行无利息支付。

十三、《企业上市用工形式变化说明》

1.3 年自有人员数量说明

①2013年为了战略需要，布局未来的市场占有率和服务质量，储备的人员是比较多的。

②2014年、2015年属于正常的业务增长，人数增长速度低于业务量的增长态势。

③2016年人数增长是因为劳务派遣需要在2016年2月份终止，我们选择了其中一部分比较优秀的员工转为自有员工，其余的进行了以计件为单价的业务外包。

2. 业务外包比重较大分析

（1）商业模式优势发挥。

①我们本身选择的是加盟模式，在整合资源方面具有该模式的优势，如何把加盟模式做到极致是我们一直追求的。（附主业务流程，加盟的环节注明）

②让加盟商来参与管理。电商刚起步的时候，为了让加盟网点参与分拨管理，加盟商从最初的发出交件的卸车、到达拉件回去的

装车，到后来"跟班作业"的部分扫描和拨货等，都使自有员工的总人数和业务外包的多模式有了变化。

③如何对非关键性岗位进行业务外包、保持操作活力？我们一直在探索新业务外包模式。比如从操作流程上分段进行外包：从发出的装车环节、到达的卸车环节，延伸到流水线上见号的拨货人员；从业务外包核心问题的单价核算上探索：从计时外包、计重外包，到计件外包；从具体执行推广切换方式上探索：从某个岗位到某个片区，再到某个场地；从业务外包合作单位综合考量上进行定级管理：从意向合作，到零星合作，再到长期外包、战略合作等。

（2）行业特性决定必须业务外包。

①这个行业淡旺季和峰值谷值比较明显。

②每天都有操作峰值和谷值，峰值一般集中在3个小时左右。

③每周也有峰值和谷值，一般发件大的地方出现在周末，到件大的地方根据路程从周末往后推算。

④随着现在电商和企业的促销活动频繁，几乎每个月都会出现促销活动，每次促销活动都要求企业准备大量的人力保障，而过了这几天销售又恢复到平时的量，一般促销活动的增量都会达到50%左右。

⑤上半年和下半年的淡旺季和"双十一""双十二"是一年中的顶峰，往往为了那几天需要准备4倍左右的人力，过了那几天又是件量的急剧回落。

⑥以上这些行业特征需要大力整合社会资源，寻求多种形式的人力资源供给。公司这几年探索和积累的丰富业务外包经验，在实际操作中得到验证，效果非常理想，对于单票人力成本节约和时效质量起到非常好的作用，同时建立了一套比较完善的外包管理制度。

（3）独具特色的效能管理模型。

① 如何解决员工的工资上涨和公司保持单位人力成本竞争力？解决这个问题的最好办法就是在效能上发挥作用。因此，公司这几年来一直在提倡一种高效能文化，并形成一种以量本利为核心的激励考核机制。

② 从最初的搭建组织、人员定编、排班去满足操作流程、工作标准、应对流量，到根据操作量实行总部总额控制操作单价，放权各单位在单价范围内进行自主分配，再到现在三重境界全面推行和深化，即根据工位图划分责任区，通过竞聘选出各责任区的责任人，然后落实各责任区的责任单价考核和质量责任考核。这样把"大锅饭"进一步变成"小锅饭"，一个个具有独立作业的阿米巴组织形式大力提高了竞争力。鼓励员工选择自主创业，在单价不变的情况下，优先员工内包转外包创业。

③ 在单价固定的情况下，员工的心态，员工对于流程的优化、设备的更新以及日常的自我管理有了极大的改善，因为改善的红利是属于自己的。效能从最初的260票，提高到现在的540票，翻了至少一倍，这种竞争力马上就体现出来了，而且增长在继续，近几个月已经平均每月超过600票。目前公司打造的激励考核机制已经完全实现了与自己比进步、与兄弟公司比排名、与行业比竞争力的指导思想和实际应用。

十四、对外交流会

阿里分享：首届全球智慧物流论坛分享《天下武功唯快不破》

1. 行业现状（见图4-2）

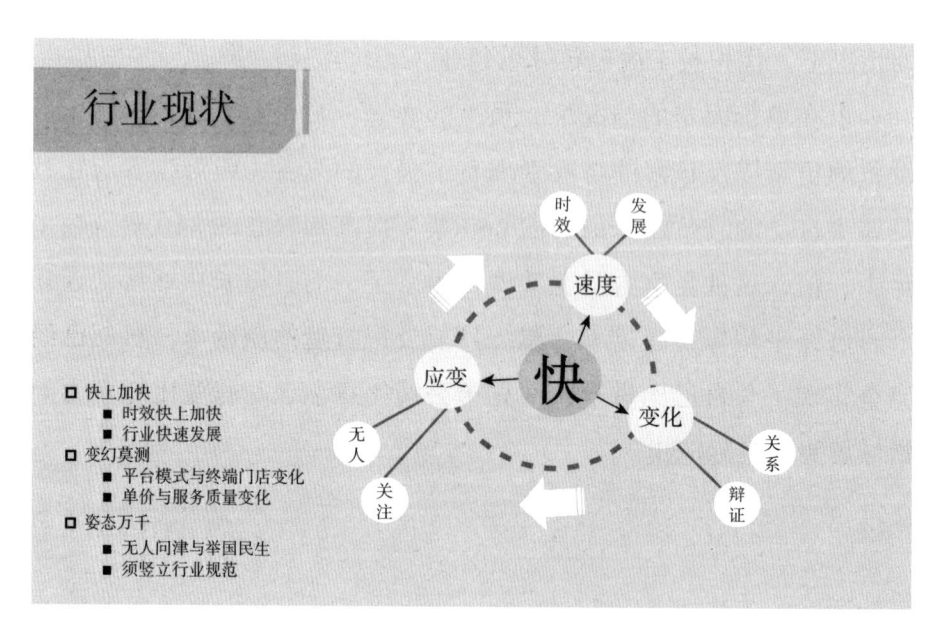

图 4-2 行业现状

快，

是这个行业的特征，

也是这个社会的现状。

从事物流行业 20 年来，听到最多的就是对速度的奢望。
而快递区分物流的最根本特征就是快。

快递产品，首先是速度。
这个速度，从原来定义的 72 小时，到现在 48 小时的趋势，可谓快上加快。
这个速度，得益于电子商务的高速发展，相对于其他行业，可谓一枝独秀。
快递产品，其次是变化。
这个变化，包括加盟模式还没有完全成熟，直营之争就日益激烈。
这个变化，包括末端尚未理顺，扑向终端最后 100 米的互联网 + 就汹涌而至。
这个变化，包括利润和价格的平衡。
这个变化，还包括时效质量的全面提升。

一个如此神奇的、高速发展的行业，竞争之激烈，可想而知。
要想在这样发展快速的行业生存，企业的成长要更快才行。
这些对人力资源的要求之高可想而知。

这些速度与变化，对于我们人力资源工作者来说，每一次应变都是考验。
整个行业面临管理水平与行业发展水平保持同步增长的课题。

这就是快的现状和特征：花样百出，仪态万千。

面对这种现状是一种考验。

考验谁？

考验我们的管理者。

2. 管理悖论（见图4-3）

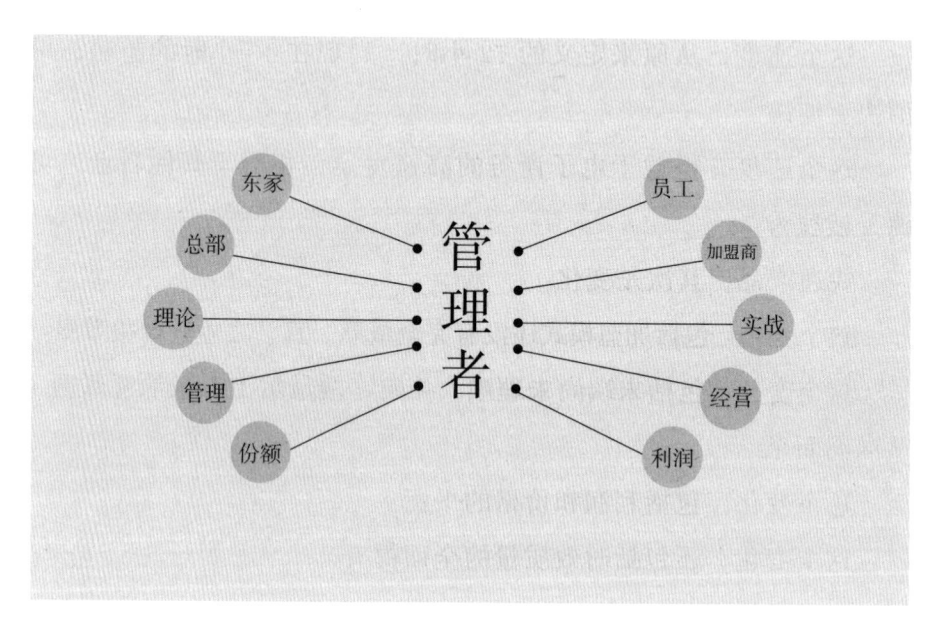

图 4-3　管理悖论

管理悖论，

一个不太好讲的词，

说它大，

大到没有边际，包罗万象。

说它小，

小到一种常识，忽略不计。

我们都自诩管理者。

至少，

今天来的，都是管理者。

或大或小的管理者，或多或少的管理工作。

不是管理者，今天都没有来。

作为现状下的管理者，有很多两难之境，欲罢不能，欲说还羞。

比如东家希望钱越少越好，而员工希望钱越多越好。

比如总部希望加盟商独立经营，自负盈亏，大家共同进退，而加盟商希望靠山吃山，靠水吃水。

比如理论上这些已经是全球验证过的好工具、好方法、好商业模式，而实践中恰恰是原始的方法更有优势。

比如管理说平衡制约是为了企业持续发展，而经营说企业是以盈利为目的经济组织，需要利润最大化。

这样的矛盾很多，

形成了冰火两重天。

要么煎熬，

要么享受。

3. 解决之道（见图 4-4）

图中文字：工作量、岗位、激励、效能；战略、组织、人才、绩效、文化。

战略、组织、人才、绩效、文化、工作量、岗位、激励、效能构成了韵达人力资源管理的**"独孤九剑"**

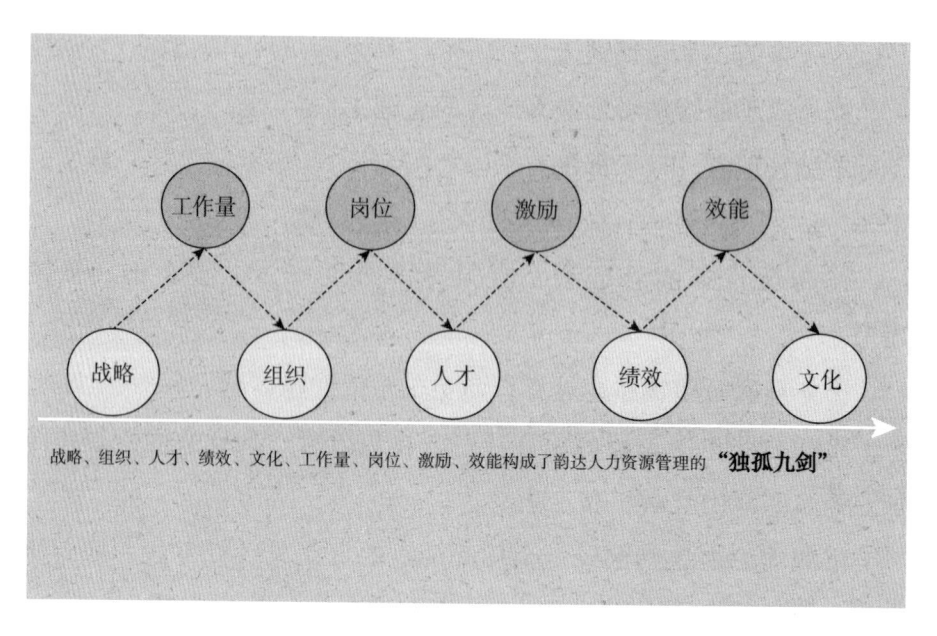

图 4-4　解决之道

作为管理者，
您怎么办？

方法当然有很多，
但是，
仁者见仁，智者见智。

我也有自己的理解，
我的解决之道就是金庸笔下风老先生教给令狐大侠的"独孤九剑"。

战略、组织、人才、绩效、文化。

这些传统而又经典的关键环节到今天也不过时。

在一线工作中的我，在每个关键环节之间加了一个半拍。

在战略与组织之间加了一个工作量；

在组织与人才之间加了一个岗位；

在人才与绩效之间加了一个激励；

在绩效与文化之间加了一个效能。

这些看起来很小，但是确实很实用。

4. 破刀式（见图 4-5）

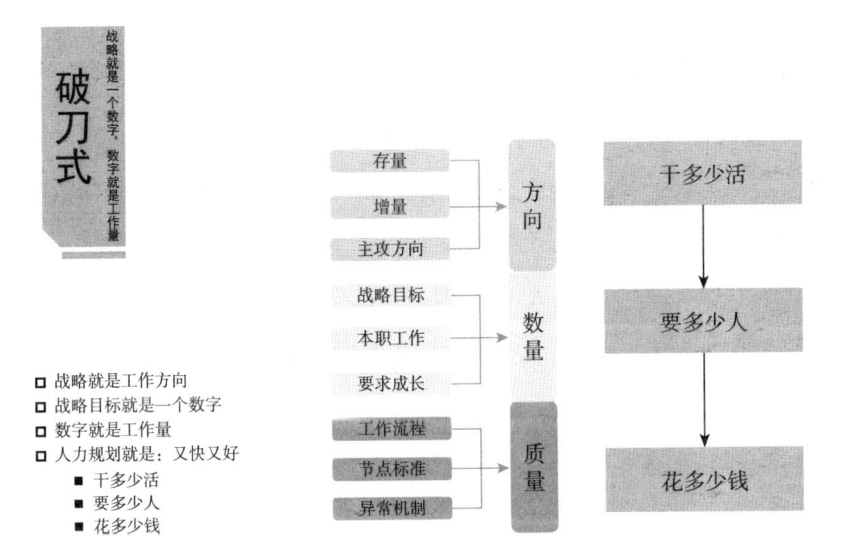

图 4-5 破刀式

工作量。

5年前的一天，也是来杭州的路上。

东家问我："战略是什么？"

我马上说："是方向，是选择，是放弃。"

还没说完，东家说话了："别扯那么远，能不能说些老百姓听得懂的话。"

我嘿嘿一笑说："碗里面的？锅里面的？田里面的？"

还没有说完，东家又说话了："别扯那么多没用的，能不能好好说话。"

我嘿嘿一笑，"东家你说什么是战略？"

东家说，

"战略其实就是一个数字，

这个数字就是工作量，

就是我们工作的对象，

就是我们要做的事情。"

我的人力规划从这里开始转变。

原来也不明白什么是人力规划，

只是面对一大堆表格需求和搜集来的资料拼凑成的一个神奇的产品，神秘得不得了。

现在有自己的理解了，

就是，

有多少活；

要多少人；

花多少钱。

您如果连多少工作量都不清楚，

关起门来上网查查资料，或是跟着大谈特谈什么战略，怎么可能把一大堆工作干完又干好呢？

工作量包括数量和质量，

来自存量、增量、新业务。

一大堆的任务目标和每个动作的具体要求，

这就是承接战略，

人力资源规划从这里开始，

招兵买马，形成机制，

找一大堆人来干完这一大堆事情，

事有人做，人有事做。

5. 破剑式（见图 4-6）

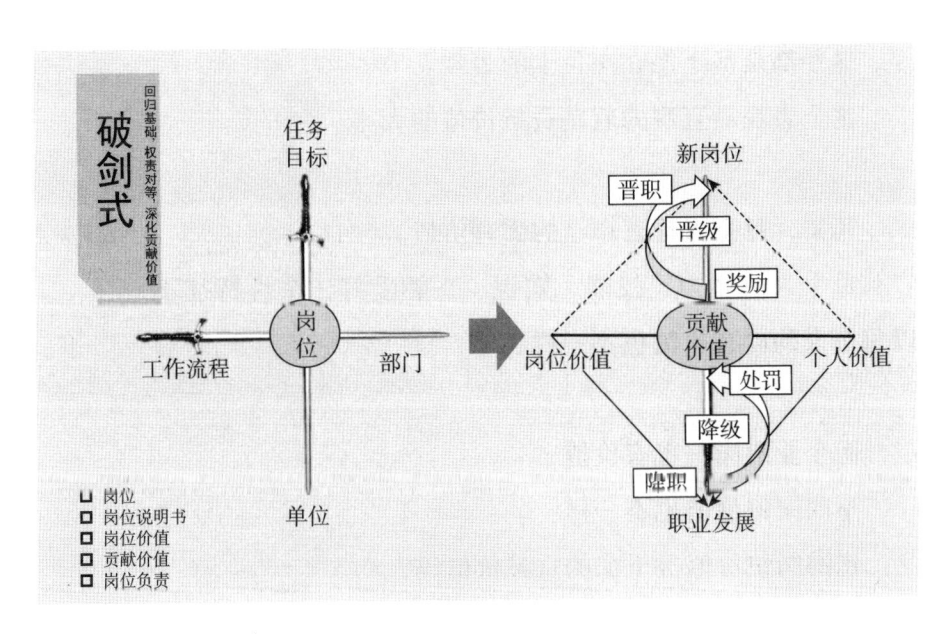

图 4-6　破剑式

岗位，

这之后是组织。

组织的存在是因为有事情要做。

所以人们常说，

有什么样的业务流程，就有什么样的组织架构；

有什么样的战略目标，就有什么样的治理结构。

关键是横竖交叉点的"岗位"容易被忽视。

结果、交付物、效益，

评估的标准到底是什么呢？

又回到创造价值。

人力资源有个目标，就是为企业持续发展创造最大价值。

如何使员工创造价值？

如何用一套科学的方法评估价值？

如何多劳多得地合理分配价值？

这些都是基于您在岗位上的表现。

这个表现最直观的就是贡献价值的大小。

其实，每个人都有自己的固有价值，

每个人的体力、技能、知识、兴趣爱好、个性特征不一样，所以每个人的固有价值也不一样。

而企业的岗位也有价值，

不同岗位价值也不一样。

您的岗位价值等于您的贡献价值吗？

如果相等，则是正常状态，不亏也不赚，不好也不坏，不多也不少。

而更多的时候是不等的，怎么办呢？

我们常听到一个词——"对岗位负责"，
怎么个负责法？
在执行力培训中有一个说法：绝对服从，错了也要执行。
以此来表现执行力。

我举个例子：我叫你去，你去了，但是发现错了，领导追查责任，我说我没有安排，你下回就不用听我的了，我没有责任担担啊，如果我说就是我安排的，我负责，下回你还得听我的。

解释一下，我负责的时候，我是这个岗位的化身，您是您岗位的化身，您得听我的，严格意义上说就是岗位对岗位负责。
如果我犯错了我就不是这个岗位的化身了，自然您就不用听我的了，我已经不代表这个岗位，而您还是对岗位负责，不是对我。
听起来很绕，实际现场很有说服力。
在没有规则的时候，有一条最基本的原则，就是对公司负责。
凡是有利的就做，没有利的就不做。

岗位是最基本的"细胞"，我们大部分人容易忽视掉它。
只有真正去了解和理解，才能发挥意想不到的作用。
它是载体，
是实实在在的工作数量与工作质量。

具体有多少事情，

每件事情怎么做，

会与谁发生上下左右的关系，

工作流量到底有多大，

结果的保存形式如何，

拿成果说话。

6. 破掌式（见图 4-7）

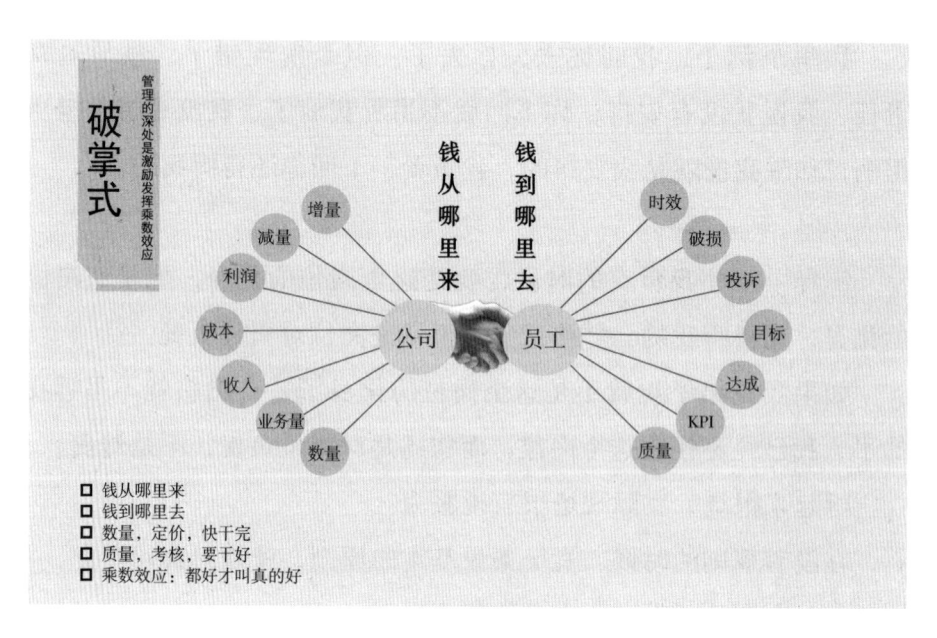

图 4-7　破掌式

激励。

这个岗位存在于整个任务目标分解与工作流程标准之中，

您知道这个岗位的工作量到底有多大吗？

人力规划的时候需要多少人岗匹配？

招进人很容易，如何创造价值就难多了。

常说的留人、用人、育人等都离不开激励。

理论上说激励触发人的动机，动机产生行为，行为造就结果。

激励更多是通过"奖"。

钱从哪里来呢？

有些人从员工工资中拿出20%去考核，没有错，

但是有限的基数只会产生有限的结果，

有人会问我：綦军，钱我拿出来了，我要的东西在哪里啊？

利润都完成了吗？

我要的质量都提高了吗？

钱从节约的成本、增加的利润中来，从收入、表现市场份额的业务量等一切量本利中来，从数量中来。

我接着说：这个钱到哪里去呢？员工要想把钱拿回去，还得与时效、破损、投诉等目标、达成率、关键KPI等质量挂钩。

事情做完了，未必做好了，与质量挂钩，这个钱最终才拿得走。

没有很好地考虑钱从哪里来，激励效果明显不够，

只图"一头热"，

要么讨好东家，苛刻员工，

要么得罪东家，为员工做所谓的代言人。

这样，

员工的薪酬就不是固定的，可以增加。

这个增加不是在招聘市场许诺的工资，

是有机会赚更多的薪酬，或者创造更大的价值。

做事不但要快，还要好，就像现在流行的"多快好省"。

员工能不爱这个平台企业吗？

那是自己的企业。

俗话说，"皮之不存，毛将焉附"。

这个握手，就是乘数效应，两个都好才是真的好。

7. 破枪式（见图4-8）

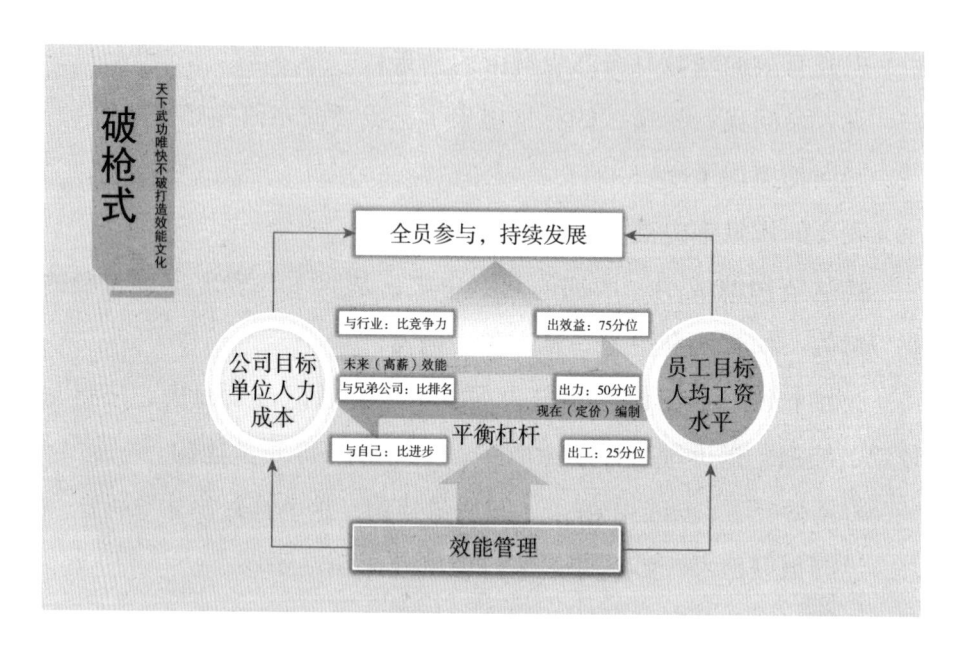

图 4-8 破枪式

效能。

文化之前我插入一个效能。

我在这个行业之中深深体会到，天下武功，唯快不破。

这个武功就是效能管理。

前面讲到一个悖论：东家总希望钱越少越好，而员工总希望越多越好。

这就是明显的矛盾。

作为中间的管理很难做。

别担心，

今天，

我们继续做一个务实的人。

前面讲过

从一大堆工作量，

到具体工作的承载岗位，

再到如何激励这个岗位上的人，

最后一定是追求员工与公司的共赢。

但是

谁先谁后？

怎么能良性循环？

我们提出一个效能模型。

考勤要改变一下，变为出工、出力、出效益。

你来了吗？来了只能是 25 分位。

来了干活了吗？

不要磨洋工，不要出工不出力。

出力了，履行了岗位职责，可以达到 50 分位，不比别人低。

还有更好的机会吗？

有，出效益，

投入一个人力产出是不是大于岗位价值，

都是卖力在干活，公司的效益比别的公司高吗？高就是 75 分位。

再看看公司，

赛马机制也得有具体的做法，与自己比、与兄弟公司比、与行业比。

与自己比，比什么？比进步。

不要说你已经做得很好了，你也要进步啊，

俗话说，不进则退，

现在已经改作慢进则退。

有进步才有表扬。

在这个前提下，兄弟公司可以比一比，

比什么呢？比排名。

同样一个系统，为什么他做得比我好？

甚至同样一个分／子公司，为何换了一个人就能完成指标，排名就上去了？

排名高低就是要正负激励。

最后与行业比，

比什么呢？比竞争力。

效能高，工资就可以高。

工资是赚出来的，不是给出来的。

东家可以拿钱出来发工资，3个月可以，但是6个月呢？3年呢？

高薪是干出来的，不是给出来的。

给出来的不能长久，干出来的才是大道。

这样，

企业的战略转化成的那个数字就可以实现，

员工的薪资涨幅与企业目标达成能够紧密联系在一起。

天下武功，唯快不破，
是让员工发自内心、积极主动、有创意、有激情地工作，
全员参与管理，企业才能持续发展。
今天赚钱，明天还能继续赚钱。
管理者在这种局面下还有更为无形而大道的收获，
比如管理红利，
即使人口红利没有了，管理红利也可以继续。

今天非常高兴与诸位分享，
所有内容只代表我个人的观点，与企业无关。
谢谢！

【代后记】

人力资源管理的最高境界是什么？

这是我思索不倦、孜孜以求的终极命题。

什么是战略？

这是我第一次见到N老板时被问到的问题。

十余年后，当我们回味当初的情境时，竟发现答案没有变化，对答案内涵的理解却已是云泥之别。

实践让我们褪去了当初的青涩稚气，多了份厚重醇和。

回想早年初入职场之时，彼时彼景，历历在目。

绕了弯路，蹚了浑水，撞了南墙，跳了火坑。

摸爬滚打，跌跌撞撞，一路走来，豪情万丈有之，也不免迷惘焦虑，那时真的希望能有个经历类似、草根出身的前辈给我些指教引导。

然而，却收获寥寥。

几十年后，我们稍稍有了些成绩和拥趸，朋友们便建议我们把职场的经历和心得写下来，传出去，给更多像我们当年一样的普通人一些启发和指引，也算给多年的人力资源管理工作做个总结和归纳。

知易行难，如果要写一本书，我们希望能不流俗套，切实的有一些价值。

它不应该是抄袭的，

不应该是看上去有道理，但实际上没什么用的，

不应该是追逐时髦，故作高深的。

它是一个实践小结，做我们所说的，说我们所做的，思想、表达、行动，高度统一。

它不应该是独有的，

不应该是听上去标新立异，实际上偏激片面的，

不应该是为不同而不同的。

它是一本工具书，是那种你没有一次性看完的欲望，但总会看完不止一次的书。

它不应该是媚俗的，

不应该是自封大师，但实际上拾人牙慧、毫无创见的，

不应该是拿来主义，闭门造车，抑或拿着新瓶装旧酒的。

它是一套思维模型，提供犀利视角与深刻洞见，揭示一条朴素的大道。

类似的事情，

"情境领导"管理学说的创导者保罗·赫塞和肯·布兰佳在1969年做过。

今天，我和我的伙伴们，愿意再做一次。

愿踏尽万千重浪，归来仍是少年。

挚友：陈智强

2023年12月12日于上海

【感谢】

感谢留学期间的同学们和导师 Montoya 的鼓励!

感谢长沙的四位徒弟,作为第一批读者提出了诚恳的意见。

感谢曾在上海工作的部分同事的直接支持,包括但不限于陈智强先生、李俊先生、谢圣钦先生、刘全文先生、任广州先生、程雅姿先生。

感谢易增长创始人易建荣先生的出版联络和一直的勉励督促!

感谢长沙地区咨询客户遇见美好、宏图教育、大卫美术、雅士林的帮助和赞助!

感谢本书引用到韵达、荣庆、远成的工作平台和知识沉淀的提取。

感谢这次圈子内朋友们的购买,为出版前修正做了表率!(关市初中同学、原新民中学高中同学、DBA 同学、韵达同事、远成同事、荣庆同事、这些年通过各种渠道认识的还在微信圈有留名的朋友们)

没有你们,就没这个结晶!

来长沙,我请客!

人力资源数智化服务方案课程

课程主题	课程内容
战略解码系列	① 战略解读　　　　　　　② 战略解码逻辑 ③ 业务与组织架构　　　　④ 岗位与工作量 ⑤ 组织管控
人才发展系列	① 人才认知　　　　　　　② 能力常识 ③ 职业规划　　　　　　　④ 胜任素质能力模型 ⑤ 人才供应链
激励绩效系列	① 非人力部门的人力管理　② 现场管理的三重境界 ③ 阿米巴定价模型　　　　④ 绩效管理培训 ⑤ 赛马平台　　　　　　　⑥ 量本利管控
人力资源专业系列	① 培训 4×4 模型　　　　② 绩效 4×4 模型 ③ 薪酬 4×4 模型　　　　④ 三维招聘体系 ⑤ 人力资源规划 1234　　⑥ 员工关系 4×4 模型 ⑦ 一表通　　　　　　　　⑧ 文化三部曲
业务支持系列	① 钱从哪里来×钱到哪里去　② 经营与管理 ③ 现场管理与十分成长　　④ 独孤九剑 ⑤ 三板斧　　　　　　　　⑥ 六脉神剑 ⑦ 做成、说透、攻心为上

联系方式

华阅图书策划中心　王老师
13466691261